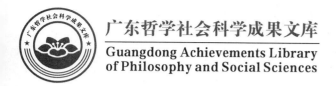

广东哲学社会科学成果文库
Guangdong Achievements Library
of Philosophy and Social Sciences

中西文化范式发生的神话学研究

ZHONGXI WENHUA FANSHI FASHENG DE
　　　　　　　　　SHENHUAXUE YANJIU

林玮生　著

中山大学出版社
SUN YAT-SEN UNIVERSITY PRESS

·广州·

版权所有　翻印必究

图书在版编目（CIP）数据

中西文化范式发生的神话学研究/林玮生著.—广州：中山大学出版社，2017.7

（广东哲学社会科学成果文库）

ISBN 978-7-306-06061-7

Ⅰ.①中… Ⅱ.①林… Ⅲ.①神话—对比研究—中国、古希腊 Ⅳ.①B932

中国版本图书馆 CIP 数据核字（2017）第 118496 号

出 版 人：	徐　劲
策划编辑：	金继伟
责任编辑：	张　蕊
封面设计：	曾　斌
责任校对：	李艳清
责任技编：	何雅涛
出版发行：	中山大学出版社
电　　话：	编辑部 020-84110771，84113349，84111997，84110779
	发行部 020-84111998，84111981，84111160
地　　址：	广州市新港西路135号
邮　　编：	510275　传　真：020-84036565
网　　址：	http://www.zsup.com.cn　E-mail：zdcbs@mail.sysu.edu.cn
印 刷 者：	佛山市浩文彩色印刷有限公司
规　　格：	787mm×1092mm　1/16　14.625印张　278千字
版次印次：	2017年7月第1版　2017年7月第1次印刷
定　　价：	78.00元

如发现本书因印装质量影响阅读，请与出版社发行部联系调换

《广东哲学社会科学成果文库》
出版说明

　　《广东哲学社会科学成果文库》经广东省哲学社会科学规划领导小组批准设立，旨在集中推出反映当前我省哲学社会科学研究前沿水平的创新成果，鼓励广大学者打造更多的精品力作，推动我省哲学社会科学进一步繁荣发展。它经过学科专家组严格评审，从我省社会科学研究者承担的、结项等级"良好"或以上且尚未公开出版的国家哲学社会科学基金项目研究成果，以及广东省哲学社会科学规划项目研究成果中遴选产生。广东省哲学社会科学规划领导小组办公室按照"统一标识、统一封面、统一形式、统一标准"的总体要求组织出版。

广东省哲学社会科学规划领导小组办公室
2017年5月

目　　录

内容简介 ··· 1

第一章　导论 ·· 1
　第一节　主要概念、相关学理与研究价值 ···································· 1
　　一、主要概念 ·· 1
　　二、相关学理 ·· 9
　　三、研究价值 ··· 13
　第二节　百年研究综观：西方从神话学的诞生与东渐谈起 ············· 15
　　一、在近代西方人文运动中诞生的神话学 ···························· 16
　　二、在西学东渐中觉醒的"神话" ······································ 20
　　三、神话学的"显学"："中希神话比较研究" ····················· 25

第二章　人兽神与人形神：中国/希腊神话的"神象形态" ········ 34
　第一节　神象及其生成原理 ··· 34
　第二节　神象递更与自我意识发展的关联 ································· 39
　　一、"微我"与兽形神 ·· 42
　　二、"混我"与人兽神 ·· 45
　　三、"准我"与人形神 ·· 48
　第三节　中希"神象形态"差异的表征 ··································· 53
　　一、中国神话的人兽神 ··· 54
　　二、希腊神话的人形神 ··· 55
　第四节　中希"神象形态"差异的成因 ··································· 60
　　一、诞生的时分：黎明与早晨 ·· 60
　　二、原生性与派生性 ·· 61
　第五节　"神象形态"蕴含的文化范式因子 ···························· 63
　　一、人兽神与主客合一、人形神与主客二分 ························ 63
　　二、中希神象覆灭模式的差异与哲性思维/神性思维 ············· 65

附文：神话变形的式样及其发生的原理 …………………… 66

第三章　"德行"与"命运"：中国/希腊神话的"秩序形态" ………… 75
　第一节　神话世界的"秩序导力" ………………………… 75
　第二节　"德行"：中国神话的秩序导力 ………………… 78
　　一、"德行"的两个呈现：行动群与帝王共相 ………… 79
　　二、"德行"导力的成因 ………………………………… 84
　第三节　"命运"：希腊神话的秩序导力 ………………… 85
　　一、"命运"导力的表征 ………………………………… 86
　　二、"力""欲/美"：希腊神话的秩序次导力 ………… 89
　　三、"野蛮"与"文明"的共存："命运"督力下的
　　　　奇特张力 ……………………………………………… 93
　　四、"命运"导力形成的母因 …………………………… 97
　第四节　"秩序形态"蕴含的文化范式萌芽 ……………… 99
　　一、"德行"与礼乐 …………………………………… 100
　　二、"命运"与悲剧 …………………………………… 105
　　三、"德行"与"命运"中的乐感与悲感文化因子 …… 108

第四章　历史化与哲学化：中国/希腊神话的"归化形态" ……… 112
　第一节　符号的继承演化规则与神话的归化现象 ……… 112
　第二节　中国神话的归化：历史化 ……………………… 118
　　一、神话历史化二法 …………………………………… 118
　　二、神话历史化的历史背景 …………………………… 121
　　三、神话过早历史化的深层原因 ……………………… 127
　第三节　希腊神话的归化：哲学化 ……………………… 131
　　一、希腊神话的哲学化 ………………………………… 131
　　二、神话哲学化的成因 ………………………………… 137
　第四节　中希"归化形态"孕育的文化范式胚形 ……… 147
　　一、中国神话过早历史化与"实用理性" …………… 147
　　二、希腊神话自律哲学化与"思辨理性" …………… 148
　附文：穿行于神、人两界的第三"种属" ……………… 152

第五章　三言两语与千言万语：中国/希腊神话的"字化形态" … 160
　第一节　汉字：原生的空间符号 ………………………… 161

一、汉字的神圣性、天然性与"抗字母化"特性 …………… 161
　　二、汉字的信息承载量……………………………………… 164
第二节　汉字与口传的"通约"：一场艰难的匹配之役 ………… 170
　　一、汉字与口传"通约"的张力 …………………………… 171
　　二、中国神话"字化形态"的表征 ………………………… 173
第三节　希腊文字：派生的时间符号……………………………… 174
第四节　希腊文字与口传的同质性………………………………… 177
　　一、希腊文字与口传的"通约"：乐谱对曲子的记录 …… 177
　　二、希腊神话"字化形态"的表征 ………………………… 178
第五节　中希神话字化形态差异的深层原因……………………… 179
　　一、希腊经济与地理：商业与海洋………………………… 179
　　二、中国经济与地理：农耕与大陆………………………… 181
第六节　"字化形态"潜藏的文化范式走向……………………… 182
　　一、"象形"与"拼音"：恋象思维与间象思维 ………… 182
　　二、文字崇拜与语音中心…………………………………… 183
　　三、"观/悟"（文字）与"对话"（语音）：
　　　　抵达道与真理的各别途径 ……………………………… 190

参考文献………………………………………………………………… 194

后记　没有青春的人生………………………………………………… 203

内 容 简 介

本书以"神话形态"与"文化范式"关联为旨归,将繁浩的中国神话(指汉族神话)与希腊神话简约为四大形态:"神象形态""秩序形态""归化形态"以及"字化形态"。通过对这"四态"的平行比较,描绘出一幅两族神话的各别图状,在此基础上"上下求溯"——向上"上溯"两族神话形态差异的母因,向下"下溯"两族"神话形态"与中西"文化范式"的演绎(根果)关系。为民族文化的自识、自省、自新提供了一组文化基因的参考数值。全书由中希神话的四大"形态"差异内容构成。

一、人兽神与人形神:中国/希腊神话的"神象形态"

(一) 神象的生成原理

神象是指诸神的形象,是关于诸神的形象或为兽形、或为人兽同体、或为人形的问题。神象生成的动力是对恐怖、强大自然力的图化(有形)言说。刚刚从动物脱离而来的弱小原始人饱受陌生、不可理解的自然力的恐吓、支配、操纵与折磨。面对恐怖强大的自然力,面对这个神秘无形的力者,他们需要对之有一个有形的指称。

神象的生成原理是:原始人在"神的时代"借用身边熟悉的强者物象(有形)去表达强大自然力(无形)的不自觉符号建构。这个原理有两个子原则:一是"熟悉物象"原则,即所择物象必须是身边耳濡目染的熟悉物象;二是"功能相似"原则,所择物象与所指事物在某一层面上功能相似。"功能相似"原则也是原始人认识世界、归类事物的两大法则(结构相似或功能相似)之一。

(二) 神象"三态"与自我意识"三我"的对应性

综观世界各族的神话,一个重要的符号是诸神的"长相"——神象,他们千奇百怪、五花八门,但均可归纳为三态:兽形神、人兽神(人兽同体）与人形神。这个不断递变的符号蕴含着原始文化进阶的重要信息。神象从兽形、人兽形，再到人形的演进，是原始人在"神的时代"与自然抗争中自我力量/自我意识向前发展的自画像。从宏观的历史长河看，可将"神的时代"的神象递变划分为三个阶段，即兽形神、人兽神与人形神。同时，从自我意识的演进角度看，可将原始人在"神的时代"的自我意识划分为三个阶段："微我""混我"与"准我"。神象"三态"（兽形神、人兽神与人形神）与原始人自我意识"三我"（"微我""混我"与"准我"）彼此形成关联对应。

当原始人刚刚从动物脱离时，力量十分弱小，他们的自我意识处于"微我"阶段。这时，他们只是动物王国中的弱者，对本事高强的动物充满敬畏，对凶猛强大的自然力充满畏惧。原始人面对这个折磨着他们的无形的恐怖自然力，需要一种言说。根据神象生成规律中的"熟悉物象"与"功能相似"原则，他们便择用身边熟悉的、高强的动物去指称强大的自然力，用这一"有形"的强者（动物）去指称"无形"的另一强者（自然力）。这就形成了原始人的第一批神象——兽形神。

当人逐步壮大起来、与强大动物平分秋色、形成"一国二王"局面时，原始人的自我意识从"微我"走上了"混我"阶段。根据原始人择用熟悉的强者形象去指称自然力（神祇）的原理，这时神象便开始启用另一个强兽即人的形象去指称。在"一国二王"的新阶上，原来的旧"王"（强兽）并没有退席，而新"王"（人）已开始出现，这时，可出现一种均衡的优化组合：即"一国二王"的形象（兽形与人形）被优化合一，而辑合成"人兽同体"。

在"神的时代"末期，原始人从"百兽之员""百兽之强"跃身为"百兽之王"，最终成为动物王国的最强者。在自我力量与自我意识的互动下，作为"百兽之王"的原始人，自我意识从"混我"走上了"准我"。与此同时，根据神象建构原理，人兽神便让位于另一位最强者的符号——人形。

神象"三态"递变生动地记录了原始人在"神的时代"自我意识"三我"演进的轨迹。

（三）"神象形态"蕴含的文化范式因子

在世界各民族神象的递变中，"三态"往往不是均衡递进的，而是凸显其中一态，这一态即为主调神象。中国的主调神象是人兽神（如人首蛇身的女娲），而希腊的主调神象是人形神（如宙斯）。

在中国神话舞台上，人兽神得到了充分的发展，而后在没有发展到实质性的人形神时，便匆匆地发生了神话历史化。在神象"三态"的递变中，中国基本上缺少了人形神一态。缺少了这一态也就意味着缺少了一个"准我"，缺少了"准我"也即缺少了一个"准主客二分"的锤炼过程。因而，中国即便较早地发生了轴心期的精神运动，即便较早地走进了"人的时代"（即"有我"时代），即使在胸前佩戴了"理性""有我"的徽标，但思维深处还依然遭受着因"准我"缺位而造成的结构性缺陷的煎熬。而充分发展的人兽神，则意味着中国人经历了漫长"混我"的磨练过程。漫长的"混我"塑造了消融主体的思维模子，即"主客合一"的思维方式，而后经轴心期运动而定格为"天人合一"的民族文化品格。

在希腊神话舞台上，同样出现了兽形神、人兽神与人形神三态，但希腊兽形神与人兽神就如匆匆的过客，他们只被置放于系谱化神族的"前辈"之中，并没有给希腊原始人留下深刻的集体记忆。然而，人形神阶段则发展得绵延、冗长、彻底，这种彻底性为世界之最。绵长的人形神造就了一个坚实的"准我"思维，向前一步，便到达"有我"。所谓"准我"或"有我"，即在思维中凸出主体"我"，有着较为清醒的主体与客体二分意识。在希腊的"神的时代"，绵长的人形神背藏着一个丰硕的"准我"，长期"准我"的锤炼与累积，铸成了希腊的"主客二分"思维范式，并演化为西方的"天人二分"文化品质。

当原始人的自我力量/自我意识在"神的时代"发展到最后阶段时，发现人形神并不是什么天上来客，而不过是人类不自觉构设的自身影像时，神象就覆灭了。不同民族神象的覆灭有不同的方式，在希腊神话中表现为"形神俱灭"，在中国神话中表现为"形灭神存"。古希腊人在人形神阶段的末期，前脚已跨过了文明时代的门槛，只需后脚向前一跨，希腊便从"渎神"过渡到"去神"。在"去神"运动中，色诺芬们将诸神的"形"（神象）与"神"（灵魂）一并被送进了坟墓，化为石、为土、为水、为气。而后，在墓地上长出了一朵惊世的哲学奇葩，形成了希腊人的"哲性思维"。

但中国的先圣对神祇的谋杀是欠缺力度的，孔子甚至采取"不语"态度。过早跨进文明门槛的中国人虽说最终也把诸神勉强送进了坟墓，但对神祇的谋杀不彻底，以致造成"形灭神存"的遗局，以致几千年来人们还能听到诸神的阴魂从坟冢中发出来的叫嚣之声。中国神话的"形灭神存"在轴心期精神运动中孵化为一种与希腊哲学思维相对立的思维模式：神话式思维，即神性思维，例如，阴阳、易、五行等思维方式。这是中国神祇"形灭神存"中"神存"的使然。

透过神象"三态"与自我意识"三我"的对应原理,我们惊喜地发现,中西文化两大品质——"天人合一"和"天人二分"——竟然潜藏于女娲们(人兽神)与宙斯们(人形神)的神象符号之中;两大思维范式——"哲性思维"与"神性思维"——竟然蕴藏在两族"神象消亡"的模式之中。

二、"德行"与"命运":中国/希腊神话的"秩序形态"

(一)秩序导力及其"力""理"两阶

"神话世界"中的"世界"本身已包含着"秩序"之义。英文的cosmos来自希腊语,是秩序、和谐之意。"世界"即意味着混沌的隐退与秩序的开启。一部民族神话就是一个神话世界,这个世界中必然存在一种秩序,在秩序中存有各种维持力量,其中最重要的向导力量即为"秩序导力"。

秩序导力的演进过程一般可分为两个阶段。其一,"力"的阶段。"导力"中的核心字"力"实际上已告诉我们,早期的群体秩序导力即为原始的"力量""强力""暴力"。其二,"理"的阶段。"理"是"力"的产子,从"力"到"理"是社会文明化过程的必然结果。经过早期"力"(自然力/神力、首领之力等)的震慑与恐吓,原始人受到反复的驯化,并对强大力量产生折服之感,从而形成秩序。秩序即是一种强迫性的重复。原始人正是在"强迫性的重复"中形成秩序行动和秩序意识的。这种行动和意识逐渐转化为一种守规则、遵礼仪的行径/观念。这种行径/观念即属"理"阶段的范畴。"德行"或"命运"即是秩序导力的表现形式。

希腊神话与中国神话的秩序导力不同,希腊神话秩序导力为"命运",处于从"力"到"理"的过程阶段。中国神话的秩序导力为"德行",处于"理"的完成阶段。如果说中国神话的秩序导力是破土之苗,那么,希腊神话的秩序导力则还是土中之芽。正是由于希腊神话秩序导力的隐蔽性、非明晰性,才造成了学界的不少误判。例如,有不少学者将希腊神话中的"力"与中国神话中的"德"视为一组对等项。实质上,"力"与"德"在辈序上并不相同,"力"为父辈,"德"(包括"命运")为子辈,属"理"的阶段。与中国神话"德/德行"的对等项应该是作为子辈的"命运"。

(二)希腊神话的秩序导力——"命运"

"命运"饱含着"力"的因素,但它不是单个"力"的问题,而是关于"力"与"力"之间冲突而形成的观念,是人受神(强大自然力)的奴役与征服而形成的一种屈服性认识。"命运"涉及两个"力"之间冲突的问题,一旦涉及"两个",也就涉及事物之间的关系,"关系"已属于"理性"的范畴,属于"理"的阶段。"命运"是"力"的产子,与父辈的"力"相比,子辈的"命运"具有形上性与人文性。直到英雄时代,"命运"才在悲剧中上升为外显的形态。

虽然"命运"在与原始力量"力""欲/美"的较量中渐处于主导地位,但这些作为父辈的原始力量并没有立即退场,而是继续发挥着重要的导向作用。"欲"与"美",一个为动物性,一个为人文性,但在希腊神话中两者仍然不能二分,而是一个和谐的统一体。希腊人就是这样以飞蛾扑火的状态扑向"欲"的火焰以及从这火焰长出的"美"的火花。"欲/美"甚至重于财富和智慧。在财富、智慧和美这三者之中,帕里斯便选择了美。帕里斯的选择,折射了希腊神话秩序的一个重要导力。在"命运"的酝酿期,"力""欲/美"继续肩负着次导力的作用,它们与"命运"共同构成了希腊神话秩序导力层叠复式形态。

在"命运"导力的作用下,希腊神话出现一个奇特现象。希腊神、人一边是继续徘徊在崇力的原始兽性中,一边是从崇力到崇知而创造了较为丰富的物质基础。神祇犹如一个跳动着野性脉搏而身穿文明衣裳的"双面人"。宙斯一面是最高的神明,是"公义"的代表,另一面又不断地拈花惹草、满足私欲。阿芙洛狄忒一面是崇高爱神、春天女神、鲜花女神和开花女神,一面是淫欲的化身和娼妓之神。在"命运"导力的语境中,希腊众神自如地飞飚于"野蛮性"与"文明性"两个极点的张力之间。

(三) 中国神话秩序导力——"德行"

在描述中国神话与传说的秩序导力时,不用"德"而用"德行",主要是因为"行"是一种可视、有形的行径,更能外在化地表达"德",吻合原始人的有形(形象)的思维习惯。中国神话与传说对"德行"这个秩序导力的表达,一般采用帝王的"行动群"与帝王"共相"两种方式。神话世界是一个行动的世界,神话、传说等故事实质上也是一个连续的行动群。例如,禹帝治水故事等。共相是原始人表达意义的常用方法。现代人力图借助一种包罗万象的原则从一般引出个别,引出具象,而原始人则将各个具象共同聚合于某个共相的统一性之中。在中国传说中,黄帝、炎帝、伏羲、祝融、颛顼等帝王均为"德行"(万世师表)的共相。

中国神话与传说的秩序导力与希腊的秩序导力具有各别的特征:前者处

于"理"的阶段,后者处于从"力"到"理"的过渡期;前者面孔清晰,后者形态含糊;前者是单数,后者是复数。

(四)"秩序形态"蕴含的文化范式胚形

中国文本神话(传说)中的"德行",就是要求神、人在社会中遵守一套动作规定,这套动作以帝王"德行"的行动群或共相为模子。这一秩序导力表现在仪式神话上,即是祭祀神灵的"仪"。后来随着神灵的式微而演化为维持人间秩序之"礼"。虽然文本神话(传说)的"德行"与仪式神话之"仪"、人间之"礼"载体不同(文本与行动),但内容所指却一脉相通。

言及礼,不能不言及乐。礼是以一套程式化动作(或表演)为符号载体,而乐是以悦耳的声音为符号载体。礼是对人进行程序化、格式化的一项人性改塑工程,而乐(包括舞)则是一串串抒情的音符与一个个自由的圈圈。原始人在不自觉中体悟到乐舞的抒泄功能,它使人受礼的强制之痛得到安抚,获得心理平衡,因而,礼与乐常常形影相随,合成中国的礼乐文化。

如果将希腊悲剧权宜地二分为"悲"(主题)与"剧"(形式)两个元素,则悲剧中的"悲"包含着希腊民族对一个至高无上异己力量的无奈与服从,这个力量在神话中即是秩序导力"命运"。悲剧中的"悲"正是把神话中的"命运"承接过来,并对"命运"这个无可逃避、唯有承担的必然之车轮(the wheel of necessity)进行艺术的宣泄。悲剧之所以成为世界奇葩,根于"悲"与"剧"之间的缘生关系,即有如此的大"悲"——文明化中人被役化、理化之苦痛,才有如此的大"剧"——对被役化、理化之苦痛的治疗与宣泄,以取得心理平衡。悲剧的"悲",是"命运"变形、变奏,而悲剧的"剧"则是以艺术形式去舒解这种"命运"的压力。"悲"向人们展示痛苦,而"剧"给人们以安抚。悲剧所记述的痛苦与折磨越严酷,情节越可怕,越骇人听闻,人们的情绪就越激昂,所宣泄的恐惧也就越淋漓尽致。因此说,"剧"是"悲"的使然。

悲/剧与礼/乐,虽然前者为偏正结构,后者为并联结构,但在"悲"与"剧"、礼与乐的逻辑关系上是一致的。礼乐中的"礼"是对人性塑造,使人文明化,使人脱离原始野蛮。文明即有序,是以抑制欲望为代价的。悲剧中的"悲"即"命运"对人进行监督、管理,使社会有序。两者都是对人性的限制、约束。先民大约在不自觉中体验到了艺术对痛苦人生的慰藉、治疗作用。古希腊人以"剧"的方式来消解命运中"悲"的逼力,古中国人则以"乐"去安抚"礼"对心灵的扭曲。于是,"乐"与"剧"以及

"礼"与"悲"便成了有机的结合,"乐"与"剧"就如人类文明化手术台上的麻醉剂。"悲与剧"与"礼与乐"这两种协调方式都是企图从痛苦中获得舒泄、在痛苦中获得补偿,以安抚人类因人性改铸而文明化的阵痛。

我们从中希神话的秩序导力"德行"与"命运"中,找到了中希(西)文化分野——礼乐与悲剧的逻辑源头。

三、历史化与哲学化:中国/希腊神话的"归化形态"

所谓神话归化,即是神话历史化,是指神话发展到最后的演化与归宿。"归化"比"历史化"外延更大,它可统称神话的历史化、理性化、伦理化与哲学化。随着时代的推移,人类的本位时代不断地从神的时代过渡到英雄时代、人的时代。同时,与该三时代匹配的核心文类也不断地从神话转化为史诗、散文(历史、伦理、哲学等)。"归化形态"是指神话归化为他种文类的表现形态。

(一) 中国神话历史化

神话归化(历史化)是神话发展到一定历史阶段(轴心期)的必然现象,是人类的一项文明化工程。但世界各族的神话归化模式各不相同,中国神祇还没有演进到人形神时,就过早地被历史化了。早熟的农耕与早发的文字,培养了中国人早熟的理性意识与历史意识。在轴心期精神运动的催化下,中国神话中的兽形神或人兽神摇身一变,成了先王、先帝,存记于具有时间刻度的史书之中。神话历史化在中国语境中最为彰显,成为世界文明史上独特的一景。因而,"神话历史化"一词几乎成了中国神话归化的专用术语。神话历史化常常有二法,其一是理性化,其二是历史化(即人王化)。

(二) 希腊神话哲学化

希腊神话在神的时代结束后,自律地融进英雄时代的主要文类——史诗。由于希腊神话与史诗的同质性,使神话成为史诗的重要合体,两者共同飞飏于同一个舞台之上,形成希腊神话"在史诗肌体中聚积"的现象。这一现象往往发生在历史意识迟缓而英雄时代漫长的民族中。从阐释系统的转换角度看,哲学是对神话的取代,也即以自然"神"对人格神的消解与取代。希腊神话在史诗的温暖怀抱中聚积,而后在哲学家手中魔杖(理性)的点触下,喧闹的神祇一下子成水、气、土等"物性基元",最后蜕变为一朵哲学奇葩。

(三)"归化形态"孕育的文化范式萌芽

中国神话在历史化过程中，虽然成功地孕育了中国式理性，但它犹如一个早产的婴儿，本来还应在母腹（腹中之婴喻为神的时代）的温馨中多躺些时间，多吸收些养分，但在农耕、灌溉、文字等元素的催化下过早地匆匆降世。中国神象（神话）只发展到人兽神，便匆匆化为历史人物，自我意识还停留在"混我"而未推进近"准我"的情况下，就被过早地人化、理化了。结果在轴心期时被定格为一种特有的文化范式："实用理性"或曰阴阳理性（未脱具象的抽象，如易、阴阳、五行、八卦等）。

在希腊，"史诗聚积"是神话哲学化涌动的前夜。史诗与神话都操用形象思维。希腊神话的"史诗聚积"使神话继续翱翔于史诗的天空。希腊历史意识的迟缓，使希腊人拥有更多的时间生活在狄奥尼斯（狄奥尼斯即酒神，是希腊文化的代名词）里，使他们的生活充满巴库斯（非理性）。罗素说："人类成就中最伟大的东西大部分都包含有某种沉醉的成分，某种程度上的以热情来扫除审慎。没有这种巴库斯的成分，生活便没有趣味；有了巴库斯成分，生活便是危险的。"罗素这段话正是希腊（西方）文化精神的写照。中国的农耕人倾向于审慎，而希腊人则沉醉于酒神。希腊的"理性萌芽"（也即"历史意识"）则如一个迟迟不愿走出神话母腹的大婴，由于洋海漂游、民族迁徙、文字缺位等因素，使其长时间地留躺在母腹的温馨里，寄寓于史诗的世界里。希腊史诗的温床使神话思维继续得到自律发展。"自律"一词是对希腊思维演化特征的最佳概括：在城邦自律成长的希腊人拥有了一个自律的思维，自律的思维使希腊神话自律地走进史诗，继续在史诗中得到自律的扬升、蜕变。

从思维发展角度看，神话思维的自律蜕变，可演化为彻底的思辨理性。思维规律告诉我们，殊相（particular）即个别具象，总是不可抑制地飞向共相（universal），共相即典型形象，共相总是在诉说着抽象的内容，抽象的内容即概念。当共相高度成熟时，会发生自律的蜕变，其中蕴含的意义会自然流出，产生概念。希腊人的思维就属于这种蜕变。希腊人蜕变式的思辨理性来得如此深刻与迅猛，在伊奥尼亚的大地上，希腊人仿佛在一夜间脱离了神话，就如盲人一下子见到了太阳。共相之义欢欣地从共相之体中飞流出来，就如一只蝴蝶（概念）从其蛹体（共相）自由飞出。当蝴蝶（共相之义）飞出后，共相就如一个美丽的轻薄蛹壳，一阵微风就把它吹走了，接着，便迎来了一个思辨理性的时代。

四、三言两语与千言万语：中国/希腊神话的"字化形态"

中国神话与希腊神话的"字化形态"表现为"三言两语"与"千言万语"。形成这一差异的一个重要原因是两族神话被字化时，各自采用的文字符号体系的不同，一是象形文字，一是拼音文字。

（一）汉字：原生的空间符号

汉字是一种原生的空间符号，具有神圣性、天然性与"抗字母化"特征。在文明初期，汉字是祭司通神的工具，是人与神沟通的符号。在庙宇里孕育成长的文字，使它几千年来依然笼罩着一层神秘、神圣的光环。在它的血脉里依旧流淌着某种神圣性，让人产生一种敬畏感（与西方的语音中心主义相反）。这种敬畏感体现在书法艺术、文字训诂、汉代纬书（对字形进行神秘化分析）、借字形造秘符测吉凶、道教的"神授天书"，以及"以名测命"等习俗之中。汉字的结构同时又是一种天然物象的简图，是一套具有自身指涉系统的准天然符号。

从文字交际功能角度看，文字的简化与"音化"是一切文字演进的趋势。但汉字的简化与"音化"有自己的特征，如果将象形与字母的分界线称为"楚河"，那么，汉字会不断地走近楚河，但却不会越过楚河。汉字有稳如泰山的图画品质，有自身的意义系统。它是一套温情脉脉的人文符号，难以转化为冷冰冰的代数符号。虽然汉字在现代语境中也有"音化"的特征，但仍敌不过汉字形象传统的抗阻之力。图画是人类表达信息的古老符号，图画的信息储藏量大于文字。当一个民族的文字是一种空间性的"准图画"时，那么这种文字的信息含量一定是丰富多彩的。汉字的丰富信息承载量源于它的空间性。空间性是指一个汉字本身就是一个小宇宙空间，是一个可以独立表达意义的单位。

当人类文字系统不断成熟时，文字最终与口头传统齐躯并进，成为人类交流的两大并行符号。但这两套符号，不是互为独立的，而是需要通约的。通约即是说两套符号可以转化互通。文字与口传（视觉符号与听觉符号）之间的通约与协调是人类文明发展的需要。这两者的通约可让人们在不同的语境中选择合适的交际符号，就如将两套不同的计量系统通约于同一个市场的流通之中。

文字与口头传统的通约是一切民族语言发展的必经之道，但汉字与口头传统的通约却不是一件易事，特别是在初始阶段，文字迟迟不肯"就范"。

两者的协调,就如让甲乙两人共同穿上一条裤子,在艰难协调中履步。即使到了今天,有些方言区还继续历经着这两者的磨合期。象形文字对口头传统的游离、排斥,使口头传统常常不能如愿地得到汉字的通约。可以肯定,在文字产生之际,口头传统的水平一定是不低了,但是先秦典籍中的诗歌,却表现为极为简单的二言、四言,可能与此有关。

在两者的通约中,口头传统的大量信息没有成功地被转化为汉字,而是流失、流损在字化的各种典籍之外。作为口头传统的神话,当然也不能例外。汉字像一把只有一个把位的简单民间椰胡,无法表现复杂、动听的口头神话之音乐。其次,汉字有如图画般的信息贮藏量,可将有一定长度的时间性口语,浓缩为数量不多的视觉化空间汉字。因而,经汉字记载的中国神话均倾向于短小精悍、"三言两语"。

(二) 希腊文字:派生的时间符号

希腊文字与汉字相反,它不是一种神圣的、原生的符号,而是一种派生文字。如果说汉字是中国文明在黎明期的亲生子,那么希腊的字母文字则是希腊文明中途的养子。虽然希腊也曾诞生过两种从图画演化而来的原生的楔形文字,但因希腊半岛北部蛮族的进犯而毁灭,从而使希腊人堕入了四百年没有文字的"黑暗时代"。后来,希腊人在腓尼基字母(22个辅音)的基础上添加母音而创建了字母文字体系。这是一种借助他族文字符号成果而派生的字母文字。希腊文字属时间文字,这是一种需要通过线性流动才能表达意义的符号系统。

文字与口头传统是两种异质的载体,两者之间的通约总是存在着磨擦的阵痛,但希腊文字与口头传统之间的通约没有像汉字与口头传统的通约那般剑拔弩张,而是很快握手言和。希腊文字与口语具有同质性,文字不过是记录口语的符号。希腊文字与口传之间的通约就如乐谱与曲子的关系,曲有多长,谱随多长。这使希腊神话的字化文本成为洪篇巨幅,呈"千言万语"。

(三) "字化形态"潜藏的文化范式走向

"象形"与"拼音"是形成中希神话"字化形态"差异的重要原因之一。"象形"与"拼音"不仅铸造了中希神话各别的"字化形态",而且催生了一系列相关的中西文化果实。

其一,中国的"恋象思维"与西方的"间象思维"。中国人长期受到象形文字潜在暗示、塑造,使思维深处总是有一种不自觉的"恋象思维"倾向。而希腊文字不是直接从"象"到"意"而是由字母单词("代码")建构与"象"的关联，再从"象"到"意"的想象。与恋象思维方式相比，中间多了一个"代码"环节，这个环节铸塑了西方的间接造象，即间象思维。进而造就了自己的文化范式。希腊字母文字犹如一堆代码，意义犹如一个汪洋大海，每一个代码指涉海洋中的相应义项。因而，如何管理、规范"代码与意义"之间的对应关系，成了头等大事。这就要求每个"代码"要有准确、固定的意义，建立一套稳定的概念、定义、术语来作为这堆代码意义的支柱（中国汉字则由字形本身的形态帮助指泄意义）。于是，概念、定义、术语展开、延伸、演绎，便产生了西方发达的逻辑学。有趣的是，希腊人与西方人有一种浓厚的概念、定义情结，这一情结就如希腊人对船锚的情结——在流变中求不变、固定。长期漂游无边大海的希腊人在不自觉中发展了一种"求定点"的性格——锚的情结。这些浓厚的情结在商贸中表现为契约，在语言中表现为语法，在哲学中表现为以寻求"不变"（逻格斯、绝对理念）为最高目的。

其二，中国的"文字崇拜"与西方的"语音中心主义"。从发生学看，汉字孕育于庙宇，初始的汉字（甲骨文）是作为人与神沟通的符号。当汉字走出神坛后，一直逗留在贵族的圈子里。汉字的神圣性使其在中国人心目中存有一种神圣感，从而形成"文字崇拜"。在希腊的"文字—语音—意义"三者关系中，文字是语音的影子，文字与意义隔着一堵墙，语音与意义才是紧密相随的。希腊对文字的态度是冷漠的，而将口语神化为逻格斯，等同于理性，等同于逻格斯，从而形成了西方的语音中心主义。

其三，抵达道与真理的各别途径："观/悟"与"对话"。由汉字阅读方式养育而成的"观"与"悟"方式是中国人求道、求知、求真的重要途径。中国最高的范畴"道"是在事物的发展变化中体现出来的，是通过人这个小宇宙的"观/悟"而感悟大宇宙（规律）的，不是靠嘴说出来的。正如学者蒙培元所说，"老子关于'道'的学说，是'观'的哲学，不是'说'与'听'的哲学。'说'与'听'的哲学一向留心于语言，'观'的哲学则关注于形象"。而西方把"对话"当成是获得真理的重要方法，他们认为语音（语言）通常并不是指一个人的语音，而是两人以上的语音，语音本身就包含着一个潜在的对话形式。希腊文化与西方文化的大厦，离不开"对话"的基石。到了柏拉图时代，希腊的文字书写系统已日臻完善，可是，希腊人仍然依恋口传形式、对话形式。柏拉图曾叹说，书虽如肖像，人们把它看成是有生命的，但向它们提问时，它们却不会作答。我们可从柏拉图著作中的"对话"形式想像当年希腊人通过"对话"寻找真理的情景。西方一直认为真理来源于复数的人的"对话"，而不是单数的人的悟思，他们甚至把获取真理的方法（"对话"）与真理（观念）融二为一了。西方的逻格斯（logos）、逻辑（logic）等词均与"对话"（dialogue）有一种内在的关系。"辩证法"（dialectics）（在相互对话中揭露对方的矛盾），来源于苏格拉底的"对话"（dialogue）一词。

第一章 导 论

第一节 主要概念、相关学理与研究价值

一、主要概念

（一）神话的概念问题

真实的叙述 从语源上寻溯，神话源自古希腊语 mythos（有时汉译为"秘索思"），其本义为"故事"。学者朱狄认为，西方"神话"（mythos）一词和"母亲"（mother）一词有字源学上的关联，它们源于共同的词根 ma-。按照《美国传统词典》（*American Heritage Dictionary*）的解释，ma-词根源于婴儿寻找母亲乳房时的哭词。① 这一词根的揭示，给了人们丰富的想象，神话的存在可能就如同人类婴儿期的啼声一样古老，神话可能就是记录人类婴儿期——刚从自然母亲脐带断开而呱呱落地时——的初始言说。这样说来，遗留至今的神话即人类儿时的最早言说。

神话的另一项要义是"真实的叙述"。一开始，神话都是一些真实而严肃的叙述，在荷马之前 mythos 一词有"真实性"这一义项。在世界各民族的神话故事中，总有一种"确信"或"相信"的暗含。在原始人眼中，相信与实在并没有明显的区别，相信就等于实在、实存。因而说，"真实"是神话的根基。至于现代人认为神话"荒谬""不实"，那是以今天的知识标准去衡量人类童年的知识水准所致。维柯（G. B. Vico）（1668—1744）告诉我们："'真实的叙述'是希腊人自己对神话（mythos）一词所下的定义"。②

---

① 朱狄：《信仰时代的文明》，中国青年出版社1999年版，第90页。
② 维柯：《新科学》，朱光潜译，商务印书馆1997年版，第6～7页。

原始人如儿童，还没有能力去伪造故事。处于前轴心期的原始人大体上还没有到达精神反思、反省的阶段，他们只能忠实于自然的天性，进行忠实的叙述。维柯说："由于处于同样野蛮时代的本性，他们都还缺乏反思的能力，不会虚构杜撰，因此，他们的作品自然真实、开朗、忠实、宽弘，就连但丁尽管有博大精深的玄奥哲学，也还是用真人真事来塞满《神曲》的各种场面，因此把他的史诗命名为喜剧（即'曲'，Comedy），因为希腊人的旧喜剧也描绘真人。"① 维柯的这句话道出了希腊人"真实叙事"天性在漫长历史上的惯性延伸。

原始人除了没有能力伪造故事，也没有工夫编造故事。在神话时代，原始人还匍匐在大自然的脚下，在与大自然的斗争中无暇去伪编各种故事。正如卡西尔（Ernst Cassirer）所说："在那里无论是个人，还是一个民族，都没有工夫虚构编造，没有工夫人为地作假或误解。正如语言也不是个体虚构的。"② 因此，"真实的叙事"是神话本质的要义。

"神话"的定义 自从神话学在近代西欧发源以来，已走过了近两百年历史。在此过程中，出现了神话相关的重要著述，如意大利著名学者维柯的《新科学》、19 世纪最大神话学家米勒的《科学的神话概论》、泰勒的《原始文化》和弗雷泽的《金枝》、列维－布留尔的《原始思维》、神话结构主义者列维·斯特劳斯的《野性思维》、荣格的"神话—原型"理论、神话哲学派恩·卡西尔的《人论》、弗·谢林的《神话与启示的哲学》等。学者们在各自的领域，以各自的眼光，对神话的概念进行各式各样的界定。例如，英国剑桥学派的代表赫丽生（Jane Ellen Harrison）认为，神话是仪式的文本性阐释，心理学派弗洛伊德、荣格认为神话是潜意识的折射，结构主义者列维·斯特劳斯认为神话是民族文化结构的深层反映等。虽然，学者们对神话进行了不懈地界定，但至今依然没有出现大多数人达成共识的定义。多样共存的神话概念持存于近两百年的神话研究之中，就如日本学者大林太良所说："我们可以毫不夸张地说，有多少个学者研究这个问题就有多少个神话定义。"③

在中国，自从神话学在 20 世纪初诞生以来，不少先辈们与西欧学者们一样，积极参与到神话概念的探索行动之中。茅盾这样说，"所谓'神话'者，原来是初民的知识的积累，其中有初民的宇宙观，宗教思想，道德标准，民族历史最初的传说，并有对于自然界的认识等等""神话是各民族在

---

① 维柯：《新科学》，朱光潜译，商务印书馆 1997 年版，第 455～456 页。
② 卡西尔：《神话思维》，黄龙保等译，中国社会科学出版社 1992 年版，第 6～7 页。
③ 大林太良：《神话学入门》，林相泰、贾福水译，中国民间文艺出版社 1989 年版，第 31 页。

上古时代（或原始时代）的生活和思想的产物""神话所述者，是'神们的行事'，但是这些'神们'不是凭空跳出来的，而是原始人民的生活状况和心理状况之必然的产物"①。茅盾这三个定义，道出了神话为初民的世界观、知识观、本真叙述三方面的属性，基本上反映中国学者对神话概念所做的初步探索。

因神话外延大，有些神话学家对它进行了二分的界说。例如，袁珂提出了"广义神话"与"狭义神话"之说。"狭义神话"指的是古代神话，即产生于原始社会野蛮时期的低级阶段，到奴隶社会初期以后就逐渐消亡了的神话。"广义神话"指各个历史时期新产生的神话与传说，例如，牛郎织女、眉间尺、白蛇传等，包括寓言、传说、仙话、少数民族神话等九个部分。② 袁珂的"广义神话"包括了在"人的时代"自觉产生的"神话"，这当然受到不少质疑。"广义神话"可以扩大学科领域，有利于考察神话思维在"人的时代"的遗留、演变、返祖现象，但它已是文明时代的有意识产物，与"狭义神话"不能同日而语，"广义神话"的提出，存在泛化学科的危险。

谢六逸提出了"独立神话"与"体系神话"。③ 这组概念出现在谢六逸的《神话学ABC》中，被谢选骏运用于《神话与民族精神》一书中。作为这组概念的引用者谢选骏认为，"独立神话"产生于原始社会，而"体系神话"则形成于文明社会的早期阶段，前者主要是氏族公社制和原始思维的产物，后者已渗入早期文明社会和逻辑思维的诸多因素。④ 这组概念有一定的应用价值，"独立"意为孤立、零散，意味着老死不相往来的小国寡民的原始状态，而"体系"则蕴含着理性、逻辑元素，这些元素已是文明社会的黎明之光。但这组概念中的"体系神话"比较适合用来阐释晚发的希腊、北欧神话，对中国神话来说，则有履不适足之嫌，原因是中国神话的演进不是从"独立神话"走向"体系神话"，而是从"独立神话"直接历史化为"帝系传说"。"帝系传说"中的"帝"已属英雄或人的时代，而不是神的时代。中国"帝系传说"与希腊的"体系神话"具有本质的区别。

神话概念："非全道"言说 以往（或将来）的各种神话概念均是一种

---

① 茅盾：《中国神话研究》，载《茅盾全集》（第28卷），人民文学出版社1991年版，第83页。

② 袁珂：《袁珂神话论集》，四川大学出版社1996年版，第117页。

③ 谢六逸：《神话学ABC》，上海书店出版社1992年版，第20页。"体系神话"指"文明的、综合的神话"，"独立神话"指"原始的、单个的神话"。这组概念是否谢六逸独创还是引用他者，有待考究。

④ 谢选骏：《神话与民族精神》，山东文艺出版社1988年版，第14页。

"非全道"言说。神话的概念问题涉及"人学"的概念问题。所谓人学，即指大人文，是与物理、科学相对的学科。在人类文明初期，本来并无所谓学科之分，例如，亚里士多德既是科学家、哲学家，又是人文学家。但到了近代，科学突飞猛进，使其地位发生了翻天覆地的变化，从而引发了学科的变化与分化，人学开始与科学分家。后来，随着科学的进一步繁荣，科学的作用被无限夸大，科学对人学的影响无孔不入，"人文科学化"的现象随之出现，人学甚至被编入了科学中的"队伍"，这就是出现"人文科学"（"人文"加"科学"）一词的原因。本来，人学与科学是两个不同的范畴，有着不同的属性与研究方法，但由于科学对人学的强势影响作用，人们在不知不觉中将科学的定义方法挪移进人学领域。打开眼下各种人文学科的书籍，总是见到这样的现象：几乎所有的人文学科的作者，都企图给研究对象厘定一个精确的定义。这确实是一个问题。

人学与科学有本质的差别。人学是研究人的学问，而科学是研究物的学问。以物理学为例，它是研究物质结构、物质相互作用和运动规律的自然科学。这两个研究对象是公然对立的两个世界：一个是活，一个是死；一个是歌德所说的"活生生的世界"，一个是牛顿所说的"死气沉沉的自然"。在这两个世界中，人学的命题是一个无限的命题，人学是关于漫无止境的形成与转变的生命之流。而科学则是一个有限的命题，科学是关于具体领域中的自然规律，科学的证明永远只存在于有限的领域。我们可以用一个反题来论证，假如人学、人文、翻译等有了与科学一样精确的概念，那么，它的生命性、流动性、无限性将受到扼制，除非这个事物一成不变，成为枯死的标本。但一旦变为枯死的标本，则已易变为科学的研究对象。

这种人学范畴的"本体"与"概念"之间的张力关系，类似老子在《道德经》里所说的"道"（本体）与"道"（语言）之间的关系。不过，我们需要将"道可道，非常道"改为"道可道，非全道"。"道可道，非全道"的意思是作为人学领域的研究对象，可以用概念形式来表达，但这些概念无法传达对象的全部、精确内容，永远只是一个约数、部分属性，或一个层面，永远是在路上的"非全道"。

神话概念与人学概念一样，也是一种"非全道"言说。

神话的另一种言说："类型学"言说 "类型学"言说是指通过对事物（研究对象）的形态分类而言说事物的一种方法。形态分类与概念所采取的方式不同。概念的方式是把事物无数个体的内在共性抽离出来，加以概括。但当事物极为复杂时，对其共性的提取就面临困难。如果概括需要牺牲过多个体物象时，代价就高昂了，概念的功效也就需要反思了。户晓辉提醒我们:"从本质上说,无论这些研究怎样认识神话,都是把神话置入了'神话是……'的判断关系之中,因而无论研究者给出怎样的答案,都是有关神话属性的判断,这样的研究或判断对于神话本身仍然很少有所言说。"① 户晓辉这里所说的,是对神话定义抱以"全道"言说态度的否定。

既然从神话的"内在"去提取共相的概念方法,常常难以获取神话的"全道",那么我们何不去对神话的"外在"形态进行分类的言说,以获取对神话的另一种言说,这即是神话的"类型学"言说。表面上,它是以"外在"的言说去代替概念的"内在"言说,实质上与概念方法并无多大区别,只不过它不是对全体物象的共性的抽取,而是将全体物象形态分为若干类型——各类型的内部各有各的属性,以类型为单位去统率各别的物象,而不是以一个单一的共性去统一所有的个性。例如,心理学家将人的性格分为四种类型:多血质、胆汁质、粘液质和抑郁质。这里是以四个"质型"之说去取代共性的"人格"之说。

这种对事物的类型分析、分门别类、形态描述等,同样是揭示事物本质的一种优良方法,该方法可突出形态、具有视觉效果,使人一触即通地走进事物。如果说概念的方式是"透过现象看本质",那么,分类是"透过类型看本质"。

与"类型学"言说相似的有"现象学"或"存在论"的方法论。美国神话学者罗瑟夫指出,"我们必须对神话的意义采用一种独立的分析方法,它就意味着,最为根本的是通过神话将神话视为神话自身的一种现象学分析方法"②。罗瑟夫这里所谓的"神话自身""现象学分析",是指对神话作一些有别于通过概念寻找本质的方式,这种方法正是"类型学"言说方式。学者王倩对此有深刻的论述,她说:"存在论意义下的神话概念和范畴的探讨并不是不使用概念,而是通过存在形态来界定,即让神话以其外在表现的方式言说自身。概括地讲,这种视角下的神话研究一方面通过一种本质直观的方式对神话现象进行考察,另外一方面它又采用了现象学的描述方式对相关概念进行阐释与分析。一旦将认识论意义下的神话概念转换为存在论范畴内的神话现象,神话便越来越清晰地呈现在研究者面前。"③ 王倩这里所说的"存在论意义下""通过存在形态来界定""认识意义下的神话概念转换为存在论范畴内的神话现象"更是直截了当地把"类型学"言说当成了

---

① 户晓辉:《神话与形式》,见杨义主编《中国社会科学院文学研究所学刊》,中国社会科学出版社2008年版,第75页。
② 王倩:《作为图像的神话——兼论神话的范畴》,载《民族文学研究》2011年第2期。
③ 王倩:《作为图像的神话——兼论神话的范畴》,载《民族文学研究》2011年第2期。

"存在论"的言说。

"类型学"言说的方式虽然没让研究对象（神话）获得一个统一的概念，但它却避免了概念的"非全道"欠缺，以神话"外在"形态分类的言说，获取了神话外延的"全道"。例如，当把神话分为四种表现形式：口传神话、文本神话、图像神话与仪式神话时，神话的外延便被完整分割，再也没有"余尾"。而各种"非全道"的言说，正如其名，无法"全道"。因此，"类型学"言说，是描述神话，包括人学范畴概念的一个重要方法。

本书的有些章节便涉及神话分类的内容。诸如，从载体角度把神话分为图像神话、文本神话、仪式神话与口传神话四种类型。第二章"神象形态"涉及图像神话与文本神话，第三章"秩序形态"涉及文本神话以及仪式神话，第五章"字化形态"涉及文本神话与口传神话。

（二）中国神话与中国

"中国神话"是一个外延较大的术语。叶舒宪曾经把它分为下列四类：一是汉族的汉文古籍中记录的文本神话；二是汉族的各地民间的口传神话；三是少数民族的文本神话（包括用汉文记录的和用少数民族文字记录的神话）；四是少数民族的口传神话。①

本书的"中国神话"在内容上主要涉及上述的第一类，即汉族字化的神话。本来应用"汉族神话"更为恰当，但考虑到学界已惯称"中希神话"，而非"汉希神话"，且兼顾到本书研究方向为"两族神话及其中西文化延伸"，最后还是采用"中国"去指代"汉族"，用"中国神话"去指称"汉族神话"。

"中国神话"中的"中国"，主要是指文化意义上中国，是指居住于黄河中游流域、在血缘上融成一体、在文字上使用汉字、在文化上具有"想象的共同体"的"华夏族"。

（三）形态/神话形态

形态/神话形态　"形态"作为一个人文术语，来源于形态学（希腊语 morphe，英语 morphology，德语 morphologie）。形态学原来是一门研究动植物形态的科学，它与那种把有机体分解成各个单元的解剖学不同，不单是只注重部分的微观分析，而是注重总体上的普遍联系，把生命形式当作有机系统的形态看待。歌德在自己的生物学研究中最早倡导这一观点，这是他对自

---

①　叶舒宪：《中国神话的特性之新诠释》，载《中国社会科学院研究生院学报》2005 年第 5 期。

然科学中过分机械地分割生命的理性分析倾向的反拨。

后来，人们企图在社会科学界建立起模仿生物学的"形态学"（Pure Morphology）。到了20世纪中叶，德国学者G. 穆勒和H. 欧佩尔把形态学引进了文学研究，将这一新生学科正式命名为"形态文艺学"。例如，诗歌被视为一个生物的整体"构形"（Gestalt）、一个生命机体。这个生命机体与诗歌产生的地理环境、历史气候等有密切关系。如果说，一株植物的生长形态是该植物本质彰显的一个外现，那么，一个或一种文艺作品的"形态"同样是该文艺作品（或该文艺作品所根植的文化）本质的一个有形的外化。通过其外在的形态，可以"观乎其外，入乎其内"，走进生命的本真。

笔者将"形态"一词引入进神话学中，成为观察神话的一个视角，它有三个含义，第一，它与上述的"形态文艺学"中"形态"涵义相似，即认为可以通过事物的"外相"而通达事物的"内质"，形态是本真的外显。第二，事物所呈现的形态或形式是指事物殊相中固有的共有成分或元素，是一个物种生命中的恒定的突出特征，如大象的鼻子、猴子的尾巴，即大象、猴子这些事物的"形态"（特征）。作为神话的形态，本书是指各类神话"物种"所长成的"形态"，在该"物种"的"器官"上所体现的稳定、固有特征。实际上，事物的形态即是事物本身的秘密，因为它包藏了事物本质，人们一旦认识这些形态特征，也就把握了事物的本质。正如丹纳所说，"在人类，动物，植物中间，……最稳定的特征占据最高最重要的地位；而特征之所以更稳定，是因为更接近本质""最稳定的特征，在历史上和生物学上一样，是最基本，最普遍，与本体关系最密切的特征"[①]。第三，作为神话的形态，还有显态与隐态二态。显态是指神话中可视的形状，如神话的"神象形态"（第二章）与神话的"字化形态"（第五章），而隐态是非直观可视的，需要通过故事的叙事才可"视"的形态。如神话的"秩序形态"与"归化形态"。这些形态往往需要通过形象的叙事方式去表现，如中国的"秩序导力"中"德行"的形象叙事，希腊"秩序导力"的"命运""力/欲"的形象叙事，这些隐态与显态共同合成了本书的"形态"内涵。

（四）范式/文化范式

"范式"一词来自美国著名科学哲学家托马斯·库恩（Thomas Samuel Kuhn）的"Paradigm"。恩库在《科学革命的结构》（*The Structure of Scientific Revolution*）中提出了"范式"的概念和理论。之后，该概念很快便广流于

---

① 丹纳：《艺术哲学》，傅雷译，人民文学出版社1963年版，第356～357页。

哲学界，同时在语言学、翻译学、文化学等人文学科产生了广泛的回响。20世纪七八十年代以来，西方学者们有意无意地采用了库恩的范式理论。1987年英国学者玛格丽特·玛斯特曼（Margaret Masterman）对库恩的范式观做了系统的考察，她从《科学革命的结构》中归纳出了库恩"范式"的21种不同而又相关的含义，可见该概念的影响与张力。

库恩对科学发展持历史阶段论，认为每一个科学发展阶段都有特殊的内在结构，而体现这种结构的模型即"范式"。例如，亚里士多德的物理学之于古代科学，托勒密天文学之于中世纪科学，伽利略的动力学之于近代科学的初级阶段，微粒光学之于近代科学的发达时期，爱因斯坦的相对论之于当代科学。范式的有效性、合理性具有相对性。从范式以外看到的明显谬误在范式中却是合理的。

本书的范式所指向度与库恩有所不同，如果说库恩的范式主要是指纵向上、历时性上的文化范型的差异，那么本书的范式是指横向上、共时性的不同民族文化所表现的不同范型。

文化与神话一样，是人学领域的大术语。据克罗伯和克莱德·克拉克霍恩的《文化：其概念和定义的批判性回顾》一书所言，由考古学家、人类学家和社会学家所制定的文化定义多达160种，但没能找到一个为绝大多数人所能接受的文化定义。这一研究恰恰回应了上文所说的，人学领域的研究对象只能作些"非全道"的言说。

文化与西语 culture（英语为 culture、法语为 culture、德语为 Kultur）的含义相似，均是源于 agriculture，即农耕，源于"天下之化起于农亩"。1843 年，德国人类学家古斯塔夫·弗里德里希·克莱姆（Gustav Friedich Klemm）发展了"文化"概念，把文化分为三个阶段，即未开化阶段、开化阶段和自由阶段，以表示文化的进化状态。爱德华·泰勒在他的启发下，于 1871 年在其《原始文化》一书中提出了"文化"的早期定义。他说："文化或文明从一种宽泛的人种学的意义上是一个复杂的整体，它包括知识、信仰、艺术、道德、法律、习俗以及其他所有人作为社会成员所获得的一切能力和习惯。"[1] 该概念的一个特点是道出了文化的历史性，适合于描述文化从原始形态到文明形态的演变进程。

"文化范式"一词可以这样理解，它以民族为单位，指该民族在从原始时代到文明时代漫长历史时段中形成的独有的天人关系、心智特征、思维偏向、行为方式等，是区别于其他民族所表现出来的稳定的文化范型。文化范

---

[1] 朱狄：《原始文化研究》，生活·读书·新知三联书店 1988 年版，第 16 页。

式是一种民族之间比较而言的文化范式，因而比较是文化范式的题中之义。同时，文化范式是一种价值范畴，同一文化的不同对象比较，可得出文化范式的不同"数值"。

二、相关学理

文艺形态论 本书所进行的中希神话比较研究是基于笔者提出的文艺形态论。① 文艺形态论的重要观点是：他者文艺（文化）是自我文艺（文化）的陌生化变形。根据这一观点提出了一组"同类项"重要概念："同构项"与"同功项"。

结构/功能是对一切生命机体（如艺术等）的基本描述。在跨际文艺视域中，常常可以见到在甲乙文艺/文化之间存在着结构上的"同构项"，诸如各有各的神话、史诗、小说、戏剧等；以及不同的文类却承担着类似功能的"同功项"，如中国诗歌与西方戏剧是对等的核心文类。这种异文艺结构上的"同构项"，常被一些学者表述为异文艺的"对等项""对应项"或"类似项"等，而功能上的"同功项"则被描述为"甲在异文化中被置换为乙"或"甲在异文化中被演绎为乙"等。本书将异文艺里的这组"同类项"，用"同构项"／"同功项"进行理论概括。

两个"同类项"的内涵，可从邻类动物生命的结构与功能得到喻说。这一现象就如形态各异的哺乳动物在解剖构造上却存在着谱系上的同构性。以哺乳动物为例，"同构项"是指不同动物生理上所体现的相同结构——有时尽管形态已变得难以辨认。例如，猴子、蝙蝠、海豹的形态在外表上各不相同，但是它们都属于哺乳类动物，都按照相似的模式或样板建构自己的躯体，它们的肌肉、神经、血管、内脏和骨头，具有明显的谱系性、惊人的一致性。② 即使"人和几种猿类在外表上虽看不出有尾巴，但尾巴实际是存在的，并且彼此在结构的格式上是完全一样的。在这尾巴的末梢部分，构成了尾骨的各个脊椎已经进入相当深的残留状态，大小和数目都已经大有缩减"③。再如，大象的巨型牙齿与狼狗的锋利牙齿，也是"同构项"。与此同时，由于各族文化的地理环境、历史进程各不相同，异文化中的"同构项"在各自文化中具有的作用、功能默默地发生变异。某些不同的"同构项"

---

① 林玮生：《从"历史形态学"到"文艺形态论"——并论比较文学者的"世界文艺关系观"》，载《人文杂志》2014年第9期。
② 达尔文：《人类的由来》（上册），潘光旦、胡寿文译，商务印书馆1983年版，第8页。
③ 达尔文：《人类的由来》（上册），潘光旦、胡寿文译，商务印书馆1983年版，第77页。

却发挥着相似的功能。也就是说,"同功项"是指虽不属同类器官,但却发挥着类似的功能,例如:大象的鼻子与狼的牙齿属不同类的器官,但两者在抗敌、杀敌的方面却起着相同的功能。这就是一对"同功项"。

这一对子与斯宾格勒在《西方的没落》中谈及"同源"/"同功"的观点惊人一致。但斯宾格勒这一以生物类比历史的两处言说并没有引起人们的关注。他在《西方的没落》中两处提及这个观点,一是在正文中,一是在页下的注释中。关于"同源",他说:

> 生物学用器官的"同源"(Homology)概念来指谓形态学上的对等……这一重要的、且在结果上最富成效的概念,是歌德首先提出来的(他经由这一概念发现了人的上腭的颚间骨),而由欧文(Owen)运用到严格的科学形态中;我们也要把这一概念运用到我们的历史方法中……大家知道,对于人脑的骨结构的每一个部分,在直至鱼类的所有脊椎动物身上,皆能找到一个确切的对应部分,鱼的胸鳍,陆栖脊椎动物的脚、翅膀和上肢,皆是同源的器官,尽管它们已完全没有了相似之处。陆栖动物的肺,水生动物的气囊,亦是同源的,而肺与腮在另一方面说是同类的——就是说,在用途方面它们是相同的。……随着我们的讨论越来越清晰,我们将认识到,一旦严格的形态学方法得到了理解和培植,就可以有大量的观点提供给历史的慧眼。①

这是关于"同构项",即斯宾格勒的"同源"的论说。另一处是关于"同功"的观点。"同功"是指不同源物种的器官的类同功能,这个术语没有出现在正文中,而是一次性地出现在一个注释中。该注释这样说:

> 生物学中的同源是指不同物种因在进化上来自共同祖先而表现出的在结构、生理和发育上的相似性。同源与同功不同,同功是指结构在功能上相似、但进化来源不同。例如人和蝙蝠的前肢是同源的,而鸟和昆虫的翅膀是同功的。②

该注释在"同源"与"同功"的关系中阐明了"同功"的含义。不过,与斯宾格勒的"同功"概念略有不同的是,本书的"同功"是指同源(即同类)物种的不同器官的类同功能。

---

① 斯宾格勒:《西方的没落》(第一册),吴琼译,上海三联出版社2006年版,第109页。
② 斯宾格勒:《西方的没落》(第一册),吴琼译,上海三联出版社2006年版,第110页。

两个"同类项"的观念不仅在斯宾格勒的世界历史形态学思想中找到回应,而且在人类学家那里也找到了共鸣。英国人类学家阿尔弗雷德·拉德克利夫－布朗(Alfred Radcliffe-Brown,原名 Alfred Brown,1881—1955 年)曾经提出了著名的结构—功能主义论,他以社会生活同生命机体之间的类比作为基础,把不同社会当成完整的生物体加以"物种比较"。他把生物学上的"结构"与"功能",移用到了人类社会分析上去。"结构"在布氏理论中,指的是我们可以观察到并加以界定的社会制度的联结(articulation),或制度形成的社会架构;"功能",指的是某个制度对社会整体的构成所起的作用,犹如动物体的器官对动物整体的作用一样。他说:"结构这个概念是指在某个较大的统一体中,各个部分的配置或相互之间的组合。我们谈论楼房的结构时,谈论的内容是指墙、房顶、各房间、楼梯、走廊等的配置,或进一步还可以是砖块、石头、木材等的组合……一个分子的结构就是它内部相互联系的原子的组合排列……"[①]

这里,笔者提出的"同构项"／"同功项"的对子,与斯宾格勒的"同源"／"同功"论以及布朗的结构—功能主义观基本接通了。

例如,本书第二章的中希神话的"神象形态"、第五章的"字化形态"属于"同构项"的比较研究。第三章的中希神话的"秩序形态"中,中国神话的秩序导力"德行"与希腊神话的"命运"属于"同功项"的比较研究。

文艺形态论的另一重要观点是:异文艺中的"同构项"与"同功项"存在着显在状态或潜隐状态。

任何事物的形成都是从混沌到有形,从无界到有界,从永生到有生,并生成自己的一套结构/功能。从历时性角度看,"现在"的结构铭记着它"过去"的朴素结构,也蕴含着它丰富的"未来"结构。同理,作为类生命体的文艺,从其含苞的种子,便包孕着未来的"预存在形构"。就如"精子动物"一样,已预示着未来一个全人的结构。因此说,不管生命处在哪一个轮段,它的结构在信息上、原则上是全息的——不增、不减、不灭。在"同构项"的呈现方式中,有的呈现为显在形态,有的呈现为潜隐形态,例如,在猴子的尾巴与人的"尾巴"(尾巴骨)这一组"同构项"中,人的"尾巴"是以潜隐的形态存在。

另外,当事物的结构沿着预定的"形构"进化时,其结构的功能在特定环境的铸塑下,可以发生潜移默化的自化或特化,因而,异文艺的"同

[①] 王铭铭:《西方人类学思潮十讲》,广西师范大学出版社 2005 年版,第 42 页。

功项"不像显在"同构项"那样有形可辨、一目了然,而是隐存于不断复杂化的机体功能系统之中。英国著名哲学家斯宾塞(Herben Spencer)在他的"社会进化论"中这样描述结构的功能衍化:"一切社会现象都是社会进化过程的一部分,任何的发展过程又都包括集中与分化两个方面。在原始社会的社会有机体中,社会各部分和功能很少发生分化,一个局部结构可以执行几种不同的社会功能,一个功能可以由几个不同的结构来执行。随着社会的发展,社会各部门就越来越不同,越来越需要专门的功能分化和协调。"① 从斯宾塞提出的"功能分化规律"看,随着机体的演进、时间的推移,其功能的分化将不断细化、繁化,因而,对不同有机体的"同功项"的求寻,需要在两个纷繁复杂的功能系统中苦苦求索。

我们不能因为看不到异文艺的"同构项"或"同功项",而轻易否定其中一方的存在。文艺形态论认为,各种文艺系统的体裁结构是类同的,各有各的诗歌、散文、小说、戏剧、史诗等。在中希文明中,各有各的史诗,只不过史诗的呈现形态不同,希腊的史诗是一种外显、澄明的状态,而汉族"史诗"则是一种隐在、处于被抑制的状态,就如人的"尾巴"(尾巴骨)。它不是"无",而是"隐",深居幕后而不灭。叶舒宪正是通过"同构项"的启示,借助"显在"的巴比伦史诗《吉尔伽美什》,去发掘了"隐在"的中国沉睡史诗。② 伏尔泰在《论史诗》(1733年)中表达了相近的观点。他反对以《荷马史诗》为准则给史诗下一个僵硬的定义。他认为,史诗无非"是一种用诗体写成的关于英雄冒险故事的叙述",从古至今,欧洲各国都有自己的史诗,每个民族对史诗的理解都有相同的东西,也有不同的东西。

这样一来,汉族"有无史诗""有无神话"之争,便被转换为"史诗形态怎样""神话形态怎样"的命题,即史诗、神话是以潜在的形态出现还是以显在的形态存在的命题。全息论认为,作为同构的异文化(文艺)体之所以出现特化,是由于全息体的全息性在时空上的有限性,任何物质只能在有限的时空里表达出有限的信息。作为文化的全息体也然,受时空的限制,一种文化只能有选择地表达出其中的部分信息内容,而其他文化信息则深居幕后。③ "由于文化全息体是一个整体性极强的系统,因而各个部分的发展是相互关联的,如果某一部分强化了某种文化的信息,那么这种强化本身的

---

① 王铭铭:《西方人类学思潮十讲》,广西师范大学出版社2005年版,第5页。
② 叶舒宪:《英雄与太阳——中国上古史诗的原型重构》,上海社会科学院出版社1991年版,第115~163页。
③ 严春友、严春宝:《文化全息律论》,载《浙江学刊》1990年第5期。

信息必然会传遍整个文化系统，从而使其他部分对该文化信息的显现处于相对弱化的状态，即它们显化该文化信息的趋势受到了抑制。"① 依据这一观点，汉族的"史诗"没有显性出场，是因为受到某种时空的限制，它没有灭亡，而是"深居幕后"。汉语"史诗"的"弱化"与"深居"换来了其他信息如诗歌、散文等的"显化"与"出场"。

异文化中"同构项"／"同功项"的"潜显形态"理论，可以帮助我们从甲文化的某一"显形态"去识读乙文化对应的"潜形态"。某一"显形态"就如一个已知数，通过"潜显形态"理论，可求出相应的"潜形态"的未知数。根据这一原理，我们可从封尘下遗存完好希腊的神话系统，在一定程度上去重构、修复中国神话的诸多古董残片。

三、研究价值

维柯在《新科学》中有一个思想，他认为出生和本性是同一回事。笔者认为，一旦解读了事物的诞生，便可预见它的未来。发生学告诉人们，事物的变化、转化是可以理解的，但是，事物从"无"中诞生却是难以理解的，一旦解读了事物的诞生，便可解读了事物的转化、事物的未来。卡西尔曾说："发生学的问题一旦解决，其他一切问题也就迎刃而解了……这已经被看成是一个预定的结论了。"② 因此，人类文明越向后（现代）演进，人类越凭着不断积累的知识之灯积极地向前（古代）照亮、寻溯，去寻找事物的原始根源。"向过去看"是为了更好地"向未来走"，确立未来的行动方向，避免迷途。对神话的研究，实质上是一种民族文化的发生学研究，通过它可使我们透视民族文化的基因、命运。丹纳对神话的发生学意义这么说："这儿正如在生物学上一样，必须看了原始思想的胚胎，才能在已经发展完全的思想中辨别出思想的特点；原始时期的特征在一切特征中最有意义；根据语言的结构和神话的种类，可以窥见宗教，哲学，社会，艺术的将来的形式，正如根据胚胎上子叶的有无与数目，可以猜到植物所隶属的部门和那个部门的主要特征。"③

对神话研究的意义，中外学者均有精彩的论说。我国学者朱狄说："一切文化现象和文化模式产生得愈早，也就愈具有发生学上的意义。西方绝大多数的人类学家把目光对准原始文化，原因也就在于此。原始文化可以被看

---

① 严春友、严春宝：《文化全息律论》，载《浙江学刊》1990年第5期。
② 卡西尔：《人论》，甘阳译，西苑出版社2003年版，第160页。
③ 丹纳：《艺术哲学》，傅雷译，人民文学出版社1963年版，第357页。

作人类文化最重要的简化模式。"① 露丝·本尼迪克特（Ruth Benedict）深谙原始符号因较少掩蔽而具有的文献意义，她说："没有什么别的途径能使我们获得比在有关史前社会的事实材料中所得到更大的收获了。"② 神话学大家卡西尔则告诫学者："神话由于表达了人类精神的最初取向、人类意识的一种独立建构，从而成了一个哲学上的问题。谁要是意在研究综合性的人类文化系统，都必须追溯到神话。"③

作为人类民族文化的胚胎、精神的蓓蕾的神话，不是一团混沌、一团迷雾，它有着自身的"逻辑"，就如童言有童言的"理路"，只要善于揣摩这些"理路"，便可走进神话，走进一个人类童年纷繁话语的多彩世界。就如法拉格所说："神话是人类思维的朴素和自发的形式之一，只有当我们猜中了这些神话对于原始人和他们在许多世纪以来丧失掉了的那种意义的时候，我们才能理解人类的童年。"④ 对神话自身具有的"逻辑"性，卡西尔这么说："如同知识、道德和艺术一样，神话现在成了一个独立、自足的世界，它可以不由外在的价值标准和实在标准来衡量，而必须依据它自己固有的结构规律去把握。"⑤ 所以，神话是一个可诠释性的话语系统，走进这个系统，就能走进原始文明的大千世界。

众所周知，神话与民族文化之间具有重要关联。德国哲学家谢林（Friedrich Wilhelm Schelling）这样说："一个民族是有了神话以后才开始存在的……他的思想的一致性——亦即集体的哲学，表现在他的神话里面；因此，它的神话包含了民族的命运。"⑥ 卡西尔认为，印度、希腊等民族的全部历史都暗藏于他们的神明之中。神话包蕴着丰富的知识元素，它是原始文化的百科全书，"是原始初民的哲学、科学、道德、宗教、历史、文学等各种社会意识的统一文本"⑦。同时，也是现代历史、艺术、哲学、科学等一切学科的母亲。

在西方，希腊神话、希腊文化与西方文化三者的演绎关系已是学界共识。"希腊"一词意为典雅、优美。古希腊人创造出了与"希腊"一词相称的辉煌文明。凡尔农认为，"就以希腊神话而言，它就是西方语源、象征和隐喻，以及世界观的基本参考和架构，许多后来的想法都从它的土壤里发

---

① 朱狄：《信仰时代的文明》，中国青年出版社1999年版，第433～434页。
② 露丝·本尼迪克特：《文化模式》，王炜等译，社会科学文献出版社2009年版，第22页。
③ 卡西尔：《神话思维》，黄龙保等译，中国社会科学出版社1992年版，第4页。
④ 拉法格：《宗教与资本》，生活·读书·新知三联书店1963年版，第2页。
⑤ 卡西尔：《神话思维》，黄龙保等译，中国社会科学出版社1992年版，第4页。
⑥ 威廉·夏伊勒：《第三帝国的兴亡》，董乐山译，世界知识出版社1979年版，第102页。
⑦ 朱宜初、李子贤：《少数民族民间文学概论》，云南人民出版社1983年版，第18页。

生。它是经典中的经典,也是通向西方心灵的第一把钥匙"①。韦尔南说:"神话一词,实际上是和希腊文明的历史以及某些特征联系在一起的希腊词汇。"② 在西方学者眼中,"希腊给了西方文化共同的根,而这是所有受过教育的人至少可以共同拥有的"③。在世界文明史上,古希腊文明以其特异的风采与卓越的成就享誉后世,以至有"言必称希腊"之说。德国诗人雪莱说:"我们(西方人)都是希腊人;我们的法律,我们的文学,我们的宗教,我们的艺术,都是植根在希腊。"④ 今日西方世界无处不遗存着希腊文明的因子,没有希腊,无法想象西方文明会是什么样子。

通过研究希腊神话,可帮助我们更好地识读希腊文化、把握西方文化的源头、精神本体。中国文化第一口乳汁同样是远古的汉族神话。对这两族神话形态的比较研究,可以窥视中西文化的源头形态,就如透过种子的雏形去解读参天大树的密码。

第二节 百年研究综观:
西方从神话学的诞生与东渐谈起

在近代西方人文运动怀腹中诞生的神话学,于19世纪末在中国与西方文明的碰撞(即中国历史上第三次中外文明大交汇)中传入中国。20世纪初,在西方人类学、神话学的激活与启示下,中国的神话意识开始苏醒,先驱们在本土进行了神话初探并建立了中国神话学。中国神话学的诞生历程,是近代中国文化在与西方文化碰撞中曲折走向新生的一个缩影。一个多世纪以来,神话研究的一个重要主题是"中希神话比较研究"。20世纪20年代初,茅盾为该主题的研究奠定了重要基石。20世纪八九十年代以来,世界文化格局发生了新变,"中西"成为世界最为重要的文化/文明关系。随着这一世界文化格局的新变,"中希神话比较研究"随之成为中国神话学的"显学",从而使该主题的研究走进了一个前所未有的崭新阶段。

---

① 凡尔农:《人神宇宙》,马向民译,城邦文化事业股份有限公司(台北)2003年版,中文序。

② 让-皮埃尔·韦尔南:《众神飞飏——希腊诸神的起源》前言,曹胜超译,中信出版社2003年版。

③ 玛丽·比尔德,约翰·汉德森:《当代学术入门——古典学》,董乐山译,辽宁教育出版社/牛津大学出版社1998年版,第12页。

④ E. M. Burns. *Westen Civilizations*. W. W. Norton & Company, INC, 1973, p.152.

一、在近代西方人文运动中诞生的神话学

西方的神话学滥觞于古希腊的轴心期。古希腊在人类历史的轴心期，与世界各大民族一样发生了神话历史化或曰神话理性化运动。与其他民族不同的是，希腊不仅发生了神话理性化运动，而且产生了对神话反省而形成的神话理论话语形态，也就是包孕了神话学的因子。该因子在近代科学与人文运动的孕育下，使具有神话理论形态的西方神话学于17世纪落地生根。

（一）古希腊的神话"理论话语"

根据目前存留的文献资料，人类对神话反思的理论言说，应该始于轴心时代的古希腊。德国学者雅斯贝尔斯（Karl Jaspers）在《在历史的起源与目标》（*Vom Ursprung und Ziel der Geschichte*）提出了一个举世闻名的学说，那就是"轴心期"（the Axial Period）之说。他指出，人类历史到了公元前800年至前200年间，世界各地均不约而同地发生了一场精神运动。这场精神运动的重要表征是：人类开始从神的时代/英雄时代过渡到人的时代，人类以初成的理性思维取替了既往的神性思维，"向神话发起一场斗争"[①]。在轴心期期间，世界各族的圣哲们先后对神话进行理性阐释或理性改写。天生聪资、喜爱智慧的古希腊人在此期间，不仅对神话加以怀疑、反思、重释，而且形成了对神话的初步言说，这些言说可以视为神话学雏形的源头。

例如，当时已出现了阐释神话本质特征的两个观念，一是"寓意说"，一是"欧赫美尔主义"。"寓意说"将神话视为一种寓言，揭示了神话所具有的隐喻性特征。"寓意说"的提出者是泰奥格尼斯（Theagenes），他大约于公元前600年提出这一观点。他认为"神话不单纯是各种自然规律的反映，而且还部分反映了思虑、欲望等各种伦理的原理"[②]。寓意说的伟大之处是将神话与语言视为一树两叶的同质性符号，把神话视为一种表意的语言。寓意说认为，神话蕴含着运用隐喻的方式，讲述人类、社会、自然的各种起源故事，用形象的外衣包装了抽象的理念、伦理。柏拉图把它说成"用学者们的口吻，对它（神话）加以理性的解释"[③]。

"欧赫美尔主义"一词以古希腊学者欧赫美尔（Euemeros，公元前300

---

① 卡尔·雅斯贝尔斯：《历史的起源与目标》，魏楚雄、俞新天译，华夏出版社1989年版，第9页。
② 大林太良：《神话学入门》，中国民间文艺出版社1989年版，第3页。
③ 冷德熙：《超越神话》，东方出版社1997年版，第6页。

年左右）的名字命名。他的惊世之作《神圣史》受到各界的极大关注。他的最大功劳是首次提出神话中诸神的起源问题，他认为神祇是死后被人崇拜的结果。神话即是这些部落的酋长或帝王事迹的记录与扩大。他说："一些神原来是伟人，他们之所以受到崇拜，是因为曾造福于人类。"① 如果说寓意是对神话表达方式的探讨，那么，欧赫美尔主义可谓是历史上第一次对神话本质的揭示，它揭示了原来不可僭越的天上神明与地上俗人之间转化的秘密，从而揭开了诸神神秘的面纱。

在神话理性化运动中，古希腊发起了对神话"真实性"的追问。"寓意说"实质上就是其中的一种，该说从修辞学角度出发，认为神话所采取的隐喻的方式，是阐述道德世界和自然世界的一种言说方式，透过其故事性、形象性，它具有某种真实性，其作用与"逻格斯"（logos）相似。柏拉图则在肯定神话具有某种特别的表现力的前提下，从认识论角度出发，认为神话与逻格斯相背而行，是一种"假话"（lies）。② 古希腊历史学家希罗多德（Herodotus）也持相同看法，他宣称神话为"一种不可信的故事"（implausible story）。对神话真实性的辩论，是人类在轴心期中精神反思运动的一个折射，反映了当时人们还没能在"客观真实"与"艺术真实"做出区别，这是人类从诗性智慧到理性智慧转渡过程中必经的纷争。古希腊的神话理论话语与该民族在轴心期的理性涌动之潮密切相关，或者说，神话的理论话语是该民族理性种子破土而出的一个表征。

（二）近代人文运动形成的神话学

西方并没有从璀璨的古希腊时代径直走进明媚的近代科学时代，而是在中途拐进了一个阴暗的中世纪时代。西方的中世纪是一个以神学为本位的时代。在这个时代里，虽然也有研究者把希腊神话当成《圣经》的蓝本加以寻索，试图寻找《圣经》中的原型，但这些研究只属于小支流，没有出现有影响力与传世的著述，就如在海面跳起的几朵白色的浪花，一晃便被笼罩在汹涌的神学惊涛之中。

神话学与神学只相差一个字，一个是关于"神话"的学问，一个是关于"神"的学说，两者却具有本质的区别。神话学与科学（进化论）具有亲缘性，神话即是前科学时代的"科学"，神话是科学之母。当人类迈进科学时代，对过去的神话进行理性的研究时，便形成了神话学。但在神学时代，神是至高无上，神的神圣性、权威性是不容"被研究"的，只能作为

---

① 刘尊棋：《简明不列颠百科全书》，中国大百科全书出版社1986年版，第143页。
② Fraf, Fritz. *Greek Mythology, an Introduction.* Johns Hopkins University Press, 1993, p.2。

虔诚信仰的对象。如果将《圣经》还原为希腊神话，则这种研究本身就有"解神性"，神将失去神圣的光环。因此，这种研究不可能在神学时代成为主流。神话研究真正的兴起要待到中世纪之后的近代科学时代。

"近代科学"就是从哥白尼开始经过一系列"数学，力学和天文学静力学和动力学的领域中……伟大的成就"①，"以牛顿而结束"②的古典力学体系的完成。近代科学是在与宗教残酷的斗争中付出沉重代价而诞生的。哥白尼的学说直至到1822年一直被罗马教会列为禁书。哥白尼的信徒布鲁诺于1600年被罗马教会活活烧死，伽利略等科学家受到迫害。教会杀害了大批科学家和思想家，所谓"神圣的异端裁判所"在西班牙一地就烧死过1万人以上，而被处刑的竟达20万人之多。这就是恩格斯所说的教会在欧洲用"火堆和监狱"③对近代科学进行那样血腥的迫害。

但科学最终战胜了神学。经过16世纪中叶至19世纪上半叶的300年间的火与血的磨难，科学最终取代神学。在这场把人们从神的桎梏中拯救出来的战役中，近代哥白尼、开普勒、伽利略和牛顿的学说，培根、笛卡尔的方法论等立下了汗马功劳。

与哥白尼日心说同等重要的另一个学说是进化论。早在16世纪，已有科学家发现进化的感性现象，如人和鸟相似的解剖结构。到了18世纪，动物学家发现个体动物从胚胎发育到成长的全过程中，与这个种系群体动物从低级到高级的进化过程十分相似，也就是说，个体生命的过程是物种进化全过程的相仿缩影。19世纪初期，法国博物学家拉马克（Jean Baptiste Lemarck，1744—1829）首先提出了生物进化的学说，之后，达尔文实证了生物进化，1859年发表的《物种起源》（The Origin of Species）使进化论成了一个完善的学科。

进化论对世界的影响是巨大的。它揭开了人类由来的秘密。人原来是从动物进化中来，而非上帝所创，这样一来，神式微了，神的光环丧失了，人接着走上历史舞台。一场关于人、人性的运动展开了，这就是西方近代人文启蒙运动。在这场人文运动中，人们开始对人自身进行研究，"对这个主体的内在本性展开探讨"④，对人自身漫长进化史的"回视"与探源。人类学便是在这一历史语境下结胎的。

西方人类学一开始主要是体质人类学，后来扩展到文化人类学。文化人

---

① 恩格斯：《自然辩证法》，光远等译编，人民出版社1984年版，第159页。
② 恩格斯：《自然辩证法》，光远等译编，人民出版社1984年版，第159页。
③ 恩格斯：《自然辩证法》，光远等译编，人民出版社1984年版，第159页。
④ 姚介厚：《西欧文明》（下卷）引言，中国社会科学出版社2002年版。

类学主要是从文化角度入手，研究世界人类的起源、演进、变迁的规律，研究世界各民族行为模式与文化特征等。在人类文化起源的探索中，必然涉及人类童年的神话问题，对神话的研究是人类学家走进原始文化的一道重要门槛。如果将神话视为一个相对独立的学科，则人类学与神话学往往彼此互文，在近代西方被誉为人类学家的大师中，维柯、米勒、泰勒、弗雷泽、列维－布留尔、列维·斯特劳斯、荣格、卡西尔、谢林、黑格尔、恩格斯等，同时也是神话学家，他们是没有挂名的神话学大家。

意大利著名学者维科的《新科学》（1725），可视为神话学发轫时期的代表性著作。维柯探讨人类文化发展史，以神话作为文明为发端，发展了埃及人提出人类历史的"三时代说"：神的时代、英雄时代和人的时代。在其著名的"诗性智慧"章节中，解剖了神话思维特点，这一揭示对后来的神话研究起到了重要的奠基作用。维柯在历史上首次总结出诗性智慧、神性思维的规律性，梳理出看似杂乱如麻的神话"逻辑"，并破天荒地将之纳入了"科学"的范畴，这就是他将其书命名为《新科学》的缘由。

19世纪的一位著名神话学家米勒（Karl Otfried Miiller，1797—1840）在前人的基础上完成了他的重要著述《科学的神话概论》（1825），他主张用历史观点研究神话，将神话看成是人类历史发展过程中不可跨越的童年阶段，这个童年阶段具有不可代替的独特价值和自我尊严。米勒的研究使神话具备了较为完整的学科形态。有意味的是，他与维柯一样，在书名冠上了"科学"二字，可见西方学者在神话学研究中的科学本位主义与情结。与米勒同期对神话研究产生重要影响的还有赫尔德（Jahann Gottfried Herder，1744—1803）。赫尔德悉心研究东方诗歌，提出神话是反映某一地区文化的世界观的观点，被誉为"神话学的最杰出的创建者之一"[①]。

19世纪后半叶，有一批印欧比较语言学家，将神话视为与语言同质性的符号，形成了著名的语言神话学派。这一派别的主要倡导者是出生于德国的英国学者马科斯·米勒（Friedrich Max Muller，1823—1900）和德国的库恩（Adalbert Kuhn，1812—1881）。同时，在达尔文进化论的影响下，19世纪后期人类学研究悄然升温。进化论被运用于考古学、地质学生物学之中，为神话研究提供一扇新的视野。有不少神话学研究者把神话的"遗留物"（survival）当作生物学中的活化石来看待。一时，各大家深入于世界未开化的民族、未开化的人类，从中获取原始人类文化的密码。他们把这些未开化的民族、人类，视为人类初期的活态标本、活态文明，这样，过去的"死

[①] 大林太良：《神话学入门》，中国民间文艺出版社1989年版，第8页。

的文化"可从现在"活的文化"得到活生生的见证。这股新兴的人类学思潮对神话学做出巨大的贡献。泰勒（E. B. Tylor，1832—1917）在《原始文化》（1891）中提出了"万物有灵论"（animism）与"遗存说"。弗雷泽（J. G. Frazer，1854—1941）在《金枝》（1890）中，提出了巫术的两个定律：相似律与接触律，认为早期人类用巫术等仪式控制自然力。法国社会学派列维－布留尔（1857—1939）在《原始文化》中，提出了"集体表象"与"前逻辑"等著名观点。

以上大师们的真知灼见构成了近代西方文明以来一幅波澜壮阔的神话研究巨幅图景，神话学便诞生于这个以近代科学为本位的人文运动的怀腹之中。

二、在西学东渐中觉醒的"神话"

在中外文明第三次大交汇，也即是近代中西文化的碰撞中，在西学（神话学）的启示与援助下，中国人的神话意识开始觉醒。先辈们于20世纪初，在本土域地的耕耘与摸索中发出了各种关于神话的散论，在主将茅盾的推动下形成了神话学雏形，这种得益于西学而内省的诞生方式是中国神话学的一个本质特征。

（一）"神话"意识觉醒的语境：中国历史上第三次文明大交汇

中国是具有5000年悠久历史的文明古国，自古代至西方的中世纪，华夏文明长期居于世界的优越地位。在与他族的文化交汇中始终处于主动、主导角色。从历史的影响深远度看，中国与外域文明共有三次大交汇。第一次是与游牧文明的交汇，第二次是与佛教文化的渗透，第三次是与西方文化的碰撞。这是中国五千年来与外域文明的三次大交汇。

其一，与游牧文明的碰撞。中国历史上第一次文明大交汇是同游牧文明的碰撞。游牧民族逐水草而居，生活无定所，依靠马匹到处寻食，生性勇猛彪悍。而中原属农耕文明，在固定的土地上精耕细作，创造了辉煌的文化。这种游牧与农耕之间的掠夺战争，构成了世界人类文明演进史上的一项惨烈的内容。大约在公元前300年，匈奴文明与中原文明，不断发生碰撞，历经数百载。在摩擦与冲突中互补互渗中交融，但最终匈奴文明被中原文明所兼容、同化，体现了中原文明博采广纳的特性及"化他"的强大生命力。

其二，与佛教文明的碰撞。在近代以前，华夏文明所接触的高级文明要首推佛教文明。佛教是世界三大宗教之一，公元前6世纪产生于古印度，公元前三世纪被定为印度国教,并开始向世界各地辐射、传播。佛教进入中国后,对中国人的思想生态结构产生了冲击,曾一度打破中华文化长期以来单向外射的趋势。但在经历了长期交汇后,佛教元素逐步本土化,最终作为养分进入中国文化的肌体,化为中学。这使悠久博大的华夏文明在漫长历史中的"化他"势态中,形成了一种唯我独尊的集体无意识。

其三,与西方文明(海洋文明)的碰撞。中国与域外的第三次碰撞是与西方文明。西方文明的源头是希腊文明,属海洋文明。海洋文明富有冒险和开拓精神,面对茫茫大海,目标在遥远的彼岸。这种文明的大气度不同于农耕文明。它与商业贸易如影随形,诸如民主、工业等有直接的关联。当海洋文明插上工业化、现代化的翅膀后,便成为一种强大、强势的文明。近代的西方文明,本质上即是一种海洋文化(漂移)加上工业化(科学、理性)的"双翼"文明。西方早在15世纪末、16世纪初已走上了近代化的路程。所谓近代化(或现代化,均为modernization)也即是去古典化,去手工化,走向工业化。近代化是人类文明发展的必经之途,各大文明莫之能御,拒之则被抛向落后。谁先乘坐上这趟近代化列车,谁就居于世界的中心。欧洲就是乘坐这趟列车的第一个乘客。当西方走进近代化时,中国依然匍匐在几千年皇权专制体制之中。直到18世纪中叶,哥白尼后二百年,牛顿后近一个世纪,中国还在哼着"天以九重圆凝于外,……地以圆球尊定于中"(《知本提纲》卷一)的宇宙观。19世纪末,中国的大门被西方列强的炮舰在鸦片战争中打开了,从而导致了中外文化的第三次大碰撞。几个世纪的西学以排山倒海之势,雁飞式地汹涌而入。国人开始以吃惊的眼光"仰视"如天外来客的西方文明。

西方神话学就是在第三次文明碰撞的语境中传入中国的。在西学东渐中各种涌进中国的学说中,最震撼人心的"并不是别的思想理论,而是天演论。天演论给了中国以一种前所未有的崭新的世界观:原来人是从猴子变来的,一切神圣的典章制度原来都不是什么圣人的制作,而是历史长期演化的结果"。[①] 天演论告诉人们,人与动物一样,是天之演化的产物。这样一来,作为研究人类起源的西方人类学、神话学必然引起高度关注而进入国人的视界。

(二)援借西学而立的"神话学"

在中国五千年的文明史中,并没有出现一个类似西方含义的"神话"

---

① 何兆武:《中西文化交流史论》,中国青年出版社2001年版,第135页。

术语。汉译"神话"一词是经日本中转而来的一个舶来语。① 叶舒宪深叹,"中国文明位列世界四大古文明之列,然而在中国文明数千年的历史中却没有神话这样的概念"。② 当然,"神话"术语的失缺并不等于说国人没有一定的神话意识,而是说国人的神话意识还没有上升为一种理论形态。国人对神话的体悟与言说古已有之,一般散见于各类书籍之中,常以"怪""神""谐""异"等术语去指称。清代胡应麟就道出了《山海经》是"古今语怪之祖",这里的"怪"即是对神话的一种体认。

中国"神话"概念的缺位与过早神话历史化密切相关。早在轴心期,希腊已出现了神话的理论话语,如"欧赫美尔主义"与"寓意说"。而中国对神话的理论意识的反省,直至20世纪初才在西学的启示下苏醒。这是一个奇特的文化现象。笔者认为,中国"神话"概念的缺位,以及神话理论意识的迟缓,主要是源于神话的过早历史化。神话过早历史化可造成两个后果,一是神话有"死火复燃"的可能性,二是继续遗留着神话思维。

首先,从神话的消亡形式看,当其他民族正处于正午的"神的时代"时,发达农耕文明语境下的中国已开始了神话历史化,其历史化的时间之早,程度之深,为世界之罕见。这种过早历史化的代价是在历史化中萌发的理性力量较为弱小,就如一个早产的婴儿,缺少使所有的神话彻底地化为"过去式"的能力。在这种情况下,中国神话有可能"死灰复燃",例如,在一定历史时期中各种造神、造圣运动频频发生,出现历史再神话化现象。中国神祇在轴心期的覆灭情况与希腊不同,希腊是"形神具亡",而中国是"形亡神存"。虽说中国人最终也算把诸神送进了坟墓,但过早跨进文明门槛的中国人对诸神的谋杀缺乏应有的力度,以致几千年来人们还能听到诸神从坟冢中发出来的音魂之声,形成"形灭神存"的遗留。一旦有合适的"躯体",神灵便附体了,历史便再神话化了。这种神话历史化与历史神话化的"双向互化",使神史不分,亦神亦史。这也是中国"神话"概念缺位的重要原因。

其次,从思维角度看,在早发历史化中产生的理性,不能彻底地从神性中蜕变,而导致了神话思维的遗存。这种理性(阴阳理性)仍然与神性互为纠缠。叶舒宪曾经说:"如果说,西方哲学的思维模式是扬弃了神话思维模式之后发展起来的,那么,中国可以说其哲学思维模式是直接承袭神话思

---

① "神话"一词来自日文中 Shinwa 一词。由中国留日学生于明治维新之后带入中国。
② 叶舒宪:《中国神话的特性之新诠释》,载《中国社会科学院研究生院学报》2005年第5期。

维模式发展起来的。"① 中国式的理性对神话思维的直接承袭，使之与神话思维在某一程度上仍具有同构性，凡是同构者或近似同构者均难以获得彼此之间的互观、互省。而西方理性则是在扬弃神话思维之后建立起来的，与神话思维是一种对立、排斥的关系。西方理性与神话之间的对抗、对视，容易使彼此"原形毕露"。所以，神话的概念的诞生以及神话理论意识反省首先发生于古希腊、近代西方，而不是古代中国或近代中国。

中国神话虽处于"长眠状态"，但神话的觉醒是世界各民族迟早必然发生的事情。在近代西方人类学、神话学著述东渐的启示下，这个五千年的文明古国的神话意识在沉睡中被唤醒。根据"文化形态论"的原理，即甲文化是乙文化或隐或显的陌生化变形，希腊神话与中国神话在总体上、宏观上是一种"同构项"关系，只不过两者同构的隐显程度不同，希腊神话可视为"显项"，而中国神话则可视为"隐项"。"隐项"与"显项"在深层处是全息对应的，可以通过一个"显项"去激活另一个对应的"隐项"。中国域土中的这个神话"隐项"，正是在西方神话学之光朗照下被激活的。

在西方各种神话理论特别是弗雷泽、泰勒、安德鲁·兰等人类学家神话理论的启发下，中国人开始了神话的理论言说，为中国神话学的诞生准备了理论话语。杨堃和王文宝在总结西方神话学理论对国人的影响时，罗列了深受西方人类学派理论影响的一串长长名单：鲁迅、周作人、茅盾、谢六逸、黄石、闻一多、林惠祥、顾颉刚、赵景深、袁珂、钟敬文等。② 而最早借助西方神话理论对神话发表评说的要首推鲁迅、章太炎、刘师培等人。其中鲁迅在《破恶声论》（1908 年）中阐释了神话的性质、神话的由来以及应该对之采取的态度。周作人于 1913 年发表了《童话略论》，提出"童话 marchen 本质与神话 mythos，世说 saga 实为一体"，认为要从民俗学角度研究神话。③

如果说鲁迅、周作人等在二十世纪初借助西方神话理论，开启了在中国本土的"神话评说"阶段，那么，将"神话评说"推向"神话研究"的关键人物应是"五四"后的茅盾。茅盾于 1916 年在上海商务印书馆编译所工作，这里的工作条件为他敞开了一扇得天独厚的西学窗口。他在《中国神话研究初探》"前言"中说道：

---

① 叶舒宪：《中国神话哲学》，中国社会科学出版社 1992 年版，第 2～3 页。
② 杨堃、王文宝：《人类学派对我国神话学研究的影响》，载袁珂主编《中国神话》第一集，中国民间文艺出版社 1987 年版，第 14～25 页。
③ 黄震云、杨胜朋：《20 世纪神话研究综述（下）》，载《徐州师范大学学报》（哲学社会科学版）2003 年第 1 期。

"我对神话发生兴趣,在1918年。最初,阅读了有关希腊、罗马、印度、古埃及乃至19世纪尚处于半开化状态的民族的神话和传说的外文书籍。其次,又阅读了若干研究神话的书籍,这些书籍大都是19世纪后期欧洲的'神话学'者的著作。这些著作以'人类学'的观点来探讨各民族神话产生的时代(人类历史发展的某一阶段),及其产生的原因,……这一派神话学者被称为人类学派的神话学者,在当时颇为流行,而且被公认为神话学的权威。当1925年我开始研究中国神话时,使用的观点就是这种观点。"①

茅盾于1925年在《小说月报》上发表他的第一篇论文《中国神话研究》。这篇有一定篇幅的长论文,是运用欧洲人类学派神话理论阐释本土神话的一个尝试。文中他引用了麦根西(A. Mackenzie)和安德鲁·兰(Andrew Lang, 1844—1912)的理论观点。茅盾说:"我们根据了这一点基本观念,然后来讨论中国神话,便有了一个范围,立了一个标准。"② 茅盾在1924年至1929年相继出版了《神话杂论》《中国神话研究ABC》(1978年易名为《中国神话研究新探》)。这几部著作,是茅盾运用西方人类学和神话学,系统化地阐述中国神话的尝试。正如茅盾的两书题名所言,这已不是"神话评说",而是"神话研究",它们标志着中国从"神话评说"到"神话研究"过渡,也标志着中国神话学的诞生。

中国神话学诞生的另一个标志是,先辈们运用西方神话学理论对中国神话研究而结出的硕果。闻一多借助弗雷泽的"交感说"提出了"避害说",以"弗洛伊德的性理论"解读了"人种来源"。他的一系列"探考"著述,如《伏羲考》《姜嫄履大人迹考》《高唐神女传说之分析》《朝云考》成为中国神话研究的标志性成果。以顾颉刚为首的古史辨派,借助西方神话学中"史前史质疑"研究成果,对中国夏以前的信史进行大胆怀疑与否定,在古史中剥离出神话与传说,提出了著名的"累层的历史观"。闻一多与顾颉刚举世瞩目的丰硕成果,不仅使中国神话学有了理论形态,而且有了令人信服的实践形态。

从上述中国神话的诞生历程,我们可知,中国神话学诞生于20世纪初,也即是在中外文明第三次碰撞中,援借西方人类学、神话学的理论成果,在先驱们特别是茅盾的不懈摸索下,从"神话评说"逐步进展到"神话研究",并产生了一批如闻一多著述般的有说服力的神话研究成果,从而宣告

---

① 茅盾:《茅盾评论文集(上册)》前言,人民文学出版社1978年版,第3~4页。
② 茅盾:《茅盾全集》(第28卷),人民文学出版社1993年版,第1~2页。

了神话学在中国的落地生根。

三、神话学的"显学":"中希神话比较研究"

自从20世纪初中国神话学在中国生根结果以来,"中希神话比较研究"一直是中国神话学的一个重要主题。这里有两个主要原因:

其一,神话与民族精神具有"根果"关系。作为我国第一篇神话文献,蒋观云的《神话历史养成之人物》(1903年)指出,"一国之神话与一国之历史,皆于人心上有莫大的影响""神话、历史者,能造成一国之人才"。这里道出了神话与民族精神、神话与启迪民智的密切关系。鲁迅于1908年在《破恶声论》中批评了"嘲神话者"的偏见,他指出,不了解神话就无法了解西方文学乃至西方文明。丁山在传统考据学基础上运用比较方法,在《中国古代宗教与神话考》中指出,"意在探寻中国文化的来源"。这些论述表明,在神话学的发轫期,先辈们已认识到神话与民族文化、民族精神的相承关系。

其二,20世纪八九十年代以来,世界文化格局发生了新变,"中西"成为世界最为重要的文化/文明关系。这一世界文化格局的新变,使作为两大文明源头的中希神话的研究,更具时代意义与当下价值。事实上,"比较"便是神话学的题中之义。神话学在19世纪又被称为"比较神话学"。日本学者高木敏雄于1904年出版的神话学专著便命名为《比较神话学》。王铭铭曾说:"神话学,首先应是比较神话学,是比较历史研究与跨文化研究的伴侣……"① 神话学的这一"比较"自性以及世界文化格局的新变使"中希神话比较研究"自20世纪八九十年代开始,成为神话学的"显学",而走进了一个前所未有的崭新阶段。

(一) 中希神话的"潜比较"研究

"比较"是神话研究的重要方法。从潜显角度上看,"比较"可分为"显比较"与"潜比较"。"显比较"即一般意义上的比较,是将两种事物摆在一起进行对照、比照的方法;而"潜比较"是指在形式上虽然没有将两种事物摆在台上进行比较,但事实上却进行某种隐在的比较,比如,当我们阅读外文、译介外文时,我们总是潜在地与自文化进行着某种"比较"。当我们对他族神话进行研读或翻译时,总是以我族神话作为知识范型、作为

---

① 袁珂:《中国古代神话》序,华夏出版社2004年版,第3页。

潜在的比较体，让他族神话在与我族神话的比照中彰显他族神话的特征与意义，同时，在这一过程中，也因他族神话的陌生化启发，对我族神话生发一种新的启发。笔者把这种隐在的"比较"称为"潜比较"研究。从研究者身份将"潜比较"分为两种：一是西方学者对中国神话的研究，① 二是中国学者对希腊神话的研究。

1. 西方学者对中国神话的译介与研究

神话学是西方近代人文运动的产物，它在18至19世纪又被称为比较神话学，可见"比较"是神话学的题中之义。当西方神话学在18世纪诞生并逐渐成熟后，西方研究者必然将神话学之光投向其他文明的神话，特别是具有五千年悠久历史积淀而成的中国古老神话。钟敬文这样说："神话、童话、传说等，在中国学术界上，素来未有相当的认识与位置，所以她之不被人重视注意，那是当然的。但外国人，却早在代我们留心了。"② 可见，当中国的神话意识还处于"睡眠"状态之时，西方神话学家已兴起了研究"中国神话"的热情。

早在17世纪后期，《山海经》译本已在法国产生。③ 1839年，法国国立东方现代语言学院首任汉学讲座教授巴赞（Antoine Pierre Louis Bazin）曾专门撰文分析《山海经》的宇宙结构学。1875年伯诺（E. Burnof）翻译了《山海经》的《西山经》。英国的中国学家腾尼斯于1876年在《中国民俗学及其与雅利安和闪米特种族民俗学的宗教关系》论文中首先提出了"中国神话"概念，成为最早提出该概念的学者。④ 1892年，中国先秦史研究者、俄国历史学博士齐奥杰维斯基（S. M. Georgievskij）出版《中国人的神话观与神话》。该专著为第一部研究中国神话的专著。齐奥杰维斯基开创性地把被当作历史人物的远古帝王如伏羲、神农、黄帝、帝喾、尧、舜、禹等还原为民间神话形象。⑤

---

① "西方学者对中国神话的研究"不包括西方学者对希腊神话的研究，例如：英国比较神话学家查尔斯·彭格拉斯所著《希腊神话与美索不达米亚》（Charles Penglase, Greek Myths and Mesopotamia, London and New York: Routledge 1994），马塞尔·德蒂尼（Marcel Detienne）的《俄耳甫斯的写作：文化语境中的希腊神话》[The Writing of Orpheus: Greek Myth in Cultural Context (comparative studies of Greece, China, and India), Johns Hopkins University Press, 2002] 等。
② 钟敬文：《池田大伍的〈支那童话集〉》，载《民俗周刊》1928年第13～14期。
③ 李福清：《国外研究中国各族神话概述——〈中国各民族神话研究外文论著目录〉序》，载《长江大学学报》2006年第1期。
④ 黄震云、杨胜朋：《20世纪神话研究综述（上）》，载《徐州师范大学学报》（哲学社会科学版）2003年第1期。
⑤ 叶舒宪：《中国神话的特性之新诠释》，载《中国社会科学院研究生院学报》2005年第5期。以顾颉刚为首的"古史辨派"可能受到此启发。

20世纪上半期，西方学者的中国神话传说研究的著述有：德国汉学家卫礼贤（R. Wilhelm）编译的《列子》（1912）和《中国神话故事集》（1914），彼特曼（Norman H. Pitman）的《中国神话故事》（1910），倭讷编译的《中国神话和传说》（1922）。此外，重要的收获还有俄国 N. P. Macokin 的《中国神话中帝王与图腾崇拜》（1917），该论文关注到古代帝王的面貌具有动物形象特征，这是首次提出帝王与图腾崇拜的关系问题。① 1926 年法国汉学家 M. Granet 分析了古代神话（歌谣）与祭祀礼仪的关系，写成了专著《中国古代的祭礼与歌谣》。②

法国的马伯乐（H. Maspero）和格拉勒斯是研究中国神话的双璧。马伯乐先后发表了《书经中的神话传说》（1924）和《上古中国史》（1927，1959）两书。另一位中国神话研究者格拉勒斯 1926 年刊发了《古中国的跳舞与神秘故事》。"马伯乐为法兰西的'汉学'的巨子，以第一流的坚实学者而又有伟大的贡献。今舍别的不说，单举其最显著的，即表现于《书经中的神话传说》一书。这是一本指示研究我国传说的方针的书。……格拉勒斯所著书，为哲学披荆斩棘……此外还有一本名著……就是 1926 年所刊布《古中国的跳舞与神秘故事》两巨册。其中大胆地批判我国上代的传说，勉力以阐明我国古代社会的种种真相为务，这真是令人佩服了。……总之，马伯乐、格拉勒斯两氏，确为现代欧洲研究我国民俗学的泰斗或明星。"③

20 世纪七八十年代，苏联著名汉学家李福清把中国神话与中国文化背景中的下层文化紧密相连，从下层民众信仰中寻找神话产生的根源，他的《中国古代神话研究史试探》（1987）是一个重要收获。

雷米·马蒂芬于 1978 年和 1983 年先后将《穆天子传》和《山海经》进行了全译与详注，并在其专著《古代中国神话的来源和其形成》一书中分析了中国神话与周边地区神话的关系，并且将北美洲西北部印第安人各族与东北亚和古代中国做出了文化相近的解释。④

进入 20 世纪八九十年代及新世纪以来，西方学者对中国神话研究的收获主要有：迈克尔·洛伊（Michael Loewe）的《汉代信仰、神话与理性》（*Faith, Myth, and Reason in Han China*, Hackett Publishing, 1982），吉拉尔

---

① 李福清：《国外研究中国各族神话概述——〈中国各民族神话研究外文论著目录〉序》，载《长江大学学报》2006 年第 1 期。
② 李福清：《国外研究中国各族神话概述——〈中国各民族神话研究外文论著目录〉序》，载《长江大学学报》2006 年第 1 期。
③ 郑师许：《中国民俗学发达史》，载《民俗周刊》1943 年第 1～2 期。
④ 黄震云、杨胜朋：《20 世纪神话研究综述（下）》，载《徐州师范大学学报》（哲学社会科学版）2003 年第 2 期。

多（N. J. Girardot）的《早期道教神话和意义：混沌的主题》（*Myth and Meaning in Early Taoism*：*The Theme of Chaos*（*hun-tun*），University of California Press，1988），迈克尔·洛伊（Michael Loewe）的《汉代的占卜、神话和君主制》（*Divination*，*Mythology and Monarchy in Han China*，Cambridge University Press，1994），菲利普·阿达（Philip Ardagh）的《中国神话与传说》（*Chinese Myths and Legends*，Belitha Press，1999），M. E. 刘易斯（Mark Edward Lewis）的《早期的中国洪水神话》（*The Flood Myths of Early China*，The University of Chicago Press，2012）等。

西方学者对"中国神话"的研究先行于国人达一个多世纪之久。无疑为国人的神话自识起到重要的推动与借鉴作用。但其中的缺憾也不应忽视。这里的主要原因是，不少外国学者未能真正把握方块汉字与博大精深的中国文化。正如有些学者所说，"这些著作都不是系统研究的成果，有的学术概念模糊，整理粗糙，错译误解之处也不少"[1]，钟敬文说："因为种种隔膜的关系，这些书都不能使我们感到满意。"[2] 例如，英国汉学家 E. T. C. Werner 享有盛誉的《中国神话与传说》（1922年）却难见原始的中国古代神踪迹。李福清这样评说："Werner 根据的只有四部古籍，其中最主要的是明代小说《封神演义》，其他两部是道教的《历代神仙通鉴》《列仙传》，都不算古神话。"[3] 这确实是一个问题，Werner 将民间故事、宗教故事与原始神话混淆在一起，这已经解构了神话范畴。这是中国学者在接受"西方学者研究中国神话"的成果时所需要警惕与批判的。

2. 中国学者对希腊神话的译介与初步研究

中国神话学是在西方神话学启示下而诞生的一种后发神话学。相对于西方学者对中国神话的研究而言，中国学者对希腊（西方）神话的研究的起步较为迟缓，直至20世纪20年代初，还处在初级阶段。当中国的神话意识觉醒后，面对希腊神话这颗世界璀璨明珠、"会说话"的西方文化基因，国人首先是进行译介，然后才进行初步的研究。代表人物有周作人、茅盾等。他们对希腊神话的译介与研究中做出了重要贡献，为该领域的日后研究奠定了基础。

在希腊神话译介方面，郑振铎、周作人、单士厘做出重要贡献。郑振铎

---

[1] 洪长泰：《到民间去：1918—1937年的中国知识分子与民间文学运动》，董晓萍译，上海文艺出版社1993年版，第36页。

[2] 钟敬文：《池田大伍的〈支那童话集〉》，载《民俗周刊》1928年第13～14期。

[3] 李福清：《国外研究中国各族神话概述——〈中国各民族神话研究外文论著目录〉序》，载《长江大学学报》2006年第1期。

是我国较早译介希腊神话的重要作者之一，在旅居英伦时曾编译了希腊罗马神话与传说中的恋爱故事以及希腊神话与英雄传说。周作人译介了《红星佚史》（1907），19世纪40年代翻译了《希腊神话》与《希腊的神与英雄》，单士厘翻译的《归潜记》（1910）在"章华庭四室""宙斯"等章节介绍了古希腊、罗马神话。周作人可谓推介古希腊神话的第一人。他自己对该项工作甚为满意。他在《希腊神话》的"引言"中这样说："我以前所写的许多东西向来都无一点珍惜之意，但是假如要我自己指出一件物事来，觉得这还值得做，可以充作自己的胜业的，那么我只能说就是这神话翻译注释的工作。"①

在译介西方神话学理论方面，周作人功绩显著。他不仅引进了安德鲁·朗等人类学派研究方法，而且勾勒出了西方神话学理论的轮廓。可以说，中国神话学的形成与他的理论译介不可分割。

周作人在希腊神话研究方面同样成绩斐然。周作人的第一篇关于希腊神话的学术论文是《神话与传说》（1922），文中论证了希腊神话与西方文学之间的关联性。之后，又继续写了《希腊的神话》《神话的趣味》《神话与传说》《神话的辩护》《续神话的辩护》《希腊的神话一》《希腊的神话二》等系列论文，将希腊神话的艺术与文化价值展现在国人的眼前。

周作人对希腊神话的研究，始终没有离开与中国神话之间的潜比较，甚至还暗怀着"复兴中国旧文明"的宏大抱负。在《生活之艺术》（1924）中，他这样写道："中国现在所切要的是一种新的自由与新的节制，去建造中国的新文明，也就是复兴千年前的旧文明，也就是与西方文化的基础之希腊文明相合一了。"②

在译介与研究希腊神话方面的另一位重要人物是茅盾。1925年，茅盾以沈德鸿之名编译了《希腊神话》，至40年代茅盾翻译了《希腊的神与英雄》。茅盾于1916年到上海商务印书馆编译所工作，这里为他翻译希腊神话提供了诸多便利。茅盾回忆当时译介希腊神话的情形说："二十二三岁时，为要从头研究欧洲文学的发展，故而研究希腊的两大史诗，又因两大史诗实即希腊神话之艺术化，故而又研究希腊神话。……继而又查《大英百科全书》之神话条，知世界各地半开化民族亦有其神话，但与希腊神话、北欧神话比较，则不啻小巫之与大巫。那时候，郑振铎颇思编译希腊神话，于是与他分工，我编译北欧神话。惜郑振铎后来兴趣转移，未能将希腊神话

---

① 周作人：《希腊神话》引言，载《艺文杂志》1944年第10期。
② 周作人：《生活之艺术》，载《语丝》1924年第1期。

全部编译。"①

　　1923年，茅盾首次将希腊神话知识地引进中国大学课堂，在上海大学英国文学系里系统地讲授希腊神话。1924年在茅盾发表了《希腊神话与北欧神话》论文（后集于《神话杂论》）。1928年茅盾相继写了若干篇介绍北欧、罗马、希腊、埃及、印度的神话的论文。至年底，完成了重要的神话学专著《北欧神话ABC》。从希腊神话的研究成就看，茅盾可谓中国第一位希腊神话研究的集大成者。他晚年这样回忆道："在当时，大家有这样的想法：既要借鉴于西洋，就必须穷本溯源，不能尝一脔而辄止。我从前治中国文学，就曾穷本溯源一番过来，现在既把线装书束之高阁了，转而借鉴于欧洲，自当从希腊、罗马开始，横贯19世纪，直到'世纪末'。……因而也给我一个机会对19世纪以前的欧洲文学作一番系统的研究。这就是我当时从事于希腊神话、北欧神话之研究的原因。"② 茅盾的这一回忆录，道出了他在治学中对比较方法的偏好，在对希腊神话的译介中始终执持的跨文化"潜比较"眼光。

（二）中希神话的"显比较"

　　经过20世纪初前三个年代的酝酿，中国神话学已取得一定的成绩，各种人类学、神话学的汉译专著相继出版，希腊神话也有不少其他汉译本。基于这个基础，中希神话从"潜比较"研究过渡到"显比较"便水到渠成。相对而言，"潜比较"研究的自由度较高，不受命题的限制，可以独自奔跑在异域神话的故事文本或学理文本之中；而"显比较"则需要双语的文化知识结构、需要平衡的论证，这不是每个学者都能挑起的任务。相对而言，"显比较"研究更具直接的学术效应，不仅可以通过"借己以识他"，而且可以通过"借他而识己"，使希腊神话与中国神话在"互视"中获得事半功倍的认识效益。因而，"显比较"是中希神话研究的最重要途径。

　　在"显比较"研究者，可分为中国学者与西方学者。西方学者对中国神话的研究主要体现在上述的"潜比较"中，例如上述提到的西方学者在中国神话意识没有觉醒前的研究。在中希神话的"显比较"研究中，主要落在中国学者圈中。这里有两个主要原因：其一，这是因为汉语是世界现存语言中最难习得的语言，西方学者难以跨越汉字的障碍。叶舒宪就有类似的感叹，他说："国外的比较神话学虽然进展可观，但是限于语言和文化的隔膜，当代几乎没有专家级的神话学者能够直接从事中华文明探源的研究课

---

① 茅盾：《神话研究》序，百花文艺出版社1981年版，第1页。
② 商务印书馆编译所：《茅盾全集》（第34卷），人民文学出版社2001年版，第150页。

题，除已故的哈佛大学人类学家张光直在其生前的《中国青铜时代》等著述中有所涉及，芝加哥大学的巫鸿利用出土图像资料研究汉代神话建构外，近年中华文明探源的比较神话学视角年来相关成果不多，这方面的深入探讨正有待于国内学人自己的努力。"① 其二，自近代以来，中国文化在与西方文化的碰撞中处于弱势，处于文化的"入超"，不少有偏见的西方学者一直以俯视的眼光去看待中国文化，他们较少主动与"弱小民族"进行文化（包括神话）的比较活动，就如当年大唐文明与周边文明的文化交汇关系。因此，中希神话的"显比较"研究，主要落在国人之肩。

在中希神话"显比较"中，同样要首推茅盾。茅盾的《中国神话研究ABC》（1929年）是该领域的一项重要收获。虽然他的书名没有打出"比较"两字，但在内容却是实实在在的"比较"。茅盾运用比较方法，通过"取他以照己"的方法，以希腊、北欧等神话为参照系，初步描述、解剖了中国神话，整理出中国神话的框架。他在"前言"里说："最初，阅读了有关希腊、罗马、印度、古埃及乃至十九世纪尚处于半开化状态的民族的神话和传说的外文书籍。其次，又阅读了若干研究神话的书籍，这些书籍大都是十九世纪后期欧洲的'神话学'者的著作。这些著作以'人类学'的观点来探讨各民族神话产生的时代（人类历史发展的某一阶段），及其产生的原因，并比较研究各民族神话之何以异中有同，同中有异，其原因何在？"② 茅盾对包括希腊神话在内的各族神话的"异中有同，同中有异"的原因进行分析，这已属于一种"显比较"研究。

在20世纪20年代，茅盾开创了中希神话比较研究先河。但因中国历史时代的限制，中希神话比较这一主题研究的繁荣，还要待到20世纪80年代之后。20世纪80年代以来，随中西两个古老文明在全球一体化中对话格局的形成，人们对两大文明起点探源的热情大大增加，这使"中希神话比较研究"得到进一步的推动，并成为神话学的一个"显学"。

自20世纪80年代后期以来，出现了一个崭新的发展期。20多年来发表的神话专题论文的数量远远超过以往的70年。其中，中希比较神话的研究也不例外。从1987年到2012年，全国一共发表较为优质的中希神话比较的论文100多篇。以下是八九十年代和新世纪这两个阶段较为有代表性的研究论文。

第一阶段出现的重要论文有：80年代萧兵的《盗火英雄：夸父与普罗米修斯：东西方英雄神话比较研究之一》（1984），龚维英的《中外古神话

---

① 叶舒宪：《中华文明探源的比较神话学视角》，载《江西社会科学》2009年第6期。
② 沈雁冰：《中国神话研究ABC》前言，世界书局1929年版。

传说比较研究举隅》（1987），翁银陶的《论夏、商、周三代思想影响下的汉族古神话特色——中希神话之比较研究》（1987），90年代刘渊的《同主题变奏："嫦娥奔月"和"美狄亚出逃"的比较研究》（1995），鞠辉的《尊"德"与崇"力"——从汉画中的神话题材谈中国神话和希腊神话》（1997），冷德熙的《中国古代与古希腊神话和哲学关系之比较》（1992）。

第二阶段有李珞珈的《从中国与希腊上古神话之比较看民族性格之形成》（2002），吴童的《中国与希腊创世神话比较》（2004），李敬巍的《中国与希腊神话中神的形象的比较》（2004），张文安的《希腊与中国古代星辰神话的文化比较》（2004），王念选的《中国与希腊神话美之比较》（2006），袁学敏的《对中国希腊创世纪神话产生的反思》（2007），潘世东的《文化哲学视野下的中、希神话之比较》（2001），丁世忠的《神祇与英雄——中希英雄神话之比较》（2002），于淼、吕海涛的《浅析中国神话与希腊神话之异同》（2003），林玮生的《中国希腊神话"秩序导力"的差异及其文化启示》（2006）、《"罪感文化"与"乐感文化"的神话学解读》（2009）、《"主客合一"与"主客二分"的神话学解读》（2008）、《希腊神话与中国神话文本差异的文字学解读》（2007），叶舒宪的《中华文明探源的比较神话学视角》（2009）、《八面雅典娜：希腊神话的多元文化编码》（2014）。

在中希神话比较研究的专著方面，有王湘云的英文版的《中国神话与希腊神话研究》（2000），该书主要涉及中希神话所蕴含的中西方在社会价值观、道德观、爱情婚姻观以及民族特质等方面的差异，并初步探求了产生这些差异的原因。此书是他的硕士论文（据王湘云自己所说）。但该书题目过于宏大，且参考书目仅有10多项，基本是"让硕士论文穿上专著的衣裳"。① 还有一类论述是在专著的某些章节中涉及中希神话比较研究的。如罗伯特·山木·陈（Robert Shanmu Chen）的《中国和西方的轮回神话比较研究》（*A Comparative Study of Chinese and Western Cyclic Myths*，Peter Lang-International Academic Publishers 1992），邓启耀的《中国神话的思维结构》（1992），叶舒宪的《中国神话哲学》（1992），何新的《诸神的起源——中国远古太阳神崇拜》（1996），谢选骏的《神话与民族精神》（1997），赵林的《协调与超越：中国传统思维方式探讨》（2005），这些著述均在书中的某些重点章节中，以各自的视角论及中国神话和希腊神话的属性比较。

从上述百年来的论文与著述看，中希神话比较研究的成果在数量上有了明显的增加，在质量上也有了突破，叶舒宪、冷德熙等的著述为这一研究的

---

① 从知网上少见王湘云教授发表的中希神话学方面的论文。

学术水平的代表。但从总体上看,"研究方法以简单例举的对比为主",多数论文呈"层层因袭,整体水准较低"① 状况。缺憾可归纳为三个方面:第一,在两族神话差异的溯源上,缺乏发生学的深度发掘。第二,在神话与文化演绎的"根果"关系方面,少人涉足。第三,中希神话研究没有拓展到体系化或多维性的研究,目前仍停留在某一种"层面"或某一"专题"的研究范畴。上述这三方面的缺憾使"中希神话比较"的研究依然还存在较大的学术探讨空间。

---

① 孙正国:《20世纪后期中希神话比较研究之批评》,载《长江大学学报》(社会科学版) 2007年第3期。

第二章
人兽神与人形神：中国/希腊神话的"神象形态"

第一节 神象及其生成原理

借用身边物象表达无象 不难想象，人类黎明期的原始人基本生活在狭小有形的世界之中，他们的抽象能力还处于潜隐状态。当遇到没有形状的东西或难以言状的陌生事物时，原始人只能借用身边熟悉的有形的、实在的、可视的物象去表达、去指代，这是人类最初表达世界的共同规律。卡西尔将原始人的这一表达方式概括为"神话思维"，他说："神话思维缺乏观念范畴，而且为了理解纯粹的意义，神话思维必须把自身变换成有形的物质或存在。"[1] 卡西尔在比较中进一步分析了神话的实体思维特征，他说："科学思想力求把全部实在分解为各种关系并通过这些关系来理解实在，而神话思维则通过竭力把这些错综复杂的关系还原为预先存在的物质实体来回答起源问题。……由于这种思维的基本形式，全部纯粹的性质或特征对神话来说必须最终成为实体。"[2]

原始人的这种将无形化为有形、将抽象化为具象的表达方法，与维柯在《新科学》所涉及语言的起源道理相同。维柯说："哲学家们和语言学家们都应该一开始就根据下列几个原则来研究语言和文字的起源：（1）异教世界的原始人都凭一些有生命而哑口无言的实体，凭想象来构思成事物的意象或观念；（2）他们都通过与这些意象或观念有自然联系的姿势或具体事物（连带事物的借替）去表达自己，例如用三枝麦穗或三次挥动镰刀来表示三年。"[3] 卡西尔和维柯在这里所说的"神话思维"与"语言起源"道出了原始人的具象思维原则，那就是，原始人只能从大自然"给予"的熟悉物象中去表达不断扩延的世界无形无象的东西与事物，否则别无他法。

---

[1] 卡西尔：《神话思维》，黄龙保等译，中国社会科学出版社1992年版，第44页。
[2] 卡西尔：《神话思维》，黄龙保等译，中国社会科学出版社1992年版，第62页。
[3] 维柯：《新科学》，朱光潜译，商务印书馆1997年版，第215页。

依据这个原则，我们可以想象在原始人狭小的生活空间中，他们能够从自然中获取熟悉物象主要有两大类：一是自己的身体，二是为身体（生命）活力（延续）提供能量的动植物等。

第一类是自己的身体。黎明期的原始人与婴儿有着诸多相似的行为与心智。婴儿在出生初期，眼中的周围是一个流动的世界，这个世界围绕着一个原点转动，那就是他自己的身体，好像自己的身体就是宇宙的中心。皮亚杰说："儿童最初的世界是完全以他自己的身体和动作为中心的'自我中心主义'（egocentrism），它完全是无意识的（因为还不能意识到自己）。"[①] 虽然，后来发生了"脱离自我中心"的"哥白尼式"的革命，儿童把自己看作由许多永久客体组成的世界中的一个客体。但是，儿童的这一"中心主义"的情结继续遗留在日后的认知结构中，他们往往在无意识中把身体作为世界的坐标参照物，把不少事物与自己的身体联系起来。

人是群居的动物，从其诞生起，彼此的朝夕相处，使其对自己的身体形状了如指掌，身体成为他们最熟悉的物象之一，这些物象是表达大千世界的第一批符号。这一现象在中国原生的形象文字中遗留着大量的印记。例如，"天"上面一横表示人的头部，下面是个"大"字，像一个正面站立，手脚朝两边伸展的人形，"天"字的最初含义是人的头顶。《说文解字》注，"天，颠也。至高无上。从一，大"。"颠"就是指人的头顶。以人体部位的最高处引申指自然位置最高的天体或表达至高无上的神圣观念。中国的汉字"天"字形象地记录了以具象的人体去表达抽象的神圣苍天的方法。

接着是从"身体中心化"进一步演化为"心理中心化"。皮亚杰说，"在感知运动水平上，最初的自身中心化是和身体本身相联系的（自然，主体并未觉察到这一点），而随着从两岁到四岁这个水平上出现的概念化，就产生了客体及其力量向活动本身的主观特性的简单的同化"[②]。这一心理现象在原始人身上表现为一开始用人的身体去表达世界难以言状的事物，后来就延展到用人的"心理"去类比万物的"心情"，通过"以己度他"去理解陌生的世界的"心情"。卡西尔说："马来人有一种信仰，认为老虎和大象在丛林中有它们自己的城市，它们居住在那里的房屋里，行为举止与人无异。"[③] 这就是为什么卡西尔说，"在对宇宙的最早的神话学解释中，我们总是可以发现一个原始的人类学与一个原始的宇宙学比肩而立：世界的起源问题与人的起源问题难分难解地交织在一起。宗教并没有消除掉这种最早的神

---

① J. 皮亚杰：《儿童心理学》，吴福元译，商务出版社1981年版，第12页。
② J. 皮亚杰：《儿童心理学》，吴福元译，商务出版社1981年版，第34页。
③ 卡西尔：《神话思维》，黄龙保等译，中国社会科学出版社1992年版，第200页。

话学解释，相反，它保存了神话学的宇宙学和人类学而给它们以新的形态和新的深度。"① 卡西尔这里所说的"人类学"与"宇宙学"交织，实质上是指原始人以熟悉的"身"或"心"去指称陌生大千世界的结果。即使是当今宗教，依然不自觉地遗留着以人格化（如上帝）去阐释世界的方法。

第二类是维持原始人身体（生命）繁衍的密切关联物。除了借用自己的身体，原始人表达世界的另一类主要物象是与维持身体（生命）息息相关的周围物体，这很容易使人想到他们搜猎的动物与采集的植物。他们打猎时所窥视的动物，采集时所凝视的果实，都给他们留下深刻的印象。

《周易·系辞下》所说的"近取诸身，远取诸物"基本概括了原始人在文明起始时表达世界的取象方法，这些"诸身"（身体）和"诸物"（动植物）即原始人表达世界的实物的"偏旁部首"，离开这一方法，原始人将无法描述无象、无形的世界，人类只能徘徊在一个静然不动的物理世界中。

神象是借身边物象表达"无形"的一个不自觉作品　综观世界各族的神话，一个非常重要的意象是诸神的形象，他们的"长相"千奇百怪、五花八门，但可归为三类：兽形神、亦人亦兽神、人形神。所谓神象，是指诸神的形象，是关于神的形象或为兽形、或为半兽半人、或为人形的问题。这个不断嬗变的符号，隐含着原始人心智及原始文化进阶的重要信息与密码。神象实质上即是原始人在不自觉中以身边物象去表达"无形"的一个早期重要作品。

神象的生成原理　神象是如何被建构的？这是神话学、人类学不可回避的问题，目前对这一符号的诠释，尚缺乏深入系统的研究。下面列举两处涉及此问题的较有代表性的前人研究。

黑格尔在《美学》中这样说："古人在创造神话的时代，生活在诗的气氛里。他们不用抽象演绎的方式，而用凭想象创造形象的方式，把他们最内在最深刻的内心生活转变成认识的对象。"② 黑格尔在这里论述了神话整体的形成方式，即以"创造形象"去表达"内心生活"，虽然，"内心生活"没有说明是形象、抽象或是无象，但从其说"转变成认识的对象"中的"转变"，可知"内心生活"是指"形象程度较低的东西"，需要以"想象创造形象"的方法将之"转化""显现"。但黑格尔只是对神话创造方法的整体论述，他论述的是"神话的整体"，没有从单一的维度涉及"神的形象"。

---

① 卡西尔：《人论》，甘阳译，西苑出版社2003年版，第6～7页。
② 黑格尔：《美学》（第2卷），朱光潜译，商务印书馆1979年版，第18页。

朱狄在《信仰时代的文明》中有"神像"① 一章，也是目前见到的以"神像"为题的唯一资料。朱狄说："在祖先崇拜或神灵崇拜中，原始人希望有一些可以触摸得到的形象能直接用于祭礼仪式，……这可能是一切神像最重要的起因，它成为绝大多数祈祷的中心。……在所有祭礼仪式中必须要有膜拜中心，大多数民族膜拜的中心就是神像。"② 朱狄在这里谈到，"神像"最重要起因是原始人需要"可以触摸到的形象"，这里只涉及原始人需要操用形象思维的期求，对神像的成因分析只是一个笼统、浅层的表述，而且他的"神像"所指是特定祭仪语境中的挂像，而不是可以突破时空的"神象"。

以上两例是目前见到的与"神象"相关的较为详细的论述。

那么，神象是如何被建构的呢？神象建构的动力是对恐怖、强大无形自然力的图化言说。刚刚从动物走出的弱小人类，他们总受到陌生的、不可理解的自然力的恐吓、支配、操纵与折磨。面对强大恐怖的自然力，面对这个神秘的力者，他们需要对之有一个有形指称。根据艺术治疗原理，对于灾难、险恶生存语境的表述与言说（如艺术、宗教）可以减轻、舒缓某种压力。维柯引用塔西佗的话说："凡是心灵一旦受到威胁，它就易于走向迷信。这话就道出人类心灵的一个真正的特性。"③ 这里的真正特性是什么？是人可从"迷信"的阐释中得到心灵安抚。维柯指出，"这里所讨论的一切都符合拉克坦特的《论偶像崇拜的根源》中一段名言，他说，原始人类简单而粗鲁，'由于对目前威力的恐怖'就创造了诸天神。可见世界诸天神是由恐惧创造出来的"④。维柯在这里直接地道出了"神象"与"恐惧"深层次的渊源关系。

卡西尔还描述自然力从瞬息神过渡到稳定神的形成过程，他这样说："它（瞬息神，笔者注）不再作为某个一时的造物，而是作为一种高高在上的客观力最早出现在人面前；人们尊崇这个力量，而人的崇拜又赋予这个力量越来越确定的形式……，它现在留了下来，并且，当记忆渐渐模糊直至最后完全消失之后，这一意象仍然长时间地持续存在着。"⑤ 这样，当瞬息神过渡到稳定神后，就要给它一个适当的有形形式。怎样给这些自然力一个形

---

① 神象与神像两者在指神的形象方面大致相同，但神像较为客观，"像"就是一个实实在在的物体，而"象"则既可包括客观的意象，又可包括主观的意象。相对而言，"神象"内涵较有弹性，更符合原始人的思维特征，所以本书创建的术语为"神象"，而不用"神像"。
② 朱狄：《信仰时代的文明》，中国青年出版社1999年版，第114页。
③ 维柯：《新科学》，朱光潜译，商务印书馆1997年版，第114页。
④ 维柯：《新科学》，朱光潜译，商务印书馆1997年版，第187页。
⑤ 卡西尔：《语言与神话》，于晓等译，生活·读书·新知三联书店1988年版，第154页。

式？根据原始人的思维特点，他们已经确确实实地感觉到魔鬼力量的存在，但却无力将它们表述出来，只能赋予它们一个有形之象，"他们还按照自己的观念，使自己感到惊奇的事物各有一种实体存在"①。这时，原始人只能借用身边自己熟悉物象，用身边实物这个有限的"偏旁部首"去表述这个恐怖的自然力。在上述所说的两类物象中，选择那些与恐怖自然力在某一个层面（在结构上或功能上）有相似的物象去指称。于是，原始人理所当然地想到以凶猛强大的动物去指代自然力。

笔者认为，神象是原始人在神话时代借身边熟悉的强者物象（动物）去表达强大自然力的不自觉建构的符号。

人类之所以能成为今天的百兽之王，是因为有了脑袋，没有这个脑袋，人什么都不是，只是动物中弱小的一员。在神象建构的时期，原始人大脑还处于初始阶段，还不是充分意义的人，只是"人猴"，是动物王国中的弱者。在动物面前是自卑的，他们没有虎豹捕杀的力量，没有马鹿奔腾的快捷，没有雄鹰飞翔的本事，一不小心就有可能被强兽吃掉。他们对待这些动物，当然不像今天对待动物的态度，根据原始人"以己度他"的思维特点，认为高强动物，比人聪明，他们有自己的智慧世界，在他们心目中，这些动物都是强大可怕的。他们敬畏、崇拜这些本事高强的动物，于是，就用这些动物形象去指代强大的自然力。由此产生了原始人的第一批神象，如虎、象、犀牛、羊等形象。

因此，我们可得出神象的生成机制原理：神象是原始人在神的时代，在强大自然力的逼迫下，借用身边熟悉的强者物象（有形）去表达强大自然力（无形）的不自觉建构的符号。这个规律有两个子原则：一是"熟悉物象"原则，即所择物象必须是身边耳濡目染的熟悉物象；二是"功能相似"原则，所择物象与所要指称事物在某一层面上功能相似。"功能相似"原则也是原始人认识世界、归类事物的两大方法（结构相似或功能相似）之一。

当我们走进中国与希腊两族神话的世界时，给人第一眼的印象是两族神象主调的明显差异：中国神象的主调是人兽神（人兽同体），希腊神象的主调是人形神。国内外已有不少学者积极地通过研究中希族神话，去把握中西文化的精神实质。但一直以来，神象的差异并没有引起足够的重视，从神象角度解读神话特性并从神象揭示中西文化范式的研究，目前在国内还是一个空白。本章创建了"神象"概念，通过建构神话发展过程中"神象演进与自我意识关联"的规律，来重新观照中希神话的特性及其民族文化建构。

---

① 维柯：《新科学》，朱光潜译，商务印书馆1997年版，第182页。

第二节 神象递更与自我意识发展的关联

神象递变是原始人自我意识发展的自画像 卡西尔说，人是符号的动物。我们可换个说法，符号是人的符号，符号负载着人的内容、人的历史，符号负载着人的心智、思维、意识以及自我意识等信息。

通过解读神象这个符号的递变，可让我们走进原始人自我意识的演进历程之中。世界各民族神象的演进，均经历了从动物神、人兽同体神再到人形神的递变过程，因此，可将神象分为兽形神、人兽神与人形神，这三态铭记着原始人在神话时代中自我意识（包括自我力量）在一定进阶的水平状态。

本书在涉及原始人的"自我意识"时，常常把它与原始人的"自我力量"并置，这是因为原始人的自我意识与自我力量之间是一种互动、正比的关系。随着原始人力量的不断壮大，他们的力量不断对象化在劳动工具、劳动果实之中。所谓对象化，也就是将自己的能量、力量转化在一个可视的东西上。通过对象化，可让自己看到自己的力量，就如让自己从铜镜中依稀见到自己模糊的影子。原始人创造的这些工具与果实，就如这面铜镜一样，给了他们提示作用，使他们逐渐意识到自己力量和作用（尽管这种意识是曲折的，一开始把人的业绩错归于神祇的功劳），这种不断"意识到自己力量的存在"就是"意识到自己"的过程，也就是"自我意识"不断发展的过程。吕爱兰曾说，"原始人类的自我意识的发展以原始人类劳动实践水平的提高为前提"[①]。因此，自我意识/自我力量是本书的一组并连术语。

神象变更与自我意识的联动关系可从埃及著名太阳神象荷拉斯（Boisbaudran）的变迁得到说明。公元前3000年埃及第一王朝时，古老的太阳神荷拉斯的神象被塑造成完全的鹰形，但从第二王朝起，荷拉斯不再是独尊，而多了一个伴神，那就是他的敌神塞托（Seto），塞托与荷拉斯一样同坐神坛，受到崇拜。塞托的造型是一种"多兽混合型动物"（就如中国的龙、凤）。到了第四王朝，荷拉斯已坠落成人的随从，鹰状的荷拉斯用自己的翅膀保护着法老（即人）的头颅。

荷拉斯神象从不可一世的独兽到成为人的随伴的"衰落史"，暗示了神象从兽本位到人本位的演化过程。一开始从完全的鹰形，到后来受到多兽混

---

① 吕爱兰：《论人类自我意识的发生和发展》，载《三峡大学学报》（人文社会科学版）1999年第1期。

合塞托的挑战,再到成为人的随从,体现了神象选择过程中"贬兽扬人"的发展趋势。这一过程历经了从埃及第一王朝到第四王朝,这也是埃及原始人自我意识/自我力量从低级到高级不断演进的反映。根据神象的建构规律,一开始,埃及人初期因自身力量弱小,面对强大的自然力,便用身边本领高强的动物去指称,如,飞翔本领高超的鹰。到了第四王朝,随着原始人自我力量与自我意识的发展,人与神的地位关系发生了根本的变化,这时鹰形的荷拉斯便成为人(法老)的保护物、随属物,变为一个弱小的、陪衬性、背景性的符号。

虽然荷拉斯不是一个从兽形神到人兽同体再到人形神的三态演变的典型例子,但它却基本演绎了随着埃及原始人自我意识/自我力量的发展而使埃及王朝的兽形神走向式微的衰落史。正如卡西尔所说的,诸神的"转形是逐步进行的,这是精神转化的确凿无疑的象征,是人类自我意识发展转折关头的确凿无疑的象征"①。

笔者认为,各民族神话的神象从兽形到人形的演进,是原始人与自然抗争中自我力量壮大,特别是自我意识发展的自画像。从遥远的历史长河看,原始人在神的时代呈现出某种阶段性,这种阶段性可用三个不同的神象来进行概括:即在神的时代初期,神象主要是兽形,在神的时代末期,神象主要是人形,在这两者的中间时代,是人兽同体,即人兽形。这神象"三态梯级"的递进是世界各民族神话发展中神象变化与变更的一般规律,并分别与原始人自我意识从幼稚到成熟的"微我""混我""准我"三个阶段形成对应。

原始人的"三我" 在理论上,我们可把原始人在神话时代的自我意识历程设定在"无我"与"有我"之间,"无我"即自我意识还潜隐于无意识、自我意识还没有苏醒,就如动物本能地生存而意识不到自己的本能,这是一个由无意识支配的混沌世界,属于前神话时代。"有我"是指原始人离开了"神的时代"而走进了"人的时代(包括英雄时代)",成为文明人,具有理性思维能力。从"无我"到"有我"就如庄子所说的"日凿一窍,七日而混沌死"的过程。通过七日开凿,原始人终于从"无我"(混沌)变为"有我"(秩序、文明)。但原始人的自我意识从"无我"到"有我"不是一蹴而就的。庄子所说的"七日"需要经历了漫长的岁月。笔者将原始人从"无我"到"有我"的发展过程分为从低级到高级"三我",第一为"微我",这一"我"是刚刚从"无我"迈出歪歪扭扭的第一步。

---

① 卡西尔:《神话思维》,黄龙保等译,中国社会科学出版社1992年版,第214页。卡西尔只讲了这句重要的话,可惜没有进一步论证。

第三为"准我",这一"我"已挨近"有我",与之只有一步之遥。第二步为"混我",它处于"微我"与"准我"的中间地带。这"三我"恰好与神象"三态"(兽形神、人兽神与人形神)对应。对"三我"的简图描述如下:

所处演进阶段＼所处时代	前神的时代	神的时代	人的时代
人类的进化阶段	猿猴	原始人	文明人
自我意识状态	无我	微我、混我、准我	有我

"集体人" 文明人已有个体/集体意识,他们生活在个体/集体的世界之中。但原始人只生活在集体之中,他们的个体意识还没有萌发,他们只作为一个"集体人"。在原始人的自我意识未进入"有我"之前,他们只有"我们",没有"我",也就是说,"我"还未从"我们"中分化,个体意识还融合于群体意识之中。就如李鹏程所说,"这个'我'其实就混同于'我们'。因为人在那时是以氏族、部落为生命存在的实在性单位的"①。

为什么神的时代只有"我们"而没有"我"?吕爱兰有了一个解释,她说:"原始人的自我意识一开始并不是作为个体的自我意识,而是作为集体的自我意识即氏族的自我意识表现出来的。原始人的这一特点是由他们的实践水平和实际生活状况决定的。在原始人同自然界的斗争中,作为主体出现的首先是原始共同体,只有在集体的密切协作的形式中,他们才能够在有限的范围内和一定的程度上与自然界抗衡,否则个体将随时有被大自然吞没的危险。"② 这与马克思所说"部落始终是人们的界限,无论对别的部落的人来说或者对他们自己来说都是如此"③ 的道理一致。

原始人的"集体人"意识,可在图腾中得到体现。"图腾"为印第安语totem 的译音,源自北美阿耳贡金人奥季布瓦族方言 ototeman,意为"他的亲族"或"他的氏族",大约出现在旧石器时代晚期。图腾是一个部族的标记、名称。在图腾时代,并没有个体的名称,整个部落只作为一个"集体人"。吕爱兰认为,"原始人的自我意识体现在氏族和图腾意识中。在社会发展的这一阶段上,所有的氏族都是以某种动物或植物命名,从没有以个人命

---

① 李鹏程:《当代文化哲学沉思》,人民出版社 1994 年版,第 110 页。
② 吕爱兰:《论人类自我意识的发生和发展》,载《三峡大学学报》(人文社会科学版)1999 年第 1 期。
③ 马克思、恩格斯:《马克思恩格斯全集》(第 21 卷),人民出版社 1965 年版,第 112 页。

名，如美洲各地的土著就是如此"①。卡西尔说："根据施泰纳（Steinen）的著名报告，巴西北部的特鲁玛斯人（Trumais）说，他们是水生动物，而布罗鲁斯人（Bororos）称自己是红鹦鹉。神话思维并不知个体同其类或种的关系。"②

当原始人的自我意识演进到"有我"时，个体才从集体的怀腹中分化而出。"有我"，顾名思义就是有"我"，即个体被发现、有了个体意识，这已超出了原始人在神的时代的自我意识的范畴，已是文明人理性时代的话题。所以本书在涉及原始人在神的时代的自我意识时，均将之作为一个"集体人"。

一、"微我"与兽形神

微我 本能是指生命体存在的天然生物反应，意识是指生命本体能够感受到本能的能力。动物与人一样有本能，但人不仅有本能，而且有意识/自我意识。动物只有本能而没有意识，更不用说自我意识。例如，当动物面对镜子时，无法知晓镜中的影子是自己的模样。再如，狗有时还不停地追逐着自己的尾巴。

原始人从意识到自己的本能开始，便萌发了自我意识。自我意识是人自己对其自身意识的意识，自我意识包括对自己肢体运动以及自己心理活动（思维、情感、意志等）的认识。从意识到自我意识，需要经历一个漫长的环形过程。所谓"环形"，即原始人首先是对外界物体的认识，其次才是对自己的认识这样一种回环的历程。人们往往叹惜造物主这样创造人的眼睛：人的眼睛只能"前视"前方，而无法"回视"自身。这可能就是人的自我意识的演进比意识更为迟缓、更为艰难的根源。在诠释自我意识比意识更为曲折时，朱狄这样说："也许只能这样解释：意识的最早对象不是自我，而是自我之外一切可见事物：即在阳光下实存的事物或在黑暗中发亮的事物。"③ 恩格斯也有类似的见解，他说原始的"意识起初只是对周围的可感知的环境的一种意识，是对处于开始意识到自身的个人以外的其他人和其他物的狭隘联系的一种意识"④。恩格斯所强调的"自身的个人以外"说明原

---

① 吕爱兰：《论人类自我意识的发生和发展》，载《三峡大学学报》（人文社会科学版）1999年第1期。
② 卡西尔：《神话思维》，黄龙保等译，中国社会科学出版社1992年版，第73页。
③ 朱狄：《原始文化研究：对审美发生问题的思考》，生活·读书·新知三联书店1988年版，第750页。
④ 马克思、恩格斯：《马克思恩格斯选集》（第1卷），人民出版社1972年版，第35～36页。

始人起初的意识,并不见"自我"的意识。后来,通过无数次借助人的创造物而实现"回视",原始人才逐步悟感到自我(ego)的存在。

原始人自我意识的产生,与儿童自我意识的产生过程相似。皮亚杰认为,儿童在"感知—运动智慧"的开头几个阶段,儿童还处在主客体不分的状态中。这个时期虽然身体也与客观外界有了接触点,但由于主体甚至连自己就是活动的发源者都不知道,儿童还不能意识到主体。这是一种前自我意识。后来,儿童开始在活动中逐步完成主客体分化,即通过反复的实践,在实践活动中感悟到自我的存在,感悟到自我是周围客观中的一个主体,这便孕生了自我意识的萌芽状态,笔者将这种原始人对自我的这一微弱的意识称为"微我"。

"微我"与兽形神 自我意识处于"微我"阶段的原始人,其自我力量十分弱小,与强大的自然力相比,显得相形见绌,在各种自然力面前,犹如一个苟且偷生的卑奴。恩格斯这样描述当时的原始人境况:"人们最初怎样脱离动物界(就狭义而言),他们就怎样进入历史:他们还是半动物性的、野蛮的,在自然力量面前还无能为力,还意识不到他们自己的力量;所以他们像动物一样贫乏,而且在生产上也未必比动物高明。……最后在非常原始的状态下执行宗教职能。"① 在谈及当时原始人与自然力量的对比时恩格斯这样说:"自然界起初是作为一种完全异己的、有无限威力的和不可制服的力量与人们对立的,人们同它的关系完全像动物同它的关系一样,人们就像牲畜一样服从它的权力。"②

在"微我"阶段的原始人,面对各种力量强大、本事高明的动物充满崇拜与敬畏。根据神象生成原理中的"功能相似"原则,原始人对无形的强大自然力的表达,便择取了强大动物的形象。用这一"有形"的强者(动物)去指称另一"无形"的强者(自然力)。除了使用这一方法,再也难以找到第二种方法。卡西尔虽然没有道出神象的生成规律,但他却给我们提供了一段珍贵的材料,他说:"据文献报告,即便伊斯兰信仰也无法消除马来人对动物的根深蒂固的敬畏。超自然的神魔力量尤其被归于较大的动物:象、虎和犀牛。"③

我们可在一个静态、固化的文明体中去窥视原始人自我意识/自我力量的初始状态,以及与其相应的动物神祇。在古埃及中,可以看到原始人中对动物的顶礼膜拜,以及将动物作为神象的大量例子。例如,猫神贝斯特

---

① 马克思、恩格斯:《马克思恩格斯选集》(第3卷),人民出版社1972年版,第218页。
② 马克思、恩格斯:《马克思恩格斯选集》(第1卷),人民出版社1972年版,第35~36页。
③ 卡西尔:《神话思维》,黄龙保等译,中国社会科学出版社1992年版,第201页。

（Bastet）、蛇神艾德乔（Edjo）、蛙神海奎特（Heqet）、圣甲虫凯布利（Khepri）、公羊神克奴姆（Khnum）、大象之神沙提（Sati）、母狮之神塞克荷迈特（Sekhmet）、蝎子之神塞勒凯特（Selket）、鳄鱼之神索贝克（Sobek）、瞪羚水神安穆凯（Anuket）、丰产公牛阿匹斯（Apis）。正如苏联学者柯斯文在《原始文化史纲》中所说："最早的神话，彻头彻尾地为图腾主义所渗透。"①

"微我"与兽形神对应的另一个前提条件是：神象生成规律的"熟悉物象"原则。在原始人身边的物象中，表示力量强大的物象除了动物外，还有高山、大树、急流等，为什么原始人偏爱择用动物形象？这可能是因为动物比其物象更为生动的缘故，动物是他们最为熟悉的物象。在所有"造物"中，动物是最生龙活虎的物种，英语的动物一词词根为 anim，为"生机、生气"之意，汉语"动物"的"动"也述说了动物的生动活泼性。与高山、大树等相比，动物给原始人留下更为深刻的印象，原始文化学家朱狄说，"对原始人来说，一只动物所引起的意象总比一株植物引起的意象丰富得多。记忆的强度往往是和情感的紧张强度成正比的，狩猎活动所具有的紧张是采集活动所不可能具有的"②。"在一种原始水平上，即使单凭感觉也会看到动物是出没无定的，富有情感的，而植物则是固定不动的，缺乏情感的。从这样两方面来考虑，最早的艺术对象必然会是动物而不是植物。"③ 黑格尔的言说更为精炼，他说："自然美的顶峰是动物的生命。"④ 因而，原始人在"微我"阶段所借用的、用以表意的物象，大多是这些强大的动物。

"微我"阶段与兽形神的对应性，还可以从考古中得到印证。在原始艺术的形象中，与怯生生的人相比，动物占据了重要的地位。因为人对自我的认识还处于萌芽状态，也即是处于"微我"阶段，从世界范围来看，人类对自身形象的描绘是晚于对动物形象的描绘的。旧石器时代的艺术最重要的主题是动物，因此有人认为它本质上可以称之为"动物艺术"（animal art）。尤其是那些生活在冰河期晚期的大型食草类动物，如野牛、马、山羊、鹿、驯鹿、长毛象和犀牛等都是当时主要的狩猎对象，它们的骨骼也可以在史前的遗址中找到。G. 雷切尔·利维（G. Rachel Levy）在《石器时代的宗教观念以及它对欧洲思想的影响》中这样分析，史前洞穴艺术的声誉是因为

---

① 刘忠洋：《对中西神话神的形象相异性的追问》，载《求索》2006 年第 1 期。
② 朱狄：《原始文化研究：对审美发生问题的思考》，生活·读书·新知三联书店 1988 年版，第 354 页。
③ 朱狄：《原始文化研究：对审美发生问题的思考》，生活·读书·新知三联书店 1988 年版，第 624 页。
④ 黑格尔：《美学》（第一卷），朱光潜译，商务印书馆 1979 年版，第 170 页。

它以各种野兽作为题材，这些动物形象被描绘得如此成功，以至可以与在它之后所发生的一切文化相媲美。它依靠的是强烈的记忆形象与动物生命力在心灵上的直接联系。①

朱狄说："史前艺术中人的形象总的来说，无论数量与质量都无法与动物形象相比，有些学者认为出现这种现象和原因是史前人对塑造自己的形象非常'胆小'（timidly），而且'缺乏实践'（lack of practice）。"② 总的来说，无论数量与质量，史前艺术中人的形象都无法与动物形象相比。这一考古结论与初期神话中主要采用动物作为神象的现象基本吻合，其原因都是人类还是自然的奴仆，在动物王国之中是弱小之员，自我意识基本上处于"微我"阶段。

"微我"阶段与兽形神的互相配匹，还可从文字学得到印证。"兕（雌犀牛——引者）和象的图画，也许两万年以前就有了。"③ "最早的象形文字属于哪一种？从旧石器晚期的洞穴绘画和雕刻来看，主要是动物形象。而这些动物图像，不少学者认为是原始人的图腾标志。"④ 以上的史前艺术与原始文字，都记载了在动物人类历史初期的显赫、优越地位。

从原始人初期自我力量与自然力量以及与动物力量的悬殊对比中，我们可以设想：自我力量/自我意识极为微小（"微我"阶段）的原始人，在受到强大自然力支配、操纵与折磨的境况下，面对这个无形的、但不得不说的自然力，根据神象的生成规律，他们便用熟悉的、强大的动物去指称，这就形成原始人的第一批神象——兽形神。

二、"混我"与人兽神

混我 人类自我意识从动物式的"无我"到文明人"有我"，经历了漫长的历程。中间经历了原始人的"三我"，即"微我""混我"与"准我"。所谓"混我"，即是位于"微我"与"准我"之间的一个中间状态，即对自我意识的认知处于半知半迷的中间状态。所谓"混"，即浑浊，水里有杂质，在这些水面中只能让人见到投影的轮廓，而不能见到清晰的面孔。"混

---

① 朱狄：《原始文化研究：对审美发生问题的思考》，生活·读书·新知三联书店1988年版，第269页。
② 朱狄：《原始文化研究：对审美发生问题的思考》，生活·读书·新知三联书店1988年版，第280页。
③ 唐兰：《中国文字学》，上海古籍出版社1979年版，第88页。
④ 何星亮：《象形文字的产生与图腾》，载《黑龙江民族丛刊》1991年第2期。或参见岑家梧《图腾艺术史》，商务印书馆1937年版。

我"比喻原始人对自我意识的模糊认识，就如人们在混水中观看自己的倒影一般。

拉康的镜子说　动物是没有自我意识的，它在镜子面前是无法知晓镜像就是自己的影子。所谓人有自我意识，即人可以通过反复揣摩，认识到镜中之像即为自我之像，并通过镜中之像来进一步认识自我。原始人的这一自识过程，就如同幼儿寻找"镜像是谁"的过程。原始人怎样从"微我"迈进"混我"的新台阶？精神分析学家拉康（Jacques Lacan）认为，幼儿对自我形象的认识的途径是照镜子。幼儿通过镜子第一次从镜子中看到"他"（镜像）时，并不知里面的"他"就是"我"。经过一段反复体悟与实践，最后发现"他"就是"我"，这一发现的过程也就是从"无我"到"有我"的跃进，其中经历了原始人"微我""混我"和"准我"逐渐过渡的三个阶段。

"混我"自识的一面镜子——工具　人类一开始是软弱的，但软弱中潜藏着强大，正是由于体力软弱，才迫使他想方设法制造工具，通过工具的武装使自己强大起来。心理学家弗洛姆说道："人是所有动物中最无能的，但这种生物学意义上的软弱性正是人之力量的基础，也是人所独有的特性发展的基本原因。"① 弗洛姆所说的"人所独有的特性"中的一项重要内容是人能制造工具。人类虽然软弱，但工具却使人类渐强，工具成了人之为人的一部分，成了人性外化的物质性标志。

原始人制造的工具正充当起拉康这个观照自我镜像的功能。卡普在其《技术哲学》中，用了"器官投影"术语表达工具的人性特征。他说："所有原始工具最初都是人用自己肤体器官作用于事物的行动之延伸。特别是手的天生工具——依据亚里士多德'工具仿手'——成了大多数人造工具的模型。原始的手用工具——锤、小斧、斧、刀、凿子、钻、钳——在形状和功能上都是手的单纯延伸。它们增强手的力量，因而是器官实现并标志这些功能的另一种体现。"②

在卡西尔的《神话思维》还援引了 E. 卡普的两处相关的表述：

其一，"作为脑和手活动的产物（工具，笔者注），它与人自身有着如此本质的和紧密的关联，因此在他手的创造物中，他感到某种自身的存在，他的观念体现于事物之中，是他的内在性之反映的摹本，总之，是他自身的一部分"③。

其二，"人通过他创造的工具和人造物，学会理解自己身体的本质及结

---

① 弗洛姆：《为自己的人》，生活·读书·新知三联书店1988年版，第55～56页。
② 卡西尔：《神话思维》，黄龙保等译，中国社会科学出版社1992年版，第236页。
③ 卡西尔：《神话思维》，黄龙保等译，中国社会科学出版社1992年版，第237页。

构。他只有在反思他已塑造的东西的过程中才理解他自己的生理：他制造的中介性工具为他开启支配自己身体结构的规律和他器官的生理功能方面的知识大门。……人发现的每一种新工具不仅标志着迈向外在世界构造的新步伐，而且也标志着迈向人自我意识构造的新步伐。因为，一方面从广义上讲，每一种工具都是增强人感性活动的手段，因而也是他超越事物直接表面感觉之唯一可能性；而另一方面，作为脑和手活动的产物，它与人自身有着如此本质的和紧密的关联，因此在他手的创造物中，他感到某种自身的存在，他的观念体现于事物之中，是他的内在性之反映和摹本"①。

卡普的这两处论述揭示了工具对人类内在性复制的道理。人虽然不能直接"回视"（直接认识自我）自身，但却可通过"前视"自己制造的工具，通过这些外在性的工具去"回视"（曲线地认识自我）自身的内在性，这些工具就如原始人的一面铜镜，通过它，原始人可以逐步"看"到自己本性的大约模样。

随着原始人从旧石器时代走向新石器，采集逐步被农耕代替，现成的自然工具被石斧、木棍、长矛等代替，使原始人能与强大动物抗争。通过狩猎的工具，原始人越来越意识到他们自身力量的强大，是动物王国中凶猛野兽的抗衡者，能与动物平分秋色。

"混我"与人兽神　与动物平分秋色的体悟，使原始人缓解了自己孑立于强大动物中的恐惧。根据原始人择用熟悉的强者形象去指称神力的原理，当人与强大动物平分秋色时，神象有可能开始启用另一个强兽——人形去指称。在"一国二王"的情况下，原来的旧"王"（强兽）并没有退席，而新"王"（人）已开始出现，这时，有可能出现一种均衡情况：即"一国二王"的形象被优化合一，辑合成"人兽同体"的人兽神（人形与兽形的辑合原理见《"人兽同体"生成原理：一个世界性神象的编码破译》，待发表）。

人兽神的诞生，使人的元素从此跃进神象的符号，神象从"兽本"转为"人本"，这实际上是后来一切人文运动的逻辑元点。原始人一开始并不能知晓人兽神中的"人的头儿"正是他们自己头儿的曲折转显，正是这个"头儿"的出现为后来的自我认识奠定了基础。卡西尔这样说："只有当人能够使自身存在显现于神的形象里，他才能领悟和认识自身的存在。正如他只是通过成为工具和产品的创造者才了解其身体和肢体的结构，他也从其精神作品——语言、神话及艺术那里提取出客观标准，以此去衡量自身、学会

---

① 卡西尔：《神话思维》，黄龙保等译，中国社会科学出版社1992年版，第237页。

把自己理解成一个具有独特结构规律的独立的宇宙。"① 原始人借着人兽神这个在不自觉中创造的神象,在漫长的摸索中从"混我"走上了自我意识的新"我"——"准我"。

三、"准我"与人形神

准我 原始人虽无法与大象、老虎、飞鹰的力量与本事相比,但能够制造并不断改进各种工具(包括语言)延伸自己的手臂,由这些工具武装起来的原始人,周围的动物已不是对手,原始人终于成了动物王国中的最强者,从"百兽之员""百兽之强"跃身为"百兽之王"。与此同时,在自我力量与自我意识的互动下,成为"百兽之王"的原始人,从"混我"登上了自我意识的新阶段,笔者将这一新阶段称为"准我"。"准我"离"有我"只有一步之遥。

人类从动物式的"无我"到文明人的"有我",经历了原始人的"微我""混我"与"准我"三大阶段。我们在无意中惊喜地发现维柯也对人类自我意识有过类似的"三我"表述。他说:"关于神、英雄和人的三个时代,我们已经提到,和以前兽性混沌相比,三个时代在微弱的意义上都是人类的;和第一个时代相比,第二、第三两个时代则在较强的意义上是人类的;和第一、第二两个时代相比,就只有第三个时代才在最强的意义上是人类的。"② 维柯用"微弱意义上的人类""较强意义上的人类"与"最强意义上的人类"分别指人类历史上"神的时代""英雄时代"与"人的时代"三个阶段的自我意识。与维柯不同的是,本书的"三我"专指原始人的自我意识在神的时代的三分状态。"英雄时代"与"人的时代"的自我意识已被视为"有我"阶段。这是需要明确区分的。

"准我"与人形神 当原始人处在"微我"时,原始人不是强大动物的对手,他们仰视动物,以动物为神象;到了"混我"时,原始人与动物平分秋色,于是,他们平视动物,以人兽同体为神象;到"准我"时,原始人已成为百兽之王,他们俯视动物,以人形为神象。用熟悉的最强者符号去指称自然力的神象生成原理,神祇的形象就让位于另一位熟悉的强兽——人。

在希腊神话中,有一个暗示人兽神衰落的情节场景。公元前五世纪,在当时希腊的瓶画上,出现了斯芬克斯和俄狄浦斯(Oedipus)相遇而斗智斗

---

① 卡西尔:《神话思维》,黄龙保等译,中国社会科学出版社1992年版,第239页。
② 维柯:《新科学》,朱光潜译,商务印书馆1997年版,第42~43页。

勇、互相搏斗的场面，后来俄狄浦斯猜中了她的谜语，她不能忍受这个世界的透明性，只好跳崖自尽。这个场面可能隐藏了这样一个信息，虽然作为人兽神的斯芬克斯是一个强大的神明，本事强大，但她还是敌不过英雄/人，这透露了原始人对人自身力量的新认识。这样，当希腊人在神的时代晚期择取物象去指称神象时，便选择了人。

色诺芬（Xenophon，约公元前430—公元前354）在著名的"渎神"诗中已无意地涉及人形神的建构规律。他说：

"荷马与赫西俄德一起描写了
关于诸神的一切……
埃塞俄比亚人说他们的神
皮肤是黑的、鼻子是扁的；
色雷斯人说他们的神
眼睛是蓝的、头发是红的。
但是，如果牡牛、狮子
或马有双手，
而且，象人一样能用手描画
类似的相貌
来描绘诸神——创造出一切的话
那时，它们也会用类似的相貌
来描绘诸神——
马描画出来象马一样的神，
牡牛描画出象牡牛一样的神，
它们所创造的形象，
恰恰是它们自己的形象？"①

这是色诺芬封杀神祇的名言。色诺芬在此却无意地道出了神象在最后阶段的生成规律，即原始人在"准我"阶段，当成了百兽之王时，原始人便用身边的最强者——人自身的形象——去指称强大的自然力。色诺芬这首渎神之诗，极为精彩地道出了神象生成原理的两个子原则，一是"功能相似"原则，这时人已成为百兽之王，人的强大与自然力的强大相似；二是"身边熟悉"原则。原始人总是以身边熟悉的物象去指称自然力，因而，埃塞

---

① 苏联科学院：《世界通史》（第一卷），生活·读书·新知三联书店1959年版，第952页。

俄比亚人塑造的神象"皮肤是黑的、鼻子是扁的",而色雷斯人塑造的神象"眼睛是蓝的、头发是红的"。根据这一原理,假如狮子和人一样成为百兽之王,又假如狮子发展了人一般的心智,那么,最后阶段的神象无疑是狮子自身。

按照神象在最后阶段的生成规律,马克思所说的"由于自然力被人格化,最初的神产生了"应该改为"由于自然力被人格化,最后的神产生了",也即是把"最初"改为"最后"。因为一开始自然力不是被人格化,而是被"兽格化",当人成为百兽之王时,最后阶段的神才被人格化(人形化)的。

从上述神象三态的更变中,可以发现兽、人两大元素的阴(兽)阳(人)转化规律。一开始是纯粹的兽形,最后是单纯的人形,从开始到最后,即从兽形神、人兽神到人形神的过程,是人形元素(或头或身)从无到有的生殖的过程,动物元素(或头或身)从有到无的消解过程。最后,当人形神逐渐成为人类的"复制品"时,原始人就走近了神话时代的夕阳红时分,再往前一步,神象就如肥皂泡般破灭了。这时,人类终于明白吓唬人类数千年的神象,实际上不过是原始人不自觉建构的意象符号。这样,神话时代就谢幕了,人类走进了新的时代、人的时代、轴心时代、理性时代、文明时代,也就是"有我"的时代。

"大型号"的人形神 "神人同体"意为神的形体与人的形体相同、一致。它已成为人类学或神话学界的一个约定术语,但却犯了一个隐秘的逻辑错误,几乎被古今中外所有学者所忽视。事实上,"神"与"人"的"同体"应为"同形而不同型"①,即结构相同,型号不同,作为神象的人形应是大型号的。这可从神象的生成原理得到解释。

根据神象的生成原理,神象在"微我"阶段,在"择优"中选择强兽作为神象,到了第二阶段,当人与兽辑合形成神象时,"择优"方式便延伸为"组优"——优秀部件的组合,如斯芬克斯的"人脑+狮力"。② 到了第三阶段,"组优"延变为"杂取"——即杂取种种人身体优点的典型方法。这种方法是在现实中选择特别高大的人物为原型,经典型化处理而成。这样一来,神象就几乎是大型号的魁伟高大之躯。

---

① 神象就如人在早上的影子,一开始是高大无比的,但随着太阳的上升,人的影子越来越小,接着影子比人的身子还矮小(这时象征人类已进入渎神阶段)。当太阳到了正午时分,人的影子逐步缩小并最后消失,此刻影子没有了,也就象征着神象/神祇的灭亡。事实上,神祇就是人类自身的影子,当原始人认识到这一本质时,神的时代便结束了。

② 在人兽神阶段有一个前夕期,出现兽与兽重要"部件"的优化组合(即组优),如由蛇、虎、鸟、狮、牛、马等组合成如龙以及凤、麒麟等神象。

同时，原始人在"杂取种种人"的时候，当然带上了不自觉的放大想象。维柯曾说："原始人在他们的粗鲁无知中却只凭一种完全肉体方面的想象力。而且因为这种想象力完全是肉体方面的，他们就以惊人的崇高气魄去创造，这种崇高气魄伟大到使那些用想象来创造的本人也感到非常惶惑。"① 这一思维方法的结果是使神祇比凡人更高、更大、更美，使人形神成为一种魁梧的"大型号人物"。希腊的人形神常常比凡人更英俊、更美丽、更高大，是人类理想形体的典范。在希腊的雕塑、史诗里，神祇的形象都比凡人高大。丹纳这样告诉我们："阿喀琉斯的盾牌上画着一队兵，'由阿瑞斯（战神）和雅典娜（雅典的守护神）率领，两个神都是全身金甲，美丽高大，正好配合神的身份；因为人比他们小。'的确，除了大小，神与人几乎没有分别。《奥德赛》中好几次讲到，尤利斯或泰勒马克突然遇见一个又高又美的人，就问他是不是神。"② 维柯说，"在希腊诗人和拉丁诗人的作品里，神和人的形象都比一般人的形象较大。到了复归的野蛮时期，特别是上帝，耶稣和圣母马利亚的画像都特别高大"③。笔者认为，"大型号"的上帝，是原始人"大型号"人形神情结在人的时代（宗教时代）的延伸。

人形神的"美学"根源 人体、人形为什么会被认为是美的东西？丹纳把人体当成世界中最美的形式。他说，"我们（希腊人）之所以用人的形象来代表神，因为世界上没有比人更美的形式"④。丹纳虽然认为人体是一种美的形式，但他还是没有阐明人体之所以美的原因。笔者认为，根据神象的生成原理，人体之所以美，是因为人的强大，是百兽之王，这才是人体美的真正缘由。这里，笔者在无意中发现了"美的发生"原理：美源自于强大力量，而人类是这个"强大力量"的载体，因而人类的形体、行动、语言等一切都是最美的，而动物形体都不如人体的美。这一情结挪移到民族中就成了"民族中心主义"，世界的族民都认为自族的形体、肤色，自族的行为、语言是世界最美的。

今天，有不少学者把兽形神、人兽神视为"丑兽""怪兽"。例如，赵林说："在中国的神话中，无论是功绩彪炳千古的正神还是劣迹遗臭万年的恶神，几乎全部是形态怪异，面目狰狞的。"⑤ 这些人兽神之所以被描述为

---

① 维柯：《新科学》，朱光潜译，商务印书馆1997年版，第182页。
② 丹纳：《艺术哲学》，傅雷译，人民文学出版社1994年版，第259页。
③ 维柯：《新科学》，朱光潜译，商务印书馆1997年版，第454～455页。笔者注：人按照自己的形象把上帝创造出来，是人形神建构原理在宗教时代的延伸。
④ 丹纳：《艺术哲学》，傅雷译，人民文学出版社1994年版，第328页。
⑤ 赵林：《神旨的感召：西方文化的传统与演进》，武汉大学出版社1993年版，第22～23页。

"怪异""狰狞",这是因为当人们在描述它们时,已是生活在人是世界主人的时代。在这个世界中,人是动物王国中的最伟者,因而,这个最伟者的身躯也是"美、正、准"的。人没有尾巴是美的,而猴子长着一条长长的尾巴则是丑陋的,不是因为别的,而是因为猴子不是动物王国中的强者。此刻,我们对美的发生原理豁然开朗——美不生于形式,而是源于力量。

这样说来,不管是兽形神,还是人兽神,都曾经是动物王国中的最强者,在原始人心目中也曾是最美的身体形式,犹如在古希腊人心目中的美丽的雅典娜、婀娜的阿芙洛狄忒、耀眼的阿波罗。李泽厚曾用"狞厉之美"概括了青铜器物饕餮的美学特征,"狞厉之美"一词是合适的,它即暗示了美从强大、力量、凶猛、可怕的动物形象中溢出的原理。

根据神象生成原理,上面丹纳的话就应改为"我们(希腊人)之所以用人的形象来代表神,因为世界上没有比人更强大的力量",即用"更强大的力量"去取代丹纳的"更美的形式"。

三态的层叠与主调神象 神象三态是世界各民族神话必经的三个形态,但这三态不一定是齐一的、历时的,有时三态层叠于一个共时形态之中。不管是中国、希腊或其他民族,即使到了人形神阶段,仍然时常与兽形神、人兽神共舞于一个舞台上。例如希腊不仅有大量身段高大的人形神,而且有斯芬克斯式的人兽神,而且有百头巨兽的兽形神。学者朱炳祥曾提出的"多重文化时空的层叠整合"[①] 观点,即历史的历时文化现象,可以因各种原因整合层叠在一个共时的文化空间之中,这对神话的层叠现象是一个合适的阐释。另外,学者钱捷的《人类意识发生律——兼论中西文化交流的现象学根据》[②] 中的一个解释,也极为有启示意义。钱捷认为,在人类意识发展的过程之中,任何一个阶段都存在着"回归",即对以往的精神的回溯与反省,这是因为新阶段可能存有未完善之处。这种回归,多发生于新旧意识图式交替的过程之中,在新的运演图式发展的初期显现得更为明显。这是因为,新的图式在遇到关于对象理解上的障碍时,便自发地发生一种回归倾向。例如,西方近代精神在发展的各个时期,都有鬼魅或神秘主义的死灰复燃。这种"阶段性""暂时性"的回归,是基于意识发展的不完善性的一种回归,并非建立在意识发展内在矛盾的充分展开上的人类"合题性"意识

---

① 朱炳祥:《中国诗歌发生史》,武汉出版社 2000 年版,第 29 页。
② 钱捷:《人类意识发生律——兼论中西文化交流的现象学根据》(论衡第二辑),福建教育出版社 1998 年版。

回归。①

学者朱炳祥从文化角度指出文化层叠这一现象的客存性,而钱捷则从意识发展规律性揭示了这一现象。两种观点对于神象三态的层叠现象的阐释都有参考意义。首先,从纵向角度看,在原始族群之内,人们的意识/自我意识的进化是不平衡的,有些"后进者"可能因自身"意识发展不完善性"对旧神象产生恋旧而出现"回归"现象。其次,从横向角度看,在原始族群之间神象传播,也会因意识发展的不平衡性,而出现"后进者"给"先进者"的文化输送,造成非"合题性"神象三态共存现象。但从总体上看,这种精神上"返祖"的逆流现象,并不是主流,属于局部现象。

主调神象 前文已简单提到了"主调神象"一词。我们不难发现,在世界各民族的神象三态演进中,往往出现这种景观:三态并不是均衡演进,而是突出、夸张其中一态,这一态即为主调神象。例如,埃及神象中的兽形神、中国神象中的人兽神、希腊神象中的人形神。主调神象的产生与所在民族的人文地理、耕种方式等历史语境紧密相关。埃及、中国、希腊的主调神象虽处于不同阶段上,但从学理上却构成了互补性,正是它们主调神象的异位,才可构成一部较为完整的世界全豹式神话。其中,中国充分发展的人兽神与希腊发达的人形神蕴含着两个民族精神的不同走向。

第三节 中希"神象形态"差异的表征

通过对神象生成原理的揭示,以及神象变更与自我意识联动的架构,我们可知一个民族的神象形态,反映着一个民族的神话特征,折射着一个民族的意识/自我意识在幼童时代的演进表征。王锤陵有一处精当的述说:"神形问题是神话处于何种阶段的直接的同时也是主要的标志。抓住了神形问题,便抓住了特定民族神话的本质。"② 本书对中希神话的神话形态差异的特征进行比较,力求从神象的差异中窥视神话蕴含的中西文化信息。

---

① 刘晓欣:《寻找精神的家园——简论古希腊哲学对希腊神话的回溯与反省》,载《天中学刊》2010 年第 3 期。

② 王锤陵:《论中国神话特征》,载《中国文学研究》1992 年第 3 期。

一、中国神话的人兽神

中国神象形态的表征 中国神象的递变与世界各族一样，经历了三个阶段。但因中国特定的文明进程方式，兽形神，特别是人兽神这两个阶段发展得充分与彻底，而人形神阶段则显得十分稀薄，几乎呈"缺席"状态。综观中国神话的全局，其中兽形神甚为丰富，诸如大蟹（螃蟹状）、精卫（鸟状）、穷奇（狗状）、肥遗（蛇状）、旋龟（龟状），等等。其中，兽兽组合的兽形神，如龙、凤、麒麟、饕餮等神象也极为丰富，至今仍然深烙在中国人的集体记忆表象之中，仍具有顽强的生命力。

然而，中国神话中最丰富、最生动的神象，要算人兽形。例如，如"人首蛇身"女娲，"蛇身人首"的伏羲，"头专专谨"（似猪豕）的颛顼，"人面朱发，蛇身人手足"的共工，"人身牛蹄，四目六手，耳鬓如剑戟，头有角"的蚩尤，"兽身人面"的南方火神祝融，"人面鸟身"的北方水神禺强，"鸟身人面"东方木神句芒，等等。

除了上述常见的神象外，还有河神冰夷、水神天昊、海神禺京、沼泽神相柳、园林神英招、沙漠神长乘、时令神陆吾、昼夜神烛龙，以及昆虫神骄虫、玉神泰逢等，这些神象都是人面兽身，在《山海经》中有69处的记载。这些人面兽身的具体组合是：龙身人面、人面牛身、人面马身、羊身人面、人面蛇身、马身人面、人面鸟身、豕身人面、人面三首、鸟身人面等，这类人兽神大量地出没在《山海经》中的"山"与"海"的空间之中。

中国人兽神的最突出特征是人首＋兽身，此时，人首已成了决定性"上位"，而兽身成了次要的"下位"。例如，最典型的是人类始祖伏羲与女娲，二者的形象均是人兽同体。一般而言，其腰身以上为人形，戴冠帽、穿袍子；腰身以下却是蛇躯或鳄龙躯干，尾部紧密地缠绕在一起。一直到东汉末年，这种形象仍保持着半人半兽性质。中国神象的"人与兽"二元互存的情结深固，即使是已化为历史的人物，有时还回归为人兽同体的原型，如教人播种五谷、为民遍尝百草而丧生的炎帝神农，时而现身为牛头人身；败于黄帝的蚩尤，时而还被描述为人身牛蹄、四目六手。

中国的人形神则是一个弱态，其数量非常有限，如，时间之神噎鸣等。据统计，《山海经》所出现的四百五十多个神中，人形神与非人形神约为一比四。[①] 如果将其中一些传说中的英雄帝王划归为"人"，而不为"神"，

[①] 刘大杰：《中国文学发展史》（上卷），古典文学出版社1957年版，第15页。

则人形神的数量更为稀少。这是因为当中国的人兽神还没有来得及进演到人形神阶段时,神话便过早地历史化了。因此,中国神象的演进中,留下了一个格定的主调神象:人兽神。

二、希腊神话的人形神

人形神 希腊诸神的面貌与中国诸神大相径庭。希腊神话中神象也上演了三态的变更过程,但与他族不同的是,头两个阶段极为简缩,就如匆匆的过客,最后一个阶段则发展得绵延、冗长、彻底,这种彻底性为世界之最。

希腊神象三态的演进,不像中国神象一样呈现漫长时段性的变更,而是以神族辈代的否定、变更而表现出来。匆匆而过的兽形神与人兽神在希腊历史并没有留下深刻的集体记印,没有在希腊历史中占有一个自己清晰的边界。希腊特定的文明模式,使它出现了一个充分发展的人形神,然后再以人形神为统率,去统领匆匆而过的兽形神与人兽神。本来,从混沌神到兽形神、人兽神,再到人形神,需要历经千万年的进程,但这个漫长的进程在希腊神话中被压缩成几个辈序的有限空间之中。衡彩霞有一段较为详尽的描述:

> 从希腊神的神谱看,希腊神界是由不同代的神族组成的庞大神系。第一代神是由混沌卡俄斯所生的地母盖娅,她虽有性别,却无明确形体。由她所生的第二代神族中,人的因素就开始出现了,在兽体形为主的神族中混杂着不少人兽同体形神。如盖娅与塔耳塔罗斯(地狱之神)结合生的儿子——堤福俄斯,是一个怪物。这个怪物与半人半蛇的女怪厄喀德那所生的孩子都是怪物:长有三头、蛇尾的恶狗刻耳柏洛斯,有着狮身、双翼和美女头的妖怪斯芬克斯等。而盖娅与其子——天神乌剌诺斯所生的第三代神族,即提坦神族和巨人们,虽仍是怪物,但体形中人的比重增大了。及至到了第四代神族——奥林匹斯神族时,诸神形体虽仍有动物因素的残存变形,如宙斯的象征是鹰(圣鸟),天后有时被称作"牛眼的赫拉",猫头鹰被看作雅典娜的化身等等,但已被相当彻底地人化了。神人同形成为第四代神的共同特征。[①]

在上述这个神族辈代中,兽形神与人兽神被置于一、二、三代的"前辈"中,在前三代神族中,均可见兽形神与人兽神,如三个头的怪物(狮

[①] 衡彩霞:《论希腊神话的突出性征及其人学意蕴》,载《郑州大学学报》(社会科学版)2000年第1期。

头、羊头、蟒头）的喀迈拉（Chimaera），百头水蛇勒耳那（Lernaean），长有三头、蛇尾的恶狗刻耳柏洛斯（Cerberus），半人半蛇厄喀德（Echinda），狮身、双翼和美女头的妖怪斯芬克斯（Sphinx）、盖娅（Gaia）。

希腊的人形神被置于作为"晚辈"的第四代神族——奥林匹斯神族，这时，几乎所有的神象都发生了跳跃式的嬗变，众神摇身变为人形神。即使是个别神象仍残存动物元素，但这些"残存动物元素"已不再外显为形象，而内化为一种无形的"神格"，如宙斯（Zeus）有时被视为鹰（闪电）的化身，阿西娜（Athena）被当作猫头鹰的象征，赫拉（Hera）有时被称为"牛眼的赫拉"或"母牛""孔雀"等。在神象外表方面则已彻底人形化，如"前身"为母熊或母鹿的阿耳忒弥斯（Artemis）变成了美丽的少女，宙斯、波赛东（Poseidon）、太阳神阿波罗（Apollon）、战神阿瑞斯（Ares）、神后赫拉、智慧女神雅典娜（Athena）、美神阿芙洛狄忒（Aphrodite）、先知普罗米修斯（Prometheus），以及哈得斯（Hades）三兄弟都拥有凡人羡慕的躯体。

希腊神象从兽到人的过渡，将历史漫长岁月压缩为四个神族辈代，在辈代的更换中，兽形神与人兽神都匆匆离去，然后，在神话舞台上飞飏着一群高大而美丽的人形神。世界著名神话学家科尔克说：

> 希腊人未曾设想过在远古的某个时代，动物曾经统治了世界或动物与人浑然不分。他们的神人同形的观念是执固的。因而，我相信，他们错过了某些东西。但是这个原因是显而易见的：他们不再生活于动物的统治之中……早在新石器初，即公元前五千年，希腊人的先祖们就已开始放弃狩猎部族的生活方式；他们养殖了一些动物并对其他动物无所畏惧。动物成了人的工具而非人的主人。原始希腊人已开启了悠久的人本历程，将人置于宇宙中心位置，使他们从埃及人传统的可怕鳄鱼神象等中解脱出来。①

---

① G. S. Kirk. *The Nature of Greek Myth*, Penguin Group, 1974. pp. 51 – 52. 以下段落由笔者译。The Greeks envisaged no period in the past when animals, ruled the earth or animals and men were intermixed. Their anthropomorphism was severe. They missed something thereby, I believe, but the reason for it may be obvious: they no longer lived in a world dominated by animals, by the need to hurt and trap them and keep them at bay, in the way that many simple tribal communities did and do... Already by the early Neolithic Age, say 5000 B. C., the ancestors of the Greeks were abandoning the life of a henting community; they had domesticated some animals and had little to fear from the rest. Animals became tools, not masters, and the proto-Greeks started on that long process of humanism, of placing man at the centre of the universe, that distinguished them from the Egyptians with their interminable tradition of dreary crocodile-gods and the like.

科尔克所说的"因此错过了某些东西"（they missed something thereby），指的正是兽形神、人兽神在希腊人集体记忆中的淡忘、失缺。这一淡忘与失缺，形成了希腊不同于他族的特有的"贬兽"的态度以及"人本"思想。黑格尔曾说，希腊人把人变成兽之事看成是耻辱的、可悲的，是一种严重惩罚。"这种变形被看作一种剥夺神性的灾难的痛苦的生存，在这生存中人就不能再保持人形。"但在印度和埃及兽化却被认为是一种升华，"人变成兽，反而被看成'一种提高'，同样半神半兽的形象在印度和埃及神话中是非凡神圣的形象，而在希腊神话中，往往被人当作'杂种'，其地位非常低贱"[①]。

希腊的人形神在逻辑上同时隐含着两个互为的新质：一是结构上的体系化，一是内容上的渎神行径。

神话体系化 学者梁工对神话系统化有一个较好的解释，他说："所谓系统性，是指在经历了众多单篇神话独立存在的阶段后，较为完整的神界故事系列大致形成，一个既复杂又明晰的神际关系网络开始出现，处于网络中心的主神已确立其独尊地位；串联神话系统的纽带或者是神界家族的通婚和生殖行为，或者是某种抽象观念。"[②] 笔者从神象递变的角度看，认为神话的体系化是人形神出现而伴随的必然现象，也可以这样说，体系化是人形神的题中之义。

人形神已是"神的时代"的晚期，原始人已逐步走进"人本"时代，在思维上体现为条理性的思维方式，所谓条理性，也即是要求系统有条不紊、脉络清晰。面对希腊这个由多个民族神话混合而成的糅杂整体，需要进行结构化、秩序化，这就是神话体系化。

在条理性逼力下，荷马与赫西俄德在历史舞台上出现了。本来，流传于民间的零零散散、源头各异的神话，在他们的编撰下，形成一个有序的神族体系。该体系以最古老的神祇卡俄斯（混沌）、该亚（大地之母）、乌剌诺斯（天宇）等为发端，经历了以克洛诺斯为首的提坦神族和巨人神族，再到以宙斯为首的奥林匹斯神族，原来独占一隅的各种神祇，都被署于以这些主神为核心的不同辈代之中血缘关系的延伸之中，神祇辈代的更替通过神氏家族内部的自我否定、自我更新去实现。这样希腊神话具有一个清晰的的历时秩序以及亲缘的空间秩序。这就是希腊人形神阶段发生的神话体系化。

渎神神话 神象不同，神话故事也不同。兽形神与人形神的故事特征迥

[①] 邱紫华：《思辨的美学与自由的艺术——黑格尔美学思想引论》，华中师范大学出版社1997年版，第307页。

[②] 梁工：《西方文论关键词神话》，载《外国文学》2011年第1期。

然不同。根据神象生成原理，不管兽形神还是人形神，都是强大的自然力的指称，但在兽形神阶段，原始人的力量极为弱小，对大自然的神圣性投以一种虔诚和敬畏之心。之所以虔诚、敬畏是因为人的力量与大自然的力量相差悬殊。原始人"只能受环境的包围，陶冶，熔铸；他的头脑那时还像一块完全软和而富于伸缩性的黏土，会尽量向自然界屈服，听凭搓捏，他不能依靠他的过去来抵抗外界的压力"①。这是一个"兽本"阶段，兽形神往往是一个恐怖、吓人力量的象征。这时神话故事的内容多数是"尊兽/尊神"，而不可能是"渎神"。例如，在古老原始的中非神话中，"神的主要特征就在于其动物的面貌，或者说是一种图腾化的神灵。在非洲神话中，蜘蛛能爬上天，青蛙能飞过森林，狮子吞食整个村子的居民，神性往往更带兽性色彩"②。

但到了人形神阶段，虽然人形神在范畴上属于"神的时代"、属于神祇的范围，但原始人在这一阶段的力量已相当壮大，可以战天斗地、移山改海，他们的自我力量/自我意识走上新的台阶，作为自然力代符的人形神，已逐步失去了不可一世的尊严，原始人甚至开始质疑神祇、亵渎神明，于是一个新的主题出现了，那就是渎神。这也是人形神的一个题中之义。

希腊神话的抗神、渎神故事比比皆是。从人神的胜负角度看，大约有两类，一是"敢与神斗但败于神"，二是"人胜于神"。

"敢与神斗但败于神"的故事应该比"人胜于神"更为早发。当原始人走进人形神阶段，他们已下意识地感到自身力量（所以才以人形为神象）的渐强，神祇已经不是不可挑战的对象。随着战天斗地的不断胜利，原始人征服自然的信心无限地膨胀，他们甚至企望能攀登上神圣的苍天。其中一个有代表性故事是"通天"神话，在希腊神话中，俄托斯（Otus）和厄菲阿尔武斯（Ephialtes）决心登天，打算把奥萨山（Mt. Ossa）摞到奥林波斯山上，再把皮利翁山（Mt. Pelion）摞到奥萨山上，然后妄图通过叠山登天，但最终被阿波罗杀死，登天计划最终失败。除此故事外，还有阿罗伊代兄弟（Aloadae）妄图登天的故事。

希腊的"通天"故事母题一直流传到日后的西方宗教故事之中，例如《圣经·创世记》中的通天塔故事。据说，在大洪水之后，挪亚的子孙在巴比伦的示那建一座通天塔，受惊的上帝变乱他们的语言，使之互不相通，不能劳作，巴比塔（Babel Tower）因而功败垂成，人类也从此流散各地。这类"通天"故事虽然最终都以失败告终，但它暗示了神祇尊严与神圣的殒

---

① 丹纳：《艺术哲学》，傅雷译，人民文学出版社1994年版，第243页。
② 朱狄：《信仰时代的文明》，中国青年出版社1999年版，第128页。

落，彰显了原始人在历史上未曾拥有的"敢与天公试比高"的勇气与斗志。

希腊神话中还出现了数不胜数的藐视神灵的故事。比如阿剌克涅（Arachne）敢于向雅典娜挑战织布技艺；玛耳绪阿斯（Marsyas）敢于和阿波罗举行吹笛比赛；阿克泰翁（Actaeon）自诩狩猎技巧比阿尔忒弥斯更为高明；尼俄柏（Niobe）和她的父亲嘲笑阿波罗的母亲勒托（Leto）等等。这些敢于竞神、蔑神、斗神的勇者，虽然都遭到神的报复而送命，但却谱写了一曲曲可歌可泣的渎神战歌。希腊还因此产生了一个专门术语 hubriss，用以专门指称蔑视神灵的行径与自骄者。可见，希腊的人形神阶段，渎神已成为一种屡见不鲜的主题。

在希腊的渎神神话中，最撼动人心的莫非是挑战死神的神话。该类神话一般有两种挑战方式，一种是到冥府中领人，让死人复活；另一种是直接面战死神或逃避死神。在第一种方式中，有一个感人的故事。传奇歌手俄耳甫斯（Orpheus）的爱妻欧律狄刻被毒蛇咬死，他到冥府以歌声驯服三头犬，以歌声使复仇女神流泪，又以歌声感动冥后（喻说原始人对音乐力量的体悟），使其答应放回欧律狄刻，但同时规定走出冥府前不许回头看妻子也不许说话，最终俄耳甫斯因妻子的质疑而忍不住回头，终于功亏一篑。与"游冥府感死神"异曲同工的有中国的"夸父逐日"。前者是挑战死亡，后者是追逐光阴。《山海经》里有夸父的故事："夸父与日逐走，入日，渴欲得饮，饮于河渭，河渭不足，北饮大泽，未至道渴而死"（《海外北经》）。这些故事当然都是以悲剧告终，但却体现了原始人勇于探索的"求生、长生"的生物本性，勇于挑战自然力与自然规律的在现代人看来是"绝望抗争"①的精神。

第二类渎神神话是"人胜于神"。在人形神阶段的后期，已有在某些方面征服了自然力的胜利战绩，这类战绩曲折地反映在"人胜于神"的故事之中。在希腊神话中，天神有时还胜不过人间英雄。例如，希腊猛将狄俄墨得斯不仅刺伤了美神阿芙洛狄忒，而且打败了战神阿瑞斯；希腊主将阿喀琉斯责备太阳神偏袒特洛伊人，要用长矛刺他。阿瑞斯曾被凡人伤害，还被一对凡人兄弟囚禁了 13 个月。在"马耳珀萨结婚"这一故事中，女郎马耳珀萨爱的是人间的英雄伊达斯，而不是英俊的太阳神阿波罗。

从希腊人形神的渎神故事中，我们不难读出此时原始人在征服自然力上所植生的新的自我力量和自我意识。马克思这样说："任何神话都是用想象

---

① 原始人并不一定认为是"绝望抗争"，他们对死亡现象还处于模糊认识之中，有些神话把死亡类同长眠。赫希俄德在《神谱》中就提到，死神塔那托斯（Thanatos）与睡神许普诺斯（Hypnus）是孪生兄弟，都是黑夜女神倪克斯（Nyx）的孩子。

和借助想象以征服自然力，支配自然力，把自然力加以形象化，因而随着这些自然力的被征服，神话也就消失了。"① 可见，在神话/神象消失之前，渎神神话是必然出现的序幕，而人形神也是作为神象最后阶段的代符。人形神与渎神故事两者构成一种"互为"关系。

第四节　中希"神象形态"差异的成因

一、诞生的时分：黎明与早晨

中国的神的时代与希腊的神的时代所处的历史纵深度是各不相同的。中国的神的时代位于人类文明破晓的黎明，希腊的神的时代位于文明曙光的早晨。我们可以主神的性别为角度，丈量中希神话所处的这一历史"纵深度"。从总体上看，中国神话受女性崇拜的影响大，例如，女娲是主神的代表。袁珂认为中国"神话起源于母权制氏族社会的繁荣期"②。而"希腊人，在他们出现在历史舞台上的时候，已经站在文明时代的门槛上了；……母权制已经让位给父权制"③。希腊众神明显地以男性为中心，主神宙斯是代表，他是"万神之父"。从两族神话的这一"母权"与"父权"的信息，我们可以粗略地推断，两族神话处于不同的历史时序。

根据相关历史资料，大约在公元前3000年和公元前2100年，以黄河流域为中心的中国（包括以尼罗河流域为中心的埃及）已开始了被汤因比称之为"亲体文明"（即原发文明）的萌发期。而希腊神话则与英雄时代的史诗紧密相挨、彼此难分。史诗产生于荷马时代，即公元前约1200年至公元前800年，这时已是雅斯贝尔斯所谓的轴心时代，所以，我们大约可知，希腊神话大约产生于荷马时代不远的前夕。与其他民族相比，是一部较为迟发的神话。有学者认为："中国神话大多是形成于野蛮社会末期的'原生态神话'，以及从野蛮社会向文明社会过渡时期的'过渡态神话'。希腊神话大体是流传于文明社会初期的'次生态神话'。"④

---

① 马克思、恩格斯：《马克思恩格斯选集》（第2卷），人民出版社1972年版，第113～114页。
② 袁珂：《神话论文集》，上海古籍出版社1982年版，第73页。
③ 斯威策：《希腊的神话和传说》，人民出版社1961年版，第3页。
④ 梁工：《西方文论关键词神话》，载《外国文学》2011年第1期。

从历史宏观的角度上说，"黎明期"的神话的神象往往倾向于呈现为兽形神或人兽神，而"早晨期"神话中的神象则多半为人形神。这是因为越靠近文明轴心期的神话，其"人本"元素的渗透不断增多，在理性因素的作用下，神象需要转向人形化。希腊神话正是孳生于这个理性文明边缘的土壤中。

二、原生性与派生性

中国神话的原生性　中国因早发、早熟的农耕文明而过早地发生了神话历史化运动，因为这个运动过早发生，使其中有一部分神话没有被主流意识所"改塑"，而在民间继续存活，就如沉进海底的乌龟，成为进化缓慢的古生物。这一代表主要体现在《山海经》著述中。据说刘秀在《上〈山海经〉表》中称自己进献《山海经》是"冒死谨上"。这是一本有别于正统元典的奇异之书，而奇异正来自于它自生自存的原生性。

袁珂在整理并编注《山海经》后认为，《山海经》中的主体神话是原味的原始形态，他说："《山海经》虽然成书于战国到汉代初年，但是，我们都知道神话记录的时代并不等于神话产生的时代，事实上《山海经》所记录的许多神话片段，其性质都很接近原始，其大部分应当是原始时代的产物，不过直到《山海经》成书的时期，才把从古以来民间口耳相传的神话正式用文字记录出来罢了。"①《山海经》这部中国奇异典籍，基本上可以证明中国神话的原始性。

希腊神话的派生性　古希腊的地理位置位于环地中海文明圈的西侧，它的正东方是两河流域文明，西南是古埃及文明，东南偏东方是腓尼基文明。这一优越的地理位置，使希腊成为世界文化交流的枢纽。丹皮尔说："古代世界的各条知识之流都在希腊汇合起来。"② 得天独厚的地理位置，能让希腊人有效地吸收世界各民族的文化精华，其中一项创举是整合各族的精华神话并化为己有，形成璀璨的神话体系。希罗多德（Herodotus）说："希腊神话传说以其美轮美奂和谱系分明而著称于世，它是许多不同种族、民族、地区的神话传说相互混杂和历史演化的结果，这些神话传说最初是彼此独立和形态各异的，通过持续不断的文化交往、文化融合而逐渐趋同扬异，并且经过长期的改造过程最终形成系统化的神谱和英雄传说。"③ 他还进一步说：

---

① 袁珂：《神话论文集》，上海古籍出版社1982年版，第27页。
② W. C. 丹皮尔：《科学史及其与哲学和宗教的关系》，商务印书馆1987年版，第40页。
③ 赵林：《希腊神话传说的文化背景初探》，载《学习与探索》2001年第6期。

"可以说几乎所有神的名字都是从埃及传入希腊的。我的研究证明，它们完全是起源于异族人那里的，而我个人的意见则是，较大一部分是起源于埃及的。"① "从什么地方每一个神产生出来，或者是不是它们都一直存在着，它们的外形是怎样的，这一切可以说，是希腊人在不久之前才知道的。因为我认为，赫西俄德与荷马的时代比之我的时代不会早过四百年；是他们把诸神的家世教给希腊人，把它们的一些名字、尊荣和技艺教给所有的人并且说出了它们的外形。"② 希罗多德这三段话，基本可以说明希腊神话是不同民族、种族、地区的神话和传说相互融会的结果，是一种派生神话。

"派生"的特性 希腊是一个善于利用他族文明成果、文化财产的民族。伯恩斯（Edward McNall Burns）与拉尔夫在（Philip Lee Ralph）《世界文明史》中说，"希腊人不是无基而始的。应该谨记，他们成就的许多基本工作早已由某些东方民族着手进行过了"③。众所周知，希腊人通过改进腓尼基文字而形成自己的文字。与借用他族文字一样，希腊人汇集、改造他族神话，这些神话是当时历史条件下"世界最先进文化"，这些神话符号使生活在"黑暗时代"④的希腊人重新被置于一个明亮、生辉的世界。赵林说："把一个系统化了的美丽无比的希腊神话世界呈现在走出'黑暗时代'的希腊人面前，从而使希腊人在相当长的一段时间里生息在荷马和赫西俄德的世界中。"⑤

善于利用他族文化成果的希腊人在优良枢纽环境下，吸取各族神话的精华，在短时间内猛速编织成为世界神话之林的一棵参天大树。但这棵大树之根有别于中国神话，中国神话之根是一条"纵向"深入自己深土之根，而希腊神话之根是一条"横向"之根，这条根紧连于他族的神话之躯。"派生"神话虽能吸收他族的丰富营养，能冲破旧因素的障碍，但它却是一条质杂、骨松的"脆根"，容易折断。这是派生神话光亮背后的阴影。而原生

---

① 希罗多德：《历史》（第2卷），商务印书局1959年版，第50节。
② 威尔·杜兰：《世界文明史·希腊的生活》（上册），幼狮文化公司译，东方出版社1999年版，第233页。
③ 爱德华·伯恩斯、菲利普·李·拉尔夫：《世界文明史》（第一卷），商务印书馆1990年版，第208页。
④ "黑暗时代"也称"荷马时代"（约前1100年至前800年），指的是希腊历史中从多利亚人入侵及迈锡尼文明灭亡的公元前12世纪，直到公元前9世纪最早的希腊城邦之崛起时期。考古学显示出希腊世界在这一时期中文明的衰落，迈锡尼人雄伟的宫殿被摧毁或是遗弃，希腊语停止被书写。这一时期又称"荷马时代"，因为传说中的盲诗人荷马于公元前9世纪融合历史与神话传说，创作了史诗《伊利亚特》《奥德修》。参见朱鹏《世界上古中古史》（上册），高等教育出版社1997年版，第150～153页。
⑤ 赵林：《希腊神话传说的文化背景初探》，载《学习与探索》2001年第6期。

神话孕生于自身土壤，虽不能迅猛茁壮成长，但却有一条坚实的"韧根"。中希神话的"韧根"与"脆根"是否能给两族的文化品性以某种启示？

第五节 "神象形态"蕴含的文化范式因子

中希神话分别诞生于文明的"黎明"与"早晨"，在神象方面表现出各别形态：在中国神话舞台上，最早出现的神象是兽形神，进而，出现的是人兽神，兽形神与人兽神得到了充分的发展，人兽神成为中国的主调神象。而后，在没有发展到人形神时便匆匆历史化了。在希腊神话舞台上出现的同样有神象三态：兽形神、人兽神与人形神，但希腊神话的主调神象是人形神，而兽形神与人兽神被以"祖辈"的身份编排在人形神的体系之中。希腊神的人形神阶段得到了罕见的充分发展，最后，经过自律蜕变为水、为土、为火。

两族神话这种"主调神象"的异位，以及"神象消亡"方式的差异，暗示着两族丰富的文化信息。"主调神象"的异位——希腊的人形神与中国的人兽神，蕴含着两族文化范式的两大基因："天人二分"与"天人合一"。"神象消亡"方式的差异，形成了两大思维范式："哲性思维"与"神性思维"。

一、人兽神与主客合一、人形神与主客二分

从上述两族神象的对比中可以看到，中希两族存有一个明显异位的主调神象。主调神象也即是神象三态演进过程中表现得最为充分、丰富的神象。中国的主调神象为人兽神，位于三态的中间，希腊为人形神，位于三态的末端。根据神象进阶与自我意识关联的原理，可从这一主调神象异位现象，获取中国和希腊在神话时代中自我意识演进的异态，并从中窥视中西文明在源头上孵化的文化范式。

人兽神与主客合一 在中国神话的舞台上，最早出现的是兽形神，进而是人兽神，两态都得到了充分的发展，而后，在没有发展到实质性的人形神阶段，便匆匆地发生了神话历史化。在神象三态的递变中，中国基本缺少了人形神一态。前面说过，神象"三态"是人类自我意识"三我"的自画像，兽形神、人兽神与人形神分别对应"微我""混我"与"准我"。那么，缺

少了人形神也就意味着缺少了一个"准我"，缺少了"准我"也就是缺少了一个准"主客二分"的锤炼过程。所以，中国人即使较早地发生了轴心期精神运动，在神话历史化中走进了"人的时代"（即"有我"时代、"理性"时代），即使在胸前佩戴了"理性"的徽标，但思维深处还依然遭受着因"准我"缺位而造成的结构性煎熬（有些西方学者因此称中国为"理性缺位"）。而充分发展的人兽神，则意味着中国人经历了漫长的"混我"的磨炼过程。漫长的"混我"塑造了消融主体的思维模子，即"主客合一"的思维方式，而后经轴心期运动而定格为"天人合一"的民族文化品格。

人形神与主客二分　在希腊神话舞台上，同样出现兽形神、人兽神与人形神三态，但希腊神象三态的演进，不像中国神象形态一样呈现出历史阶段性的变更，本来需要历经千万年的兽形神与人兽神，被压缩成为人形神前面的三个辈序之中，兽形神与人兽神就如匆匆的过客，并没有在希腊留下深刻的集体记忆，没有在希腊历史中占有一个自己的边界，而人形神阶段则得到高度的发展，这种彻底性为世界罕见。正如前文古典学者科尔克所说："希腊人未曾设想过在远古的某个时代，动物曾经统治了世界或动物与人浑然不分。他们的神人同形的观念是执固的。因而，我相信，他们错过了某些东西。"① 笔者认为，科尔克所说的"错过了某些东西"指的正是希腊人所淡忘的兽形神与人兽神，也就是希腊人所欠缺的"微我"与"混我"。在历史上匆匆过场的"微我"与"混我"，没有给他们留下深刻的集体记忆，没有让他们演化为一种深固的思维结构。

然而，"准我"则发展到了登峰造极的地步，距离"有我"只有一步之遥。绵长的人形神阶段造就了一个坚实的"准我"思维，向前一步，便到达"有我"。所谓"准我"或"有我"思维，也就是在思维中凸出主体"我"，有着较为清醒的主体与客体二分意识。在希腊神话时代，绵长的人形神背藏着一个丰硕的"准我"，长期"准我"（主客二分意识）的锤炼与累积，铸成了希腊的"主客二分"思维范式，并演化为西方"天人二分"的文化品质。

通过神象三态与自我意识关联的原理，我们从中国与希腊神话中，窥视到了中希主调神象里蕴含的中西文化范式的因子。我们惊喜地发现，这组描述中西文化品质的宏大对子——"天人合一"和"天人二分"——竟然潜藏在女娲们（人兽神）与宙斯们（人形神）的神象符号之中。

---

① G. S. Kirk. *The Nature of Greek Myth*, Penguin Group, 1974, pp. 51～52.

二、中希神象覆灭模式的差异与哲性思维/神性思维

当原始人的自我力量/自我意识发展到一定程度，发现人形神并不是什么天上来客，只不过是人类自身的影像时，神象就覆灭了。就如马克思曾说的，神话本质上是自然力的形象化，随着自然力逐步被支配，神话（包括神象）也就消失了。但不同民族神象的覆灭有不同的表现方式。在希腊神话中表现为"形神俱灭"，在中国神话中表现为"形灭神存"。[①]

形神俱灭与哲性思维　在人形神阶段的末期，古希腊人的前脚已跨过了文明时代的门槛，后脚往前一移，希腊便从"渎神"过渡到"去神"。在"去神"运动中，智者们的态度是坚定的，而且是强有力的。色诺芬说，"神无论在形体上或心灵上都不像凡人""神是一""神是整体"；阿那克萨拉说"太阳不是神，而是一块炽热的石头"；泰勒斯把万物本源、基始说成了"水"；阿那克西美尼把万物本源说成了"气"。智者们用自然物体或抽象概念来解释宇宙的奥秘，开启了人类文化史上的"哲学突破"时代。

在色诺芬们的谋杀下，希腊诸神覆灭了，诸神的"形"（神象）与"神"（灵魂）一并被送进了坟墓，而后，在覆灭神祇肌体的滋养下，在墓地上长出了一朵惊世的哲学奇葩，形成了希腊人的"哲性思维"。

形灭神存与神性思维　中国神象的覆灭与希腊的情况不同，诸神的覆灭是"形灭神存"，这是一种奇特的方式。中国圣人对神祇的谋杀是犹豫的，他们不像色诺芬们一样，把诸神通通消灭得"一片白茫茫"。孔子对神祇采取"不语"的态度。他说"子不语怪、力、乱、神"（《论语·述而》）。过早跨进文明门槛的中国人，虽说最终也算把诸神勉强送进了坟墓，但对神祇的谋杀缺乏力度，以致造成"形灭神存"的遗留，以致几千年来人们还能听到诸神的阴魂从坟冢中发出来的叫嚣之声。例如，即使到了人的时代，只要条件适当，仍然出现"帝王神化"或"历史再神话化"的死灰复燃现象。

中国神话的"形灭神存"在轴心期精神运动中孵化为一种与希腊哲学思维相对立的思维模式：神话式思维，即神性思维，例如，阴阳、易、五行等思维方式。这是中国神祇"形灭神存"中"神存"的使然。

[①] 这里的"神"是指"形散神不散"的"神"，而不是指神话的"神"。

附文：神话变形的式样及其发生的原理

变形是神话最核心的本质。神话研究大家如谢林、卡西尔等对神话变形的研究作出重要的贡献。但是，到目前为止，中外神话学界还没有对神话的变形式样作系统化研究。在汲取了中外学者研究成果的基础上，依据常见的主题形式，用图腾式变形、情感式变形、想象式变形、梦幻式变形和进化式变形"五式"概述、归纳了纷繁复杂的神话变形现象，并对这"五式"变形发生的原理作理式的阐释。

神话变形是神话研究的一个重要课题，是中外众多善思者一道爱不释手的谜语。中外神话研究大家卡西尔、谢林等对神话变形均有精彩的论述。卡西尔是神话变形研究的第一大家，他在《语言与神话》《人论》《神话思维》等著作中对神话变形的解谜做出了杰出的理论贡献。近年来，国内学者对神话变形开始有所研究。诸如万建中的《"神话的变形情节"破译》[1]、滕琪的《变形神话之法则的若干视角》[2]、史军超的《变形的整化趣味》[3]、付志红的《中国古代早期人鸟相禅变形神话的意蕴》[4]、毛郭平的《浅析神话的情感变形》[5] 等，他们都从某一个角度对神话变形作出了诠释。

综观国内外的神话变形研究，在取得成就的同时存在着诸多的不足。不足之处表现在：第一，卡西尔虽对神话变形作出了不可代替的贡献，但他的研究只是以片断性的论述出现，没有覆盖所有的变形形式，而且缺乏一种系统性的概述。第二，国内的神话变形研究显得零零星星，发表文章寥寥无几，而且一般只是从单维角度，盲人摸象式地探讨，结果只是抓到神话变形的一个片面，难以概全。

变形与神话的概念一样，是一个宏大的命题，无法用一条简单法则去穷尽所有的变形现象。神话变形受到诸多因素的影响，而不只是像有些学者所说的"语言游戏"或"拒绝死亡"等单个因素。笔者吸取了中外学者的研究成果，力求对神话变形作全方位的切入，用五大形式概述所有的神话变

---

[1] 万建中：《"神话的变形情节"破译》，载《南昌大学学报》（社会科学版）1996 年第 2 期。
[2] 滕琪：《变形神话之法则的若干视角》，载《复旦学报》（社会科学版）2008 年第 1 期。
[3] 史军超：《变形的整化趣味》，载《民族文学研究》1995 年第 3 期。
[4] 付志红：《中国古代早期人鸟相禅变形神话的意蕴》，载《延边教育学院学报》2005 年第 1 期。
[5] 毛郭平：《浅析神话的情感变形》，载《咸阳师范学院学报》2007 年第 1 期。

形，并揭示了这五大变形的机理。

神话变形（Metamorphosis）是神话故事中有关人、动物或他物的形态变化，以及人与动物、他物的形态互转的叙述。把握这个定义，要注意两个层面。其一，神话变形是发生在符号世界中，而不是物理世界之中。符号世界是人脑（人心）与自然世界对话的产物，是一个带有客象元素的主体意象世界。神话的变形之"形"，不是一个物理意义上的"形"，而是初民不自觉用心智加工、剪辑的意象之"形"。神话变形涉及初民的情感、想象、潜意识、自我意识等因素，其中"情""想""意"都带有"心"，所以都是有关心象之"形"。其二，神话变形是人们口传"叙述"之变形，初民不可能在现实中，亲眼见到人与动植物的互变。黑格尔在《美学》中以逻格斯、理式批判神话变形。其实，黑氏在这里混淆了物理世界与符号世界的区别，可谓在"此岸"进行了一场对"彼岸"的漫骂。

神话变形看似"像一片眩目的雾气那样飘浮在实际世界之上的幻想产品"[①]，但却有自身的"逻辑理路"，有自己的运作法则。这些规律、原理在初民心中，就如今人的物理定律，丝毫不受怀疑。笔者将纷繁复杂的神话变形归纳为五个式样：图腾式变形、情感式变形、想象式变形、梦幻式变形以及进化式变形。

一、图腾式变形："生命一体性"淹没了形体的区分性

在人类文明的黎明期，普遍存在着一个图腾崇拜时代。当时人类征服自然的能力还非常低，还没有将自己视为一个高于动物的"类"。相反，还匍匐在一些本领高强的动物的威胁之下，于是产生了对动物的崇拜。这就是人类历史上最早的原始文化形态：图腾崇拜时代。

"图腾"一词来源于印第安语"totem"，意思为"它的亲属""它的标记"。在初民信仰中，认为本氏族源于某种特定的物种，在大多数情况下，初民确信他们与某种动物具有亲缘关系，某种动、植物是这个民族最古老的祖先。图腾物可以由动物或植物或他物充当。普列汉诺夫说："图腾崇拜的特点就是相信人们的某一血缘联合体和动物的某一种类之间存在着血缘关系"[②]。在"血缘关系"观念支撑下，初民认为，人死后亦归之于图腾，投入图腾的怀抱。苏联学者柯斯文指出："图腾主义也导致其他一些概念，如

[①] 卡西尔：《语言与神话》，于晓等译，生活·读书·新知三联书店1988年版，第154页。
[②] 普列汉诺夫：《普列汉诺夫哲学著作选集》（第三卷），生活·读书·新知三联书店1974年版，第38页。

认为生育是由于图腾入居妇女体内,死亡是人返回自己的氏族图腾"①。这样,人、图腾物就被"血缘关系"的纽带联结在一起,人化为图腾物就成了一种必然的逻辑。例如,澳洲的阿伦他人以植物为图腾的肇祖,认为死后就变成这样的植物。②

图腾式变形便是对图腾信仰的图化。例如中国的古籍中,有鲧化黄龙的记载。初民认为,鲧治水失败而死,只是回归他的图腾,以他原本的生命样式继续生存。《楚辞·远游》写道:"仍羽人于丹丘兮,留不死之旧乡。"这里所述的羽人,指的是人体生出羽毛翅膀,变成鸟形。又如《庄子·逍遥游》中鲲化鹏的记载。

在"人—图腾—人—图腾"这样的大轮回中,前一个生命是后一个生命的因子,后一个生命是前一个生命的另一种相态。人和鸟(或其他动物)被视为整个环形生命链条上的不同生命的显现形态。在图腾信仰的语境下,死亡被视为人与兽之间的变形或人与兽之间变形的中间状态(人兽组合图)。图腾式变形同时诠释了原始思维表达的一个特点:以形象的空间图像(人与鸟之间的变图或人与鸟之间组图)去演绎抽象的时间历程(从生到死的历程)。

图腾式变形的原理被卡西尔概括为"生命一体性"之说。应该说,在图腾崇拜时代,初民已有了一定程度的智性,有了一定的物理区分能力,他们已开拓了混沌的世界,建立了自己的秩序,出现了某种条理性。但这些条理性的力量还非常弱小,还受到一种强大感性力量的统率。卡西尔这样描述:

> 他们的生命观是综合的,不是分析的。生命没有被划分为类和亚类;……在不同的生命领域之间绝没有特别的差异。③

> 原始人绝不缺乏把握事物的经验区别的能力,但是在他们关于自然与生命的概念中,所有这些区别都被一种更强烈的情感湮没了。他们深深地相信,有一种基本的不可磨灭的生命一体性(solidarity of life)沟通了多种多样形形色色的个别生命形式。……对生命的不可毁灭的统一性的感情是如此强烈如此不可动摇,以至到了否定和蔑视死亡这个事实的地步。④

---

① 柯斯文:《原始文化》,张锡彤译,生活·读书·新知三联书店1962年版,第171页。
② 李宗侗:《中国古代社会史》,中国文化大学出版社1987年版,第5页。
③ 卡西尔:《人论》,甘阳译,西苑出版社2003年版,第133页。
④ 卡西尔:《人论》,甘阳译,西苑出版社2003年版,第135、137页。

卡西尔这两段精彩的论说，即是"生命一体性"① 的主要内容。"生命一体性"使初民重视"生命体"中的"生命"部分远胜于"体"的部分，也就是说，"内在"部分远远重要于"外在"、形体部分。在今人眼中，除了动植物有生命外，一切自然物都是"死"的，无生命的，形体是不可变的。可是在初民眼中，一切自然物都是"活"的，可变的，"活物"中的"物"即物理形体是次要的，"活物"中的"活"即"神"（"生命统一性"）部分才是重要的、本质的。初民不可能不会区分自己与豹子或红鹦鹉的物理形体的区别，但他们却说豹是他们的兄弟，或宣称他们自己就"是"红鹦鹉。这是因为在生命统一性的这个强大磁场作用下，豹子与红鹦鹉的物理属性被一个更强烈的东西消融了，这个东西就是他们与图腾祖先的遗传学纽带的"生命一体性"。初民在说"他们是豹子或鹦鹉"时，这个"是"并不是今人所理解的一个理性意义上的判断词，而是一个在"生命一体性"世界观背景下，有点类似"归属"含义的初民"判断词"。

二、情感式变形：主观情愫对客象的不自觉粉饰

所谓情感式变形，是指初民坠落到情感的深渊里而被俘虏，初民的愤怒、绝望、嫉妒等情感在泛滥后淹没了客象的原有秩序，而进行了非秩序化的重组。

卡西尔对情感式变形有着入木三分的论述。他认为"神话的基本基质不是思维的基质而是情感的基质""神话是情感的产物"②。情感式变形的原理就是他所说的"面相学"之说：

（他们）更多地依赖于情感的统一性而不是依赖于逻辑的法则。这种情感的统一性是原始思维最强烈、最深刻的推动力之一。③

它看见或感到的一切，都被某种特殊的气质所围绕——欢乐和悲伤的气氛，苦恼的气氛，兴奋的气氛，欢欣鼓舞或意气消沉的气氛，等等。……如果我们处在极端激动的情绪中时，我们就仍然具有对所有事物的这种戏剧性观念：它们不再现出平常的面貌，而是突然地改变了它们的相貌，带上了特殊的情感色彩——爱或恨，恐惧或希望。④

---

① Solidarity of life 有时被译为"生命一体化""生命统一体"。笔者认为把它译为"生命一体性"较为合适，因为英语单词的词尾 –ty，有"性质"之意，如 modernity 译为"现代性"，而不是"现代化"。
② 卡西尔：《人论》，甘阳译，上海译文出版社1997年版，第104～105页。
③ 卡西尔：《人论》，甘阳译，西苑出版社2003年版，第133页。
④ 卡西尔：《人论》，甘阳译，西苑出版社2003年版，第130～131页。

人的面部表情常常出乎意外地瞬息万变，由一种状态转向相反的状态：由欢乐转为悲恸，由兴高采烈转为郁郁寡欢，由温柔慈爱转为雷霆暴怒。神话思维将这种经验扩展到整个宇宙。没有任何东西具有确定不变和永恒常在的形状；一切事物都具有突变的趋势。①

这就是卡西尔的"面相学"内容。它阐述了这样的道理：人通过主体而认识客体，客体总是带有主体的色彩，也就是说，一切客体都是主体在一定时候的个体化"七情"眼睛中的客体，越往前推移，初民的感性作用就越大，客体的主观化就越大。在文明初始，初民对事物的认识，不是主体绕着客体转，而是客体绕着主体转，即"物随人转"。而人（主体）是一个充满喜、怒、哀、乐的人，这样，在初民眼中，世界（客体）便成为一个动荡不定、喧闹不已的世界，犹如人一副变幻莫测的面相。

为什么会出现初民"面相"式的认知？这是因为人类遵循这样的认知规律：人总是利用仅有的一点知识，去套解那些复杂的、不能了解的东西。当人类刚刚走出自然的脐带时，"仅有的一点知识"的重要内容就是自己天赋的情感。初民了解自我的喜怒哀乐，这是最古老的第一套本领。面对这个神奇的世界，初民只能用这套遗传的自我"知识"，去套解自然现象，这就产生宇宙的人情化现象，出现了"以己度他""推己及物"的认知。这与儿童在刚刚出生不久时，认为自己的身体就是整个世界的感觉方式相同。维柯的这段话阐述了这个道理："值得注意的是，在一切语种里大部分涉及无生命的事物的表达方式都是用人体及其部分以及用人的感觉和情欲的隐喻来形成的。例如用'首'（头）表达顶或开始，用'额'或'肩'来表达一座山的部位。针和土豆都可以有'眼'，杯或壶都可以有'嘴'，把、锯或梳都可以有'齿'……天或海'微笑'，风'吹'，波浪'鸣咽'，物体在重压下'呻吟'。"②

现代诗人笔下的"移情"手法（把自己的情感移到外物身上去，仿佛觉得外物也有同样的情感），如"云飞泉跃，山鸣谷应"等均是情感式变形的现代版本。

三、想象式变形：表达的欲望与符号的局限之间张力的超越

神话变形不仅源于情感，而且源于想象。华兹华斯在《远足》中就说，神话起源于人心中的情感和想象。想象式变形基于一定的关联域，是人类幼

---

① 卡西尔：《语言与神话》，于晓等译，生活·读书·新知三联书店1988年版，第154页。
② 维柯：《新科学》，朱光潜译，商务印书馆1987年版，第200页。

年时期天马行空式地对意象进行非理性的建构，与此同时，又将狂想的非理性意象混同于客观之象，于是变形产生了。情感式变形与想象式变形有一定的差别。如果说，情感式变形具有不自觉的特征，那么，想象式变形则具有一定的自觉性。施莱格尔曾说："古代神话里到处是青春想象初放的花朵，古代神话与感性世界中最直接、最生动的事物联系在一起，依照它们来塑造形象。"① 这话的"青春想象""塑造形象"都意味着想象式变形是具有一定自觉性的新颖意象的建构工程。

想象式变形主要有下列三种形式：

其一，非理性想象。这主要源于意象局限与表达欲望冲动之间的张力。马克思在《德意志意识形态》一书中写道："原始思维局限于最近的、感受所及的环境，即人们能够思索的便仅是他们直接感受到的东西或现象。"② 但随着人类生活不断丰富，意义世界不断增殖，周围环境的有限符号已难以满足表达的欲望。虽然初民还不能用抽象说话，但他们凭着表达欲望与天真幻想的冲动，去突破自然的形体与时空的限制，创造非理性、非常态的符号去表达新的意义。于是，变形产生了。维柯早就注意到这个道理，他说，"诗的奇形怪物和变形起于这种原始人性中的一种必要，即没有把形式或特性从主体中抽象出来的能力"③。

例如，龙：一个多兽的组合图，表达了一种宏大无比的法力。青铜饕餮：整合了牛、羊、龙、鹿、虎、豹、山魈、鳄鱼等形象，表达了恐怖狰狞的威吓力和崇高美贵的诱惑力。这是单一的兽象所不能获得的含义。

其二，过度性想象。过度性想象即是夸张。在初民的抽象能力还只是潜在的背景下，在他们表达事物、事情的"程度"时，不得不采取两个方法。一是重复，这便是诗歌总是包含重复程式的源头。二是放大或缩小，这便是夸张。神话故事里，总有一个特点，夸大或缩小某个事物。例如，希腊神话中，几乎所有神明的躯体都远比人类高大魁梧。巨人族的神象就是夸张想象的"产品"之一。塔西佗有一句名言："惊惧的人们一旦凭夸张地想象出什么，他们马上就信以为真。"④ 19世纪英国诗人约翰·阿丁顿·西蒙兹（John Addington Symonds）则把神话看作"永远扯不完的松紧带"。

其三，类似式想象。类似式想象就如修辞学上的比附。它等于夸张式想象+以己度物的认知方式，这两条直线相交便生成了"荒诞的自然人化现

---

① 刘小枫：《人类困境中的审美精神》，东方出版社1996年版，第93页。
② 马克思、恩格斯：《德意志意识形态》，人民出版社1961年版。
③ 维柯：《新科学》，朱光潜译，商务出版社1987年版，第203～204页。
④ 维柯：《新科学》，朱光潜译，商务出版社1987年版，第183页。

象",也就是"尸体化生型"神话。例如,澳大利亚神话中的图腾祖先在走完其行程后,精疲力竭,遂自行变化为山崖、树木和动物;中国的夸父追日死后手杖化为一片桃林;盘古开天辟地后,其遗体肉成土地,骨成金玉,体毛成植物乃至寄生其体者演化为人。彝族说虎以骨撑天,左右膀变日月,眼变星星,肠胃变江河,皮毛变草木;哈尼族说牛死后左眼变太阳,右眼变月亮,牙变星星,肉变土地,舌变彩虹。

此外,"语言疾病"也可以归属为想象式变形的一种,其原理与非理性想象一样。不过,它不是一种自觉性的想象,而是一种语病造成的怪异符号,即由于语言的误传或误解而生成了崭新意象。神话学家乌西诺认为神话变形缘于语词之病,缘于一种语言游戏。比如,希腊神话中丢卡利翁和他的妻子皮拉,通过把石头扔到身后而使在洪水过后地球重新有了人类。乌西诺解释道:这是因为在希腊语中"石头"一词明显与"人"一词形音相似——从语源学角度看,词源的相近,包括语音的相近往往与事物的同源性相关。著名神话学家米勒也把神话的出现归因于"语言疾病"的结果。

想象式变形的三种形式可总括为:在前抽象能力时代,初民表达的欲望冲破有限意象的局限(或者说是语病造成的错误性组合),这一冲破的结果就产生了变形。诗学中夸张、比附等修辞手法就是想象式变形的现代变体。维柯曾说,"诗所特有的材料是可信的不可能"①。此话实际上已道破了想象式变形的道理。神话的变形就如一首诗,是可信的不可能,"可信"是说变形表达了新颖的意义,"不可能"是指变形中意象构图是非理性、非客观的。

四、梦幻式变形:潜意识与显意识交战而胜利的欢欣

如果说想象式变形是清醒时的意象建构,那么梦幻式变形则是睡眠中的梦像之作。梦幻式变形主要是一些潜意识、原型为主要内容的意象之间的流变。"在远古时代,人们生活在丛林中,朝夕与动植物相伴,他们会羡慕雄鹰展翅飞翔的能力,会希望自己拥有猛虎的凶猛,当然,有时自己也会感到自己像小兔子一样软弱可欺。所有这些,都会成为原始人梦境的主要内容。由于梦思维的非逻辑性,梦境中常常会通过幻化来表现这些愿望和感觉,在梦中,他就变成了雄鹰、变成了猛虎、变成了小兔子。"②

梦是人类潜意识的表白,在梦境中,"原我"摆脱了理性的约束,在一

---

① 维柯:《新科学》,朱光潜译,商务出版社1987年版,第187页。
② 吴晓东:《苗族图腾与神话》,社会科学文献出版社2002年版,第7页。

个特殊的时空中自由飞翔,原型们如天马般地狂奔。可见,初民的梦是神话变形的一个重要原因。弗洛伊德的心理分析(Psychoanalysis)认为,初民的精神活动在很大的程度上受到潜意识的驱使和操纵,特别是人在睡眠中,潜意识常常狂欢地以梦象的形式表现出来。他甚至把一切的神话视为初民的一场梦,他说:"神话是民族的梦"。笔者认为,梦幻式变形实质上是初民潜意识对显意识交战而胜利的结果。

在初民眼中,梦就是另一个活生生的现实,是一种"客观存在"①(thinghood)。人类有1/3的时间是在睡眠状态中度过的。学者吴晓东将思维分为醒思维与梦思维,人在睡眠中仍然进行着的思维,即梦思维。梦思维是初民不可忽视的另一个世界,梦思维创造的文化符号也是原始文化的组成部分,有些民族甚至还有梦崇拜的习俗。卡西尔说,初民的"某种梦幻体验又被赋予相同的力量和意义,也就是说,与觉醒时体验一样的'真实'。许多原始民族的整个生命和活动,甚至一直到微小的细节,都是由他们的梦幻所决定和支配的。……并没有把两者和存在与非存在相联系,而是作为两个相似的、同一存在物的同质的部分"②。梦的另一个特点是:梦境的内容都是流动的图像,逻辑是进不了梦乡的。弗洛伊德认为"在梦境中的许多部分之间没有逻辑关系,它没有'不过''因此''因为''假如',只有以图画形象间的关系表达出那些逻辑关系"③。这样,梦的"客观存在"性与梦的图像显现方式,必然创造了无数"天马行空""上天入地"的变形,这些变形移进神话,就成了神话变形的重要内容。

五、进化式变形:从"微我"到"准我"的演进结果

神话变形除了上述四种动态变形外,还有静态变形。日耳曼人的奥丁(Odin)可以把自己变换成任意的形态,如鸟、鱼、蚯蚓等,这是动态变形。另一种是静态变形,也就是进化式的变形,需要在较长时间里才能外显。例如,神话中神象的构图方式是从兽形到人形的不自觉演进(这里的进化式变形主要指神象的变化)。这些在漫长时间中所凸显出的阶段性变化,构成了进化式的变形。动态变形与静态变形的本质、原理相同,区别在于一个是快镜头,一个是慢镜头。神象从兽形到人形的演变,是初民心智、思维在历史长河演进过程中的阶段性的形象写照。神象三态的变化(即从

---

① 卡西尔:《神话思维》,黄龙保等译,中国社会科学出版社1992年版,第175页。
② 卡西尔:《神话思维》,黄龙保等译,中国社会科学出版社1992年版,第42页。
③ 弗洛姆:《梦的精神分析》,叶须寿译,光明日报出版社1988年版,第50~51页。

兽形、兽人形到人形的演进），是初民的自我意识三"我"（"微我""混我"到"准我"）的自画像。

符号世界是人脑与自然世界对话的产物。神话的上述五种变形，实质上是初民大脑对符号世界不自觉耕耘的产物，是初民在文明黎明期小世界（人脑）"扭转"大世界（自然）的结果，同时也是初民心智状况与心智演进的生动画像。

第三章
"德行"与"命运":中国/希腊神话的"秩序形态"

第一节 神话世界的"秩序导力"

世界与秩序 当我们谈及"神话世界"时,实际上"世界"本身就已包含着"秩序"之义。只要有"二人(者)"以上的群体,它便构成一个社会、一个世界,其中就必然出现某种规则、某种秩序。中国汉字的"仁"(道德)即由"二人"所构成。只有秩序的存在,才能维护群体的平衡状态。正如学者丁大同所说:"从事物存在表现为某种均衡状态这一点而言,秩序可以说是自然界和人的公共领域中有规则存在的特定状态。"①

西文中的"世界"(宇宙)一词同样包含着秩序之义。英文 cosmos 来自希腊语,为"秩序、和谐"之意,与 chaos 相反。希腊语的"秩序"为 κοσμος,古希腊人认为宇宙的创生乃是从混沌中产生出秩序来,κοσμος 其原意就是秩序。维柯说:"'世界'(mondo)在这里有希腊文 kosmos 和拉丁文 mundus(宇宙)的意义,指的是从丑恶的混沌(chaos)中创造出来的美好的秩序。所说的'混沌'就是男女进行野兽般的杂交所造成的人种的混杂。"② 从这里可看出,"世界"有一种反抗混沌、原欲、野蛮的含义。维柯在其《新科学》中就将希腊人以外的非开化民族称为"野蛮族"。笔者认为,"世界"即意味着混沌的隐退与秩序的开启。而混沌在某种意义上是指时间和空间的混一,秩序则意味着时间与空间的分离(或分离后在新的层次上再度合一)。

汉语的"世界"与"宇宙"两词均蕴含了时间与空间的二分含义。汉语的"世界"是一个联合词组。《楞严经》卷四对"世界"这样解释:"世为迁流,界为方位。汝今当知,东、西、南、北,东南、西南、东北、西北、上、下为界;过去、现在、未来,为世。"世界其实就是时与空即是时

---

① 丁大同:《论道德秩序》,载《理论与现代化》2003年第6期。
② 维柯:《新科学》,朱光潜译,商务印书馆1997年版,第18页。

间和空间的统称。"世界"的另一表述是"宇宙"。《尸子》卷下言:"上下四方曰宇,往古来今曰宙。"《说文》:"宇,屋边也。"《淮南子注》:"四方上下曰宇,古往今来曰宙。""宇宙"一词,最早出自《庄子》,"宇"代指一切的空间,包括东、南、西、北等一切地点,是无边无际的;"宙"代指一切的时间,包括过去、现在、白天、黑夜等,是无始无终的。也就是说,"世"是时间,"界"是空间;"宙"是时间,"宇"是空间。"世界"与"宇宙"两词已蕴含了人类时间与空间的分离意识。时空的分离,意味着秩序从混沌中诞生,于是,世界运作起来了。

一部神话就是一个神话世界,这个世界中必然存在秩序,在秩序中,必然存有秩序的各种维持力量,笔者将其中最重要的监督、向导力量称为"秩序导力"(或"秩序督力")。秩序导力或隐或现地存在于一切民族的神话世界之中。

"力"与"理":秩序导力的两阶 在人类初期,生产力水平极低,人为了生存,必须结成一体,才能形成足够的力量去抗击野兽、捕猎野兽,也就是恩格斯所说的"以群的联合力量和集体行动来弥补个体自卫能力的不足"①。这个群居动物是怎样"群"呢?这就涉及秩序导力的问题。笔者认为,可将人类的秩序导力粗略地分为早期与晚期两个进阶,即以"力"为导力的阶段与以"理"为导力的阶段。

其一,"力"为导力阶段。"导力"中核心字"力"实际上已告诉人们,人类在早期的群体秩序导力是"力量""强力""暴力"。② 以"力"为秩序导力的形态,就如弗洛伊德所言的兄弟联盟推翻父亲的故事那样,首先是父亲的暴力统治,接着是兄弟联盟以暴力推翻父亲,实行新的暴力统治。以强力为秩序的维持方式与动物王国中的天然维持方式没有本质区别。在群居动物中,通常由力气最大的雄性为首领去管辖、维持整个群体的秩序。在这"力"的统治阶段,成员在"优胜劣败"中生存,汉字的"劣"字即由"少"和"力"构成,意为力量弱小者即为劣败者。此时"理"的元素如"善""恶""好""坏"的因子还未萌发,还潜隐于"力"中。

其二,"理"为导力阶段。"理"从"力"中产生,是"力"的产子。从"力"到"理"是人类社会演化进步的必然结果。经过早期"力"(自然力/神力、首领之力等)的震慑与恐吓,原始人在不知不觉中受到驯化,并对强大力量产生折服之感,使行为有序、有伦有理,进而虔敬。维柯揭示

---

① 马克思、恩格斯:《马克思恩格斯选集》(第4卷),人民出版社1995年版,第30~31页。
② 和"人是符号/说话/理性的动物"的定义一样,核心词是"动物",说明人的初始形态来自动物。核心词是"力",说明早期的导力是"强力、力量"。

了恐吓与虔敬的关联,他说:"'宗教'(religion)这个词的英雄时代的起源是由那些把它溯到 religando('有联系'或'捆在一起')的语言学家们在拉丁人中间保持住的,联系到把提图斯和普罗米修斯绑在山岩上的那些锁链,他们被绑在那里让老鹰吞噬他们的心脏和肠胃,那只老鹰就代表占卜天帝意旨的那种可怕的宗教。因此,一切民族当中都有一个永恒的特点:借畏神为手段来在儿童心中培育虔敬。"① 维柯还说:"虔敬起于宗教,宗教就恰恰是敬畏神祇。"② 可见,正是山岩上那条可怕的锁链与那只吓人的老鹰,才是原始人对宗教虔敬的根源。德国伦理学家鲍尔生说:"宗教和道德的命令构成一个统一的法典,虔敬和道德被看作同一个东西。"③ 实际上,道德与恫吓是一币的两面。《尚书》说得很清楚:"尔不从誓言,予则孥戮汝,罔有攸赦"。从汉字的"族"与"王"的构成,同样可看出道德权威与强制力量的二位一体关系。"甲骨文的族字包括两个部分。上为一面旗帜,下为一支箭,其本义为军事组织。丁山这个解释已被人们普遍接受。……'王'这个表示所有宗族最高首领的词,据说是从刑钺上的图案演变而来。"④

弗洛伊德这样揭示了秩序形成的机制,他说:"秩序是一种强迫性的重复。"⑤ 人类正是在秩序导力的"强迫性重复"中形成秩序的行动与秩序的意识。原始人在强大力量的反复征服下,逐渐形成了守规则、遵礼仪的行为习惯,并逐渐转化为一种自觉行径/观念,这种秩序化与规则化的行径/观念,构成了"理"的阶段的内容,后来演化为"伦理""德行""道德""命运"等。秩序导力从"力"阶段演化为"理"阶段,本质上是原始人受"力"的反复征服而形成的行为规范意识的结果。"理"化首先是表现在行动上,即德行,接着内化为心理上,即德性、德心。从"力"到"理"的转化,使社会秩序的维持成本大大减少了,文明前进的步伐加速了。

中希神话秩序导力及其所处的不同进阶亨利·A.默里说,一个神话是"一种人类处于宇宙中的原始的感知"⑥。这个"原始的感知"中当然包括对秩序导力的初步感知。我们可以发现,在诸多中国神话故事如女娲补天、共工与颛顼争帝之中,均可让人感知到隐隐约约存在一个治理混乱、确保社会正常运行的导向力量。同样,在希腊神话中,宙斯战胜百首蛇魔提丰(Typhon)而取得宇宙的统治权,也存在一个秩序维持的主导力量。

---

① 维柯:《新科学》,朱光潜译,商务印书馆 1997 年版,第 258~259 页。
② 维柯:《新科学》,朱光潜译,商务印书馆 1997 年版,第 258~259 页。
③ 鲍尔生:《伦理学体系》,中国社会科学出版社 1988 年版,第 5 页。
④ 张光直:《美术、神话与祭祀》,辽宁教育出版社 2002 年版,第 21 页。
⑤ 弗洛伊德:《文明及其缺憾》,安徽文艺出版社 1987 年版,第 35~36 页。
⑥ 亨利·A.默里:《神话和神话创造》,George Braziller Inc. 1960 年版,第 355~356 页。

笔者认为，中国与希腊神话在秩序导力的呈现中不同，希腊神话秩序导力为"命运"，处于从"力"到"理"过渡的中间地带，前脚在"理"，后脚留在"力"；中国神话的秩序导力为"德行"，已处于"理"的阶段。

秩序导力的表现形式：故事或共相　"秩序导力"是一种抽象的东西，在神话中只能使用形象的故事或英雄共相来表达，使之成为"可知可视"的形式。在神话时期，原始人的抽象思维还潜藏于具象思维之中，凡涉及抽象的东西，均需要用具象来表达。卡西尔在《神话思维》这样说，"在神话思维的初期，灵魂可能呈现为一种'客观存在'（thinghood），如同我们熟悉的和可感触的任何物质实体一样"①。"据记载，胡帕印第安人把痛苦看作一种实体。即使是纯粹'精神的'、纯粹'道德的'属性，仍在这个意义上被视为可转移的实体。"②　即使是到了轴心期，"在古希腊戏剧中，所有扮演诸如'和平''富饶''节日''调解'和'和约'等抽象名词的角色都是哑角。所以不难想象，在神话时代，像善恶这类的抽象观念是很难直接出现的，它们只能从神话中隐隐约约地显示出来"③。作为抽象形式的"秩序导力"，当然只能以具象的形态呈现，通常用故事或共相两个基本方法。如中国的"德行"用形象神话故事（一个行动群）或帝王的共相来表达；希腊的"命运"，也同样以故事形式或神祇形象（命运三女神、亚克男等）来表述。

第二节　"德行"：中国神话的秩序导力

严格来说，神话与英雄（帝王）故事已属不同时代，英雄故事应属传说范畴。④ 但神话与传说事实上往往难以二分，两者是一种你中有我、我中有你的互文关系。例如，希腊神话便与英雄故事混存为一体。本节所谓的"中国神话的秩序导力"在外延上包括了中国英雄时代（崇祖时代）的故事传说。如果从考察一个民族神话的秩序导力角度看，从神话到英雄传说的延伸是允许的，因为作为一个民族在漫长岁月中形成的一种固有特性，"秩序

---

①　卡西尔：《神话思维》，黄龙保等译，中国社会科学出版社 1992 年版，第 175 页。
②　卡西尔：《神话思维》，黄龙保等译，中国社会科学出版社 1992 年版，第 63～64 页。
③　朱狄：《信仰时代的文明》，中国青年出版社 1999 年版，第 91～92 页。
④　目前在学界有些学者为了把帝王传说也归进神话的范畴，使用了诸如"英雄神话"的说法，笔者认为，这一说法缺乏合理性，英雄传说已属后神话，英雄是人，不是神，英雄与神话是一组并列的概念。故本书使用"神话与传说"这一并列说法。

导力"可以穿越历史的时空,它在神的时代与英雄时代是一脉相承的。

"德行"释义 笔者认为,中国神话的秩序导力可概括为"德行"。汉字"德"字本身包括了"德行"与"德性"两部分,反映了秩序导力在"理"化过程中从行动(德行)到心性(德心)的内化演进。徐中舒在《甲骨文字典》中认为甲骨文中的"徝"字应为"德"字的初文,说明"德"的原初含义较多与行为有关,后来才加上"心",从"心"以后,说明"德"已包含"德性"的抽象内容。学者陈来在阐释"德行"的含义时说:"德字古亦写作上直下心,《说文》释为'外得于人,内得于己',外得于人即'行为'得到别人的肯定和赞许,内得于己是指个人内心具备了善的'品性'。因此,中国古代的'德'字,不仅仅是一个内在意义上的美德的概念、也是一个外在意义的美行的观念,而'德行'的观念正好将德的这两种意义合并表达出来。……就古代而言,'德行'比'德性'这样纯粹内在的美德概念更适合翻译或表达'德'的概念。早期'德'的概念包含了德性与德行两义,故早期儒家文献《五行》也仍然把'仁义礼智圣'称为五'行'。可见'德'与'行'本来是相通的。不涉及内在的纯粹外在行为叫作'行'。"① 笔者不用"德"而用"德行"来概括中国神话的秩序导力,主要是考虑到"行"是一种可视、有形的行径,更能外在化地表达"德",吻合神话时代原始人的形象思维习惯。

一、"德行"的两个呈现:行动群与帝王共相

行动群 神话世界是一个行动的世界,即使是从神话演化而来的悲剧也仍然被概括为一个行动。亚里士多德在《诗学》中说,悲剧是对一个严肃、完整、有一定长度的行动的摹仿。神话、悲剧的诸多事故情节,实质上也是一个连续的行动群。"所谓情节,即是一个有意义的连续'行动群'。"② 可见行动是原始人表达思想、观念最重要的方式之一。维柯有一生动的分析,他说:"一个人按特性来说,只是心、身和语言,而语言仿佛处在心和身的正中间。因此,就什么才是公道这个问题来说,在哑口无言的时代,确凿可凭的事物是从身躯开始。"③ 从身躯开始,也就是从行动开始。卡西尔认为应该从行动方式去把握原始人的"德义"观念。他说:"神话并不是教义的

---

① 陈来:《古代思想文化的世界:春秋时代的宗教、伦理与社会思想》,生活·读书·新知三联书店2002年版,第285~286页。
② 林玮生:《论希腊悲剧的"行动性"》,载《南京社会科学》2013年第3期。
③ 维柯:《新科学》,朱光潜译,商务印书馆1997年版,第568页。

体系，它更多地存在于各种行动之中而不是存在于纯粹的想象或表现之中。……即使我们能成功把神话分析到最后的概念要素，我们也绝不可能靠这种分析过程而把握它的活生生的原则。这种原则乃是动态的而不是静态的，它只有根据行动才可描述。"① 古希腊的"美德"（arete）一词也主要是对一种行动的描述，"arete 原本意义不过指作战勇猛，武术娴熟，精神无畏"②，是一个外在化词语。中国神话与传说中对"德行"这个秩序导力的表达，同样采用了一个有一定长度的行动群去呈现。这样的"行动群"数不胜数，例如：

禹帝为了治理洪水，"劳身焦思，居外十三年，过家门不敢入。薄衣食，致孝于鬼神。卑宫室，致费于沟淢。"（《史记·夏本纪》）。

舜年轻时处境极差，"父顽、母嚚，象傲"。因母亲是继母，常唆使其瞎子老爹痛打他，他一味忍受，"大杖避，小杖受"；一家人几次害他：要他修谷仓，等他爬上屋，便在底下燃起烈火；要他浚洗水井，等他攀下井，便投井下石；请他喝酒，则在酒中投毒。然而，舜始终对父母恭敬如仪。尽管弟弟象企图谋害他，他始终关心弟弟，"象喜亦喜，象忧亦忧"。

黄帝有二十五子，却将帝位传给他的孙子颛顼。因为颛顼"静渊以有谋，疏通而知事"。之后，颛顼不传位于其子，却传位于其侄帝喾，因为帝喾"顺天之义，知民之急。仁而威，惠而信，修身而天下服"。帝喾死后，长子挚继位，他虽无大仁大智，却具有礼贤下士的谦谦美德，执政九年而传位于尧。尧帝"王天下"，却保持着艰苦朴素的作风，他过的生活还不如看守城门的小吏。"尧存心于天下，有一民饥则曰此我饥之也，有一人寒则曰此我寒之也，一民有罪则曰此我陷之也。"他儿子丹朱"惟慢游是好，傲虐是作"。尧于是黜丹朱，贬其于蛮荒之地，而把王位禅让给有德者舜。舜晚年亦不传位其子，而传位于治水有功的禹。

蚩尤与黄帝之战。"黄帝摄政前，有蚩尤兄弟八十一人，并兽身人语，铜头铁额，食沙石子。造立兵杖刀戟大弩，威振天下，诛杀无道，不仁不慈。万民欲令黄帝行天子事，黄帝仁义，不能禁止蚩尤，遂不敌。乃仰天而叹，天遣玄女下授黄帝兵信神符，制伏蚩尤，以制八方。"（《太平御览》卷七九引《龙鱼河图》）

商汤有德，其猎网四面敞开，鸟兽竟自入其中。汤还有功德之行：天旱，汤以身投火，祀而求雨。雨怜恤之，降而灭火，汤免于焚。姬姓始祖后

---

① 卡西尔：《人论》，甘阳译，西苑出版社 2003 年版，第 132～134 页。
② 陈来：《古代思想文化的世界：春秋时代的宗教、伦理与社会思想》，生活·读书·新知三联书店 2002 年版，第 286 页。

稷教人民种麦菽等作物，是仁义的英雄。（据《史记》记载）

以上五个例子，均由一个有一定长度的"行动群"构成，用这些"行动群"形象地诠释秩序导力"德行"含义。帝王之所以能成为帝王，靠自身的德行，而不是像蚩尤一样用"诛杀无道"的暴力。黄帝仁义，虽敌不过蚩尤，但天理在"德"而不在"力"，故天佑黄帝而制蚩尤。这些"行动群"暗含了这样的信息："力"（暴力）已被"恶"化，已被遗弃，依靠"力"者注定要失败。这说明秩序导力已从离开"力"的阶段，而进入了"理"的阶段。

帝王共相 共相是原始人表达意义的常用方法，共相即艺术手法中的"典型形象"。现代人力图借助一种包罗万象的原则从一般引出个别，引出具象，而原始人则将个体共同聚合于某个典型形象、图像的统一性之中。维柯对原始人的共相表达法深有研究。他说原始人"既然不能凭逻辑抽象功能来达到这种一致性，于是就凭想象的描绘；他们把一切属于某一类的分种归结到这种诗性的共相里，例如把关于求神问卜的一切项目都归结到天帝约夫，把关于婚姻的一切项目都归结到天后朱诺等等"①。"根据来自上述玄学的这种逻辑，最初的诗人们给事物命名，就必须用最具体的感性意象，这种感性意象就是替换和转喻（metonymy）的来源。转喻用行动主体代替行动，原因在于行动主体的名称比起行动的名称较常用。还有用主体代替形状或偶然属性的转喻，原因在于还没有把抽象的形式和属性从主体上面抽出来的能力。"②

维柯对原始人借用共相表达方法还有两段精彩的解释。他说：

> 最初的人民仿佛就是人类的儿童，还没有能力去形成事物的可理解的类概念（class concepts），就自然有必要去创造诗性人物性格，也就是想象的类概念（imaginative class concepts），其办法就是制造出某些范例或理想的画像（ideal portraits），于是把同类中一切和这些范例相似的个别具体人物都归纳到这种范例上去。……埃及人把他们对人类有益或必要的创造发明（这些都是民政智慧的特殊具体的效果）都转化成"民政哲人"（civil sage）这样一个类别。因为他们还不能把"民政哲人"抽象化成一个可用理智去理解的类别，尤其不能得出他们在民政中成为哲人的那种具体形象，于是他们就把它想象成为最伟大的霍弥

---

① 维柯：《新科学》，朱光潜译，商务印书馆1997年版，第498页。
② 维柯：《新科学》，朱光潜译，商务印书馆1997年版，第201页。

斯。①

因为荷马的诗性人物性格具有贺拉斯所称赞的无比崇高而妥帖的特征。他们都是些想象性的共性（imaginative universals），如上文《诗性玄学》部分所下的定义。希腊各族人民把凡是属于同一类的各种不同的个别具体事物都归到这类想象性的共性上去。例如阿喀琉斯原是《伊利亚特》这部史诗的主角，希腊人把英雄所有的一切勇敢属性以及这些属性所产生的一切情感和习俗，例如暴躁，拘泥繁文细节，易恼怒，顽强到底不饶人，狂暴，凭武力僭夺一切权力（就像贺拉斯在《诗艺》里替他所总结的）这些特征都归到阿喀琉斯一人身上。②

原始人借用共相去表达抽象意义的现象，同样体现在语言学上。一个名词可以转化为形容词，从自身延伸出抽象的意义。维柯说："我们还搜集到下述其他真相：在希腊人中间，'名称'（name）和'性质'（character）意义相同，所以教会神父们把'神的性质'和'神的名称'两个词看成同义，可以互换。"③ 这里"神的名称"相当于共相，而"神的性质"是指共相流出的意义。

在中国神话中，原始人正是用帝王共相去表达抽象"德行"含义。中国的先帝、英雄均是美德的化身。正如张光直所说，"英雄神话几乎总是千篇一律地讲述宗族祖先的功德行为，他们正因此而在祭祀时受人赞颂"④。在中国传说中，黄帝、炎帝、伏羲、祝融、颛顼等帝王均为"德行"／"德"（万世师表）的共相。

伏羲作八卦，"以道神明之德，以类万物之情"。伏羲聪慧过人，他根据天地万物的变化，发明创造了八卦，创制八卦，即以八种简单却寓义深刻的符号来概括天地之间的万事万物。他开启文字而结束"结绳记事"的历史。他结绳为网，用来捕鸟打猎，教会了人们渔猎的方法，发明了瑟，创作了《驾辨》曲子，他的各种创造活动，标志着中华文明的起始。

黄帝"修德振兵，治五气、蓺五种，抚万民、度四方""顺天地之纪，幽明之占，死生之说，存亡之难。时播百谷草木，淳化鸟兽虫蛾，帝罗日月星辰水波土石金玉，劳勤心力耳目，节用水火材物。"（《史记·五帝本纪》）

---

① 维柯：《新科学》，朱光潜译，商务印书馆1997年版，第120～121页。
② 维柯：《新科学》，朱光潜译，商务印书馆1997年版，第452页。
③ 维柯：《新科学》，朱光潜译，商务印书馆1997年版，第216页。
④ 张光直：《美术、神话与祭祀》，辽宁教育出版社2002年版，第25页。

炎帝，其光昭四方、德扬四海。炎帝生于烈山石室，长于姜水，有圣德，以火德王，故号炎帝。炎帝少而聪颖，三天能说话，五天能走路，三年知稼穑之事。他一生为百姓办了许多好事：教百姓耕作，百姓得以丰食足衣；为了让百姓不受病疾之苦，他尝遍了各种药材，以致自己一日中七十次毒。他又作乐器，让百姓懂得礼仪，为后世所称道。

颛顼相传是黄帝的孙子，是九黎族的首领。黄帝死后，因颛顼有圣德，立为帝，时年二十岁。改革甲历，定下四季和二十四节气，后人推戴他为"历宗"等。"帝颛顼高阳者，黄帝子孙而昌意之子也。静渊以有谋，疏通而知事；养材以任地，载时以象天，依鬼神以制义，治气以教化，絜诚以祭祀。北至于幽陵，南至于交阯，西至于流沙，东至于蟠木。动静之物，大小之神，日月所照，莫不砥属。"（《史记·五帝本纪》）颛顼是一位泽被宇内、功德盖世的帝王。

从文字学角度看，汉字"德"包含了帝王与"德行"的同一性。甲骨文"德"（"𢛳"）字从目从行（后来才增加了"心"）。眼睛往往代表日月星辰等光明之神。古代帝王都与太阳有关。在不少神话中，太阳与眼睛同构、同类、互释。《易·说卦》："离为目，离为火，为日。""离"既可为"目"，又可为"日"，目与日是互拟的。眼睛与太阳同构是世界性的神话题材。何山青曾指出："在世界神话中，太阳也是日神、造物神或至上神的眼睛，与中国古代神话传说如出一辙。如埃及神话中，太阳神荷鲁斯的右眼为日，左眼为月；古印度天的主宰瓦如那，其眼睛就是太阳；古波斯光明之神密特拉的眼睛也是太阳。"[①] 缪勒在《比较神话学》中说，"太阳是人类的缔造者，是伟大的万有之父"[②]。世界上几乎所有的民族都有过日神崇拜的历史，但中国的情况与他族不同，"后羿射日"后日神崇拜就衰落了。[③] 于是，原始人对日神"万有之父"的精神依托被转嫁到另一个新"神"符号——天子身上。天子与日神有着千丝万缕的联系。"天子"中的"天"与"日神"中的"日"在古汉语中是同义词。张舜徽认为，古文字中的"帝"本义即为太阳。在中国，帝与天子如炎帝、祝融、黄帝、颛顼、伏羲等均被视为太阳或太阳神的化身。黄帝部落就信奉日神。炎帝、祝融仍遗留着浓厚的"日""火"神格。可见，帝王与"德行"的含义是互通的。

---

① 何山青：《日字构形与商代日神崇拜及人头祭》，载《四川大学学报》1993年第3期。
② 缪勒：《比较神话学》，上海文艺出版社1994年版，第2页。
③ 王小盾：《原始信仰与中国神话》，上海古籍出版社1989年版，第27页。

二、"德行"导力的成因

秩序导力"德行"的成因可从中国漫长、稳定、深刻的农耕文明背景得到阐释。

农耕文明的三个重要元素是：土、水以及生活在这土这水的人。

弗洛伊德在《文明及其缺憾》中指出，文明是指所有使我们的生活不同于我们的动物祖先的生活的成就和规则的总和，它们有两个目的，即保护人类抵御自然和调节人类关系。其中"抵御自然"和"调节人类关系"指人类两大关系——"人与自然"和"人与人"的关系。由于不同民族所处的自然环境以及耕作方式的不同，在两大关系中有的以"人与自然"关系为本位，有的以"人与人"关系为本位。希腊民族濒临险恶的大海，注意力被迫更多地聚集在人与自然的关系上，是一个典型的以"人与自然"关系为本位的民族。中国因与土地打交道，人与自然的关系相对和谐，注意力便更多地放在人与人的关系上。广袤而肥沃的黄土，使中国人长期恋居于一个固定的地理环境，固定的地理空间可使人与人的关系更加有形、有序，从而编织出一张人伦脉络——伦理。

在农耕中与土壤同等重要的因素是水。水是农作物生长的关键要素，因而，先民总是观其流泉、挨河而居。与巴比伦、埃及、印度相比，"中国同时有许多河流和许多水系，而且都是极大和极复杂的。那些水系，可照大小分为许多等级。如黄河、长江为第一级，汉水、淮水、济水、辽河等可为第二级，渭水、泾水、洛水、汾水、彰水等则为第三级，此下还有第四级和第五级等诸水系"①。面对这样一个庞大、复杂的河系，临水而居的中国人容易受到洪水的侵扰，于是抗洪（治水）与抗旱（灌溉）成为农耕文明的主题，"大禹治水"成了中国农耕文明家喻户晓的故事。

治水与灌溉迫使先民在大范围内组织人力，协调人力，年复一年的重复劳动造就了先民自觉的协作意识。在协作劳动中，个人成了蜈蚣之一足。在这个劳作模式中，反复的磨炼，塑造了人的规范、秩序意识，培养了集体合作精神，并产生了群体优于个体的观念。在与水的关系上，希腊走向了另一个方向，希腊地区缺乏农业灌溉工程，较少有大型协作性的劳作，个人劳作占据了重要地位。每一艘渔船均可以自由地奔跑在四面八方的海域上。

农耕的第三个因素是生活在这土这水的人。一方水土养一方人，黄土地

---

① 钱穆：《中国文化史导论》，商务印书馆1994年版，第5页。

与黄河水养育了炎黄子孙。中国人祖祖辈辈耕耘着同一块土地，生活在同一个土地空间，不像海民一样在海上奔波于四方，这种稳定的生活环境使自然的氏族血缘关系得到最大程度的巩固、延续，而沉积在中国的历史长河中。结果是使每一个炎黄子孙"像单个蜜蜂离不开蜂房一样"，长期集缩在氏族、家族里。正如李泽厚指出的那样："中国古代思想传统最值得注意的重要社会根基，我以为，是氏族宗法血亲传统的强固力量和长期延续。……没有为如航海（希腊）、游牧或其他因素所削弱或冲击……古老的氏族传统遗风余绪、观念长期地保存、积累下来，成为一种极为强固的文化结构和心理力量。"① 李泽厚所说的"强固的文化结构"即漫长农耕语境中结成的"人伦之网"。相对于希腊人来说，动荡海耕环境难以使人伦之网有安身落脚之处，而稳定的农耕环境则天然地架起人伦之网。人伦之网反映到神话中便是秩序导力（"德行"）的产生。

第三节 "命运"：希腊神话的秩序导力

通过借助与中国比较，希腊神话的秩序导力特有形态，可以得到更为清晰的呈现。中国神话的秩序导力是"德行"，希腊为"命运"。但希腊的秩序导力的"成熟度"远不及中国。如果说，中国神话的秩序导力已是一个破土之苗，则希腊方面只不过是一颗埋在土里之芽。由于希腊神话秩序导力的模糊性与隐蔽性，使不少学者如谢选骏、梁工等误把"力"作为希腊神话的最重要导力，而对等于中国的"德行"。② 实质上，"力"与"德"并不对等的，"力"属第一阶段，为父辈，而"德"则属第二阶段，为子辈。与中国"德行"对等的应是"命运"。

命运与力 "命运"与"力"关系密切，极为容易混淆，它们分属于不同范畴。"力"属于秩序导力第一阶段，是感性的、形下的、原始性的，属父辈。与动物群体的秩序维持之"力"没有什么区别。而"命运"则属秩序导力中的"理"阶段的范畴，属子辈。"命运"包含了"力"的因素，但它不是关于单个"力"的问题，而是关于两个"力"，即"力"与"力"冲突而形成的观念，即人受神（自然）的奴役而形成的一种屈服性认识。

---

① 李泽厚：《中国古代思想史论》，天津社会科学出版社2003年版，第284页。
② 谢选骏：《神话与民族精神：几个文化圈的比较》，山东文艺出版社1986年版，第213页；梁工：《西方文论关键词神话》，载《外国文学》2011年第1期。

一旦关系到两个"力"之间的冲突，也就涉及"两个"事物之间的关系，而"关系"已属"理性"的范畴，属于"理"的阶段。因而，"命运"是"力"的产子，与感性的"力"相比，"命运"具有形上性与人文性。

在希腊神话特别是较为晚期的神话中，"力"已不是最重要的导力，取而代之的是"力"的产子——"命运"。例如，宙斯是众神之主，威力无比，但他还是要受命运之神的制约。"在歌德的《普罗米修斯》中，只要全能的时间和永恒的命运一登场，它们就废黜多神教的众神，甚至最高的创始神。"① 罗素指出："在荷马诗歌中所能发现与真正宗教情感有关的，并不是奥林匹克的神祇们，而是连宙斯也要服从的'运命''必然'与'定数'这些冥冥的存在。"② 可见，"命运"在希腊神话世界中具有最高的掌控力。

一、"命运"导力的表征

神话的秩序导力从"力"过渡到"理"，往往是到了英雄时代才有初步的形态。希腊到了英雄时代，作为秩序导力第一阶段的"力"才孕育出了作为第二阶段的"命运"，这时"命运"等"理"的东西才逐步战胜感性的"力"。

希腊的"命运"观念，一开始是在神话中孕育，然后才在英雄传说中逐渐形成的。随着对"命运"感知、体验的不断深入，"命运"意象需要在一个更大的时空场域中演绎它丰富的内涵。这个时空场域便是可承载丰富内容的故事形式，即悲剧的雏形——系统叙事诗。学者赵林说："在荷马史诗和赫西俄德的《神谱》中，关于命运的意象虽然已有朦胧的表述，但是并没有成为神话和英雄传说的主题，悲剧的色彩亦未大加渲染，因此我们在这里看到的仅仅只是一些叙述性的故事。只是在稍晚出现的'系统叙事诗'中，命运才作为一个重要的主题被凸现出来，从而产生了最初意义上的希腊悲剧故事。"③

赵林这里的"系统叙事诗"是指希腊人从神的时代迈向英雄时代过程中，将零散的叙事诗编汇成为系统的叙事诗。"系统"即是一种理性的范畴，意味着理性元素的添加。赵林将此类史诗称为"系统叙事诗"，准确地概括了史诗、叙事诗在英雄时代发展的新形式。他说："'系统叙事诗'是

---

① 卡西尔：《神话思维》，黄龙保等译，中国社会科学出版社1992年版，第131页。
② 罗素：《西方哲学史》（上卷），商务印书馆1963年版，第33页。
③ 赵林：《论希腊悲剧中的命运意象》，载《广西大学学报》（哲学社会科学版）1998年第2期。

希腊文明曙光出现时期产生的一些史诗之通称，它以英雄传说为主要内容，盛行于荷马和赫西俄德之后的时代（约公元前七世纪—公元前六世纪），其中最为著名的有《塞浦路斯之歌》（描写三女神的金苹果之争和特洛伊战争的起源）、《埃提奥皮斯》（描写阿喀琉斯的故事）、《小伊利亚特》和《特洛伊失陷记》（这两部作品都描写了阿喀琉斯死后希腊英雄继续与特洛伊人战斗并最终以木马计攻陷特洛伊城的故事）以及《归来》（描写特洛伊战争结束后除奥德修以外的希腊英雄返回家园的种种经历）等等。"[①] 这些叙事诗的新特点是将分散的传说以主题作为联结的主线，使他们成为相关的有机体。在这些系统的叙事诗中，一个恒定的主题是帝王、英雄家族的历难与不幸。这些不同的叙事诗表现了一个共同的观念：英雄家族背后，均存在一只无形的巨手，它不可抗拒地操纵着英雄家族，以至最终使家族灭亡。这就是对"命运"的形象叙述。

与中国神话的"德行"表达方式相同，希腊神话对"命运"观念的表达，通过"行动群"或神象（如命运三女神）去演绎。不过希腊的"行动群"篇幅更为充实。

"行动群" 希腊的命运/神谕常常通过一个有一定长度的"行动群"去表达。这样的"行动群"数量不少。例如：

特洛伊王后赫卡柏在生育帕里斯之前，梦中得到一个可怕的神谕：特洛伊城将因其所生的儿子而最后被烧为灰烬。为了避免悲剧的发生，帕里斯一出娘胎便被无情抛弃，然而他却大难不死，奇迹般地存活了下来。后来从评判最美丽的女神导致了诱拐墨涅拉俄斯的妻子海伦，从而引发了长达十年之久的特洛伊战争，终使特洛伊城化为灰烬。

再如：

坦塔罗斯及其儿子珀罗普斯因为得罪了神明，从而引起了这个家族几代人互相残杀的悲剧：阿特柔斯与坦厄斯忒斯兄弟相争相残；阿特柔斯的儿子阿伽门农被其妻克吕泰墨斯特拉和坦厄斯忒斯的儿子埃癸斯托斯谋杀；阿伽门农的儿子俄瑞斯忒斯最终替父杀母，完成了复仇。

后来，"系统叙事诗"经过剧作家的艺术的再创造而成为希腊的悲剧，使"命运"最终在悲剧故事中获得了完整、清晰的含义。其中最精彩的故事要算索福克勒斯（Sophocles）的《俄狄浦斯王》（*Oedipus Rex*）。关于俄狄浦斯杀父娶母的故事和忒拜家族的悲剧，早在《俄狄浦斯》《忒拜之战》《追随者》中以及民间传说已有一些片断的记载。但索福克勒斯把这些"素

---

① 赵林：《论希腊悲剧中的命运意象》，载《广西大学学报》（哲学社会科学版）1998年第2期。

材"编织成一个情节跌宕的"行动群":

俄狄浦斯还未出生就被命运女神决定了弑父娶母的命运。尽管其父拉伊俄斯（Laios）小心行事，尽管俄狄浦斯放弃王位，永远离开养父及妻子，到处漫游，但还是逃不出命运的安排，未能摆脱命运对他惩罚，而应验了"神谕"的安排。

索福克勒斯以歌队长的一段富有哲理的独白来结束全剧：

忝拜本邦的居民啊，请看，这就是俄狄浦斯，他道破了那著名的谜语，成为最伟大的人；哪一位公民不曾带着羡慕的眼光注视他的好运？他现在却落到可怕的灾难的波浪中了！①

该悲剧最大特色是通过当事人企图逃遁宿命的一系列行动去鬼使神差地实现命运的必然性，从而阐释了"命运"重要内涵：神、人对它的无可逃脱性。这是对"命运"最精彩的形象演绎。

神象的共相 对"命运"的叹服与恐惧，逼使希腊人创造出了它的意象。除了采用一连串的"行动群"，命运的表达还采用了与中国帝王共相相似的方法，即用某一具体的神祇形象去指称"命运"。赵林称之为"直观的意象形式"。在论及希腊人对命运的原始表达时，赵林说："希腊悲剧的内容说到底就是命运的实现过程，……表现了一个更为深刻的思想，即人的自为存在（自由意志）与自在存在（决定论）之间的永恒冲突。但是，这个深刻的思想在希腊人那里尚未达到反思的高度，它是以直观的意象形式表现出来的，只有在希腊哲学中它才获得了抽象的概念形式。"② 赵林所说的"意象形式"在其雏形期并不是只有唯一意象，而是自发地以若干近义的意象出现。根据功能相似律原则，这些含义相似的意象往往被混用在一起，就如几个可以替换使用的近义词。

例如，在奥林匹斯神话系谱中，有一位命运之神，她的名字叫模依拉（Moira），是宙斯和忒弥斯（提坦女神）的女儿。命运之神却又呈现为三个相态，其一，主宰着生命之线的满脸皱纹的老太婆——克罗托（Clotho）纺织生命之线。希腊人对这个"丑相"的建构，可能源于对命运的无奈与惶恐而对之贬化、丑化。其二，拉刻西斯（Lachesis）决定生命之线的精细，

---

① 索福克勒斯：《俄狄浦斯王》，见《外国剧作选》（一），上海文艺出版社1979年版，第116～117页。
② 赵林：《论希腊悲剧中的命运意象》，载《广西大学学报》（哲学社会科学版）1998年第2期。

即将各种不同的命运赋予每一个人。其三，阿特洛波斯（Atropos）剪断生命之线，即对每一个生命实行仲裁。人的出生入死均由命运之神的这三个相态所管辖。

命运的另一个意象是亚男克形象。后来，在命运女神的旁边，出现了一个奥尔弗斯派的亚男克（Ananke）的意象，Ananke 通常被译作"必然""强迫"或"强制"。在文献中，我们发现赫拉克利特将亚男克和模依拉混为一谈，事实上几乎毫不加以区别；巴门尼德对于模依拉、达克（司法女神）和亚男克也赋予同样的属性。在一个世纪后，在柏拉图的《理想国》中，亚男克篡夺了模依拉的地位，并且还拿着她的纱锭。① 在奥尔弗斯宗教的一幅关于冥界情景的图画中，我们还看到在地狱中推石上山的西西弗身后，跟着一个手执皮鞭的亚男克。这里的亚男克、模依拉、达克、西西弗均是"命运"意象于雏形期的不同面相。均是"命运"的同义词。

神谕："命运"的另一相态　上面我们已引用了维柯的这段话："一个人按特性来说，只是心、身和语言，而语言仿佛处在心和身的正中间。因此，就什么才是公道这个问题来说，在哑口无言的时代，确凿可凭的事物是从身躯开始。"② 当然，当到了有言时代（语言时代）时，就"什么是公道"来说，便可以脱口而出了。在语言时代的初期，语言是决定现实的重要力量。语言的这一功能生动地体现在希腊神话的神谕中。在德尔斐神庙里，一个坐在三条腿凳子上的女祭司，嘴里呢喃着叽里咕噜的晦涩言词，她/她的言词便是命运的另一种相态。

二、"力""欲/美"：希腊神话的秩序次导力

希腊神话秩序导力的层叠特征　在世界神话之林中，希腊神话的秩序导力具有独有的特征。在"力"与"理"两个阶段的演进中，它不像中国神话干脆利落地从"力"过渡到"理"，而是两个阶段连接或层叠在一起，虽然"命运"已战胜了"力"成为主导力量，但作为第一阶段父辈的"力"，并没有彻底退场、淡化，而是继续参与了秩序的监督与维持。希腊人的前脚踏进了"命运"上，而后脚却还滞留在"力"上。这种层叠的复式导力唯希腊神话所独有。伯特兰·罗素谈及古希腊的精神世界时，也道出了这个特征。他形容其内部存在着"灵魂的张力""一方面是秩序和理性，另一方面

---

① 汤姆逊：《古代哲学家》，生活·读书·新知三联书店1963年版，第269～270页。
② 维柯：《新科学》，朱光潜译，商务印书馆1997年版，第568页。

是无序和本能冲动"①。正是这"复式导力的层叠"使很多学者误把"力"当成了希腊神话的秩序导力，而与中国神话的"德"对等或相提并论。

"命运"是一个逐渐从"力"孕生的产子。直到英雄时代，才在悲剧中上升为外显的形态。在"命运"的酝酿期、作为先辈的"力"（以及"欲"等）继续发挥着重要的导力作用。笔者将与"命运"共存的"力""欲/美"称为希腊神话的秩序次导力。

"**力**"　力是一种抽象的东西，在希腊神话中主要以战争等故事来表现。赫西俄德在《神谱》中告诉我们，希腊神王的更迭不像中国传说中的帝王"禅让"方式，而是通过"力"的方式实现的，通过父辈与子辈之间的战争来实现的。从乌剌诺斯到克洛诺斯，从克洛诺斯到宙斯，所经历的过程都大体相同。因为"力"的作用如此重要而成了人们追逐、崇拜、讴歌的对象。以强力掠夺财富是光荣、可炫耀的事。荷马在奥德修斯率部离开特洛伊后的第一次战斗中这样描述："海风吹拂，当我离开伊利昂，在基科尼亚人的伊斯马罗斯抢滩。我攻破城池，把居民屠杀，掳掠他们的妻子，抢来众多财产大家伙分光，均等、公平，对谁也不欺诓。"②　这里，明火执仗的率众抢劫被描写成一种受到赞许的英雄行为。丹纳说："几乎所有的航海者都抢掠过其他航海者的财物。商人、旅客、海盗、掮客、冒险家：他们生来就是这些角色，在整个历史上也是这样。"③

普鲁塔克在他的《特苏斯（实即庞塔）传》里曾说过，"英雄们都以被称为强盗为荣，因为这在他们的盾牌上增加了光彩，正如在复归的野蛮时代，'海盗'也被认为是一种尊称。据说生活在约莫同时的梭伦所制定的法律就允许人们为进行海盗的劫掠而结成帮伙，比这更令人惊异的是柏拉图（《诡辩家》）和亚里士多德（《政治学》）都把海盗劫掠看作一种狩猎"④。罗素在论及希腊人时也说："商业或海盗掠夺——起初这两者是很难分别的。"⑤　而作为暴力之一的"海盗"，在中国早已是被咒骂的歹行，汉语的"盗"是一个地道的贬义词。

在中国神话与传说中，人们崇拜的是"德"的帝王，而希腊崇拜的是"力"的英雄。这些英雄力量强大，敢于探险、不断征服，即使是杀人如麻、利益至上的阿喀琉斯，也因其英勇善战，而受到人们的敬仰、崇拜与颂

---

① 罗素：《西方的智慧》，文化艺术出版社1997年版，第10页。
② 荷马：《奥德赛》，陈中梅译，译林出版社2003年版，第252页。
③ 丹纳：《艺术哲学》，傅雷译，人民文学出版社1994年版，第248页。
④ 维柯：《新科学》，朱光潜译，商务印书馆1997年版，第354页。
⑤ 罗素：《西方哲学史（上）》，商务印书馆1963年版，第31页。

扬，遂为民族的英雄。

希腊神话和传说中的崇力精神，折射在古希腊的生活中，便是举世闻名的奥林匹克运动会。赛场是平和时期的战场，壮士往往有二重含义。一是战场上的英雄，二是赛场上的运动员。力与战争的崇拜催生了斯巴达式的准军事化社会。在这个准军事化社会里，崇力之举扼杀了人类与生俱来的良知和血缘的情伦。在斯巴达城邦里，生下来的婴儿如果体质过弱或残疾，就要被处死。这样一来，父母与子女温情脉脉的血缘关系被一种近乎残酷的"优生学"原则所代替了。据希腊历史记载，古老的雅典城邦律法中规定，一个自由民生育的孩子，如果是丑陋的、残疾的，要么送给奴隶，要么扔到荒山野外，让其消失。这些都是崇"力"的结果。战争对于他们来说就是一种生产方式，像水和空气一样重要。赫拉克利特（Heraklit）曾说："战争是万物之父"。

"欲"/"美" "欲"/"美"是希腊神话的另一个重要导力。"欲"与"美"，一个为动物性，一个为人文性，但在原始阶段两者却被二合为一。在希腊神话中，虽然"美"是"欲"的次生概念，但两者还未二分，还是一个和谐的统一体。美神阿芙洛狄忒（Aphrodit）① 就是"欲"/"美"的共相，她身兼二职，她不但是美神，而且是爱欲、淫荡之神。在词源上，Aphrodit 这个词在希腊语中的本义即与性快感有关。"爱与美对古希腊人来说是不可分开的：阿芙洛狄忒因此而成为春天的女神、鲜花女神和开花女神，尤其是桃金娘和玫瑰女神。"② 科林伍德说："任何事物的美，是存在于那个事物之中并迫使我们赞赏、向往那个事物的那种性质，'美'是'爱'的真正对象。因此，在柏拉图那里，美的理论并不涉及诗的理论或任何其他艺术理论；它首先是涉及性爱的理论。"③ 劳伦斯说："其实，性和美是一回事，就像火焰和火是一回事一样。……性和美是不可分割的，就像生命和意识那样。"④

在神话的秩序次导力中，"力"与"欲/美"是一对孪生姐妹，即使秩

---

① 古希腊神话《神谱》中记载：克洛诺斯把自己的父亲乌拉诺斯的生殖器割下来扔进大海，海里泛起一堆泡沫，从泡沫中出现一个美丽的少女。她就是维纳斯。古希腊神话中，她叫阿芙洛狄忒，即"出自海水的泡沫"之意。荷马《奥德赛》记载：阿芙洛狄忒原是火神的妻子，同时也是战神阿瑞斯、商神赫耳墨斯、英雄安喀赛斯、美少年阿多尼斯的情人。

② 叶舒宪：《高唐女神和维纳斯——中西文学中的爱与美主题》，中国社会科学出版社1994年版，第271页。

③ 罗宾·乔治·科林伍德：《艺术原理》，陈中华译，中国社会科学出版社1985年版，第38页。

④ 劳伦斯：《性和可爱》，花城出版社2001年版，第269页。

序导力进入了"命运"的"理"的阶段,"欲/美"依然是一个重要的导力。古希腊哲学家斐德若曾这样说过:"爱神是一个伟大的神",古希腊诗人米姆奈尔摩斯曾说:"没有黄金的阿芙洛狄忒,哪有生活和快乐?"特洛伊国王准备与希腊人战争时说,为爱(指其儿子对海伦的爱)而战是值得的。可见,"欲/美"之力是众神、众人行径的一个重要导向之力。

在《奥德修纪》中,美丽动人的阿芙洛狄忒背着她那容貌丑陋的丈夫锻造之神赫淮斯托斯,与风流倜傥的战神阿瑞斯幽会,赫淮斯托斯暗中布下了一张大网,把"奸夫淫妇"当场抓住。咆哮如雷的赫淮斯托斯召集了所有的神灵,请他们来作见证,众神却对这件风流韵事大笑不止。高贵的阿波罗悄声问身边的赫耳墨斯,他是否也愿意冒着被罗网缚住的风险而领略一下与阿芙洛狄忒同床共枕的欢乐?那位年轻潇洒的信使之神回答道:"尊贵的远射神阿波罗,我当然愿意呀;哪怕有三重弄不断的锁链把我绑住,哪怕有你们全体男神和女神都看着我,我也愿意同金光灿烂的阿芙洛狄忒同床睡觉哩。"① 赫耳墨斯的回答,道出了"欲"/"美"对神、人的征服力。正如索福克勒斯说:"爱神,你是不可战胜的,你扑向权势,扑向财富,你住在少女的骄傲的面颊上;你飞渡海洋,你也走进简陋的茅屋;不朽的神明,生命短促的凡人,没有一个躲得了你。"②

《伊利亚特》中说,阿芙洛狄忒有一条能迷住一切男人情欲的魔带,即使是万神之王宙斯,也逃不过它的魔法。据古希腊的传说,欧罗巴(Europa)本来是 Tyre 国王的女儿,是一个十足的佳丽。宙斯一见钟情,自己变成一头公牛,来到 Europa 玩水的海岸。因为这头由宙斯变成的牛看起来既英俊又温和,于是,Europa 爬上了他的背。宙斯接着便带走了这个国王的女儿,跨过大海把她带到 Crete 海岛。

宙斯看上公主 Danae(达那厄),可她被父亲关在铜塔里与世隔绝,宙斯便化作一场黄金雨,洒落并渗透进达那厄的身体,使她受孕并生下儿子……为了避开其妻赫拉对他的监视,宙斯把 Io(伊俄)变成一头雪白的小母牛。

宙斯喜欢阿尔克墨涅(Alcmene)公主,就趁公主的丈夫安菲忒律翁流放的时候,变成了他的样子接近公主,并如愿以偿……

英国学者汤因比说过:"在古代希腊无忧无虑的世界里,神看见人类的女孩子生得美丽就任意跟踪蹂躏,这种事情多的可以用诗句开列一个长长的名单"。宙斯的"情爱"故事就是最好例证。宙斯是希腊神话的最高统治

---

① 荷马:《奥德修纪》,杨宪益译,上海译文出版社 1979 年版,第 95~97 页。
② 丹纳:《艺术哲学》,傅雷译,人民文学出版社 1994 年版,第 325 页。

者,作为万王之王,他想的不是天下民众,而是自身的安逸享受,他想做什么就做什么,以偷情享乐为目的,他有七个妻子,但这远远不足,他还不断诱拐一大群天神女子、凡间女子。

我们还可见到因忠于爱神而获惠、因拒绝爱欲而致亡的故事。皮格马利翁,因为对爱神的崇拜和敬畏,他的象牙处女变成了可爱的少女。相反,谁要是不接受情欲之箭,谁就会被死亡之箭射死。那尔喀索斯因为拒绝了厄科女神的爱情而爱上自己的影像,最后恋影而死;安娜克萨瑞忒由于不愿爱伊菲斯而最终灭亡;阿都尼由于拒绝了维纳斯的爱情也很快死去;希波吕托斯是个英俊的青年,他拒绝继母菲德拉(Phaedra)的求爱,而愿意坚守贞洁,他不想侮辱父亲,但最后,他被控告并丧失性命,落得了一个悲惨的下场。

这些故事暗示了在希腊神话世界的秩序中,"爱欲"依然是一个随时跳动的导向力量。皮格马利翁因尊重爱神而使象牙处女变活人,然而希波吕托斯为求美德拒爱却遭受灭亡。我们不能忘记,"荷马史诗里的特洛伊战争就起因于对神界与人间'最美丽'荣誉的争夺和占有,十年你死我活的民族战争正是起源于对人的自然形体,即肉体之美的极力推崇和欲求,以至于将其升格为一种民族荣誉加以维护"①。希腊人就是这样以飞蛾扑火的状态扑向"欲"的火焰以及从这火焰中长出的"美"的火花,"欲/美"甚至胜于财富、智慧与权力。在财富、智慧和美这三者之中,帕里斯便选择了美。这是帕里斯的选择,折射了希腊神话秩序的另一个重要导力。

希腊神话的秩序导力是"命运","命运"在与原始力量"力""欲/美"的较量中虽然渐处于主导地位,但这些原始力量并没有退场,而继续发挥着重要作用,使其秩序导力呈现为层叠的复式形态。从跨文化的角度来看,中国的原始力量"力"与"欲"都已式微,"德"已取得统治地位,成为唯一的导力,而且从"德行"到进入第二天性的"德心",这种"理"的程度是希腊秩序导力所远未达到的。

三、"野蛮"与"文明"的共存:"命运"督力下的奇特张力

希腊神话有一个背谬的现象:高级的文明性(如神职精细的分工)与低级的野蛮性(众神的兽性、野性)共存于一个时空之中。我们从希腊神话中的"神职"(神的职业)中可知,诸神的"神职"分工已经到了非常精细的程度,几乎与人间社会无二。而职业分工的粗细是一个社会先进或落

---

① 傅守祥:《西方文明的历史摇篮和精神源泉——试论希腊神话和传说的民族性与现代性》,载《中南民族大学学报》(人文社会科学版)2006年第1期。

后的重要指标。根据这一指标我们认为，希腊诸神应生活在一个"高级文明"的国度之中。所谓"文明"，即与野蛮相对而言，一般而言，"文明"不仅在物质上，还应在精神上具有道德内涵。可是，希腊众神却依旧崇"力"、尚"欲"与逐"美"，表现出"低级的野蛮性"。"高级的文明性"与"低级的野蛮性"的共存成了希腊神话的一个悖谬张力。

长期以来，我们只听到中外哲人、宗教人士对希腊诸神的道德指责，但却没有见到对这一现象的阐释。通过对希腊神话秩序导力结构的剖析，这个悖谬的文化现象可以迎刃而解。笔者认为，希腊诸神悖谬的神格正是"命运"（主导力）与"力、欲/美"（次导力）层叠共存而衍化的结果。造成这一衍化有两个促因。一是"命运"监督下涌动的崇"力"因素形成了诸神的"野蛮性"；二是崇"力"延伸至崇"知"促成了诸神的"文明性"。

"命运"中继续涌动的崇"力"元素 "命运"中涌动的崇"力"元素成了"低级的野蛮性"的主因。在世界秩序导力的进阶中，各种民族在第一阶段即"力"的阶段上均是一致的，但在第二阶段的"理"上则呈现分野。作为第二阶段"理"的希腊"命运"，是对野性行为的束缚，是对第一天性（力、欲）的制约；中国的"德行"虽说也是对本能的克服，但它已到达逐步内化为心性、德性、虔诚之类的东西，这是本能、野性长期遭到征服后，人从行为自觉发展到心性自觉。汉字"德"字从原来的"徝"（行走）加上了"心"（心性）便是一个生动的例证。

"命运"是对一种更大的力的无奈与服从，是神、人头上系着一把达摩克利斯之剑，① 而当这把剑从头顶移开时，这时神、人便兽性大发。毕达哥拉斯说，"一切都服从命运，命运是宇宙秩序之源"②。希腊神话告诉我们，宙斯、乌剌诺斯、克洛诺斯等，无论怎样抗争，都无法挣脱命运的枷锁。所谓对"命运"的无法逃避，实质上是对一个更大力量的恐惧与服从。吉尔伯特·穆莱讲得很清晰："大多数民族的神都自命曾经创造过世界，奥林匹克的神并不自命如此。他们所做的，主要是征服世界。……他们都是些嗜好征服的首领，是些海盗之王。他们既打仗，又宴饮，又游玩，又作乐；他们开怀痛饮，并大声嘲笑那伺候着他们的瘸铁匠。他们只知怕自己的王，从来不知惧怕别的。"③ 穆莱这一段话精彩地道出了"命运"中隐藏的跃跃欲动

---

① 达摩克利斯是希腊神话中暴君狄奥尼修斯的宠臣，他常说帝王多福以取悦于狄奥尼修斯。有一次，狄奥尼修斯请他到王宫赴宴，有意让他坐于帝王宝座，却在其头顶的天花板上悬了一把仅用一根马尾儿系着的利剑。其用意是想让达摩克利斯意识到，身在宝座中者，随时都要面临利剑穿颈的危险，以示帝王非多福，忧患意识时时在。
② 北京大学哲学系外国哲学史教研室：《古希腊罗马哲学》，商务印书馆1961年版，第35页。
③ 罗素：《西方哲学史（上）》，商务印书馆1963年版，第34页。

的"力"。"他们只知怕自己的王"指的就是对"命运"的服从。而一旦离开了"自己的王",也即当头上的达摩克利斯之剑移开时,他们便无所畏惧了,便"从来不知惧怕别的",他们"主要是征服世界","都是些嗜好征服的首领"。这正是"命运"中涌动的"力","命运"摩拳擦掌的"力"。

希腊神话的秩序导力"命运"就如一张弓,表面看似安静,而实际上却充满着内在张力。人的天性(本能)就如弓身,本可以自如伸直(比喻本性、野性),但却被弦(比喻"理"、文明对人性的制约)紧紧地拉住(对野性的制约)。而一旦弯弓脱绳,弓身便立即张直,回归本性、野性。这个比喻可以看出,弓(比喻命运)的本质是一个力对另一个力的征服、制约,弓(命运)时刻涌动着一个跃跃欲动的"力量"元素。因而,当希腊诸神、英雄们暂时离开一个更大力的监管时,他们便回归本能、兽性的一面。例如阿喀琉斯的任性、专横,他残忍地杀死赫克托尔后,把他剥光,绑在他的战车后拖着绕特洛伊城墙环行三次。阿波罗因同玛耳绪比赛吹笛子而失败,便残酷地剥了玛耳绪的皮,并把他挂在树上;再如,月神与阿波罗兄妹因尼俄泊嘲笑了他们的母亲提坦巨人勒托只生了一子一女,并禁止忒拜妇女向勒托献祭,他们便射杀了尼俄泊众多的儿女。

如果将中国的"德行"同时比喻为一张弓,那么,这弓与绳已构不成多大的张力,即使离开了绳的拉系,弓也成为一张弧形之弓。"弧形"即喻说"德行"已演化到涉第二天性(德性)的阶段,已从俄狄浦斯情结过渡到"反俄狄浦斯情结"。① 中国神话中却找不到类似阿芙洛狄忒式的"欲/美"之神,与阿芙洛狄忒同样著名的女神可算女娲。女娲造福万民,却放逐了情欲,成为"有美德无肉欲"的女神。在涉及有关"性"的伏羲兄妹神话中,"性"(兄妹的结合)的目的是为了人类繁衍(功能、功德)而不是性欲本身的满足。伏羲兄妹神话流露出了中国人被"德行"所改造后的爱欲模式:性欲结果远重于性欲本身。过早的对性本能的压制,导致了中国人的第二天性——"反俄狄浦斯"情结的出现。"反俄狄浦斯"情结放逐了中国的"爱欲"之神,结果出现了所谓的"性善说"(孟子)。

希腊"命运"的崇"力"消解了羞耻感。"德行"或"德性"产生的一个前提是羞耻感的自觉。羞耻感是对欲(包括力)等原始力量制约达到一定程度的产物。但希腊神话中的羞耻意识还处于未觉醒状态,原欲之力还具有"合法性"。在神、人眼中,"我"可以不承担由自己的爱欲行径所造

---

① "反俄狄浦斯"情结是本能过早受到改造而形成的习性,即第二天性。过早铸成的第二天性常常被混认为是第一天性。中国的孝本能、善本能、性本善之说都是将第二天性混同于第一天性的例子。"反俄狄浦斯"即中国早熟的历史意识对性本能改造而形成的民族第二本能。

成的责任,而将之归因于一个"他者",归于一个半人半兽的神明Pan(潘)。该神是"酒神祭祀仪典的'羊人',是生命情欲的象征。在古希腊罗马神话中,山林之神潘Pan即羊人及其延伸语义就是原始欲望"①。Pan是色鬼之神,人、神、鬼、怪、兽,都逃不了受它的支配。希腊人认为对于"潘"的无奈,有如对于"命运"之神。"荷马和赫西俄德把人类一切应加以谴责的可耻行径如偷盗、奸淫、尔虞我诈都怪罪于神"②。对神、人把自身的行径归因于外在物现象,卡西尔这么说:"在神话中,人将自己最深处的情感客观化了。他打量着自己的情感,好像这种情感是一个外在的存在物。"③因而,在希腊神话世界的语境中,即使宙斯以及阿芙洛狄忒有如此之多的风流韵事和私生子,也还不怎么受到众人的谴责。于是,我们能够理解尼采的这番话:"谁要是心怀另一种宗教走向奥林匹斯山,竟想在它那里寻找道德的高尚,圣洁,无肉体的空灵,悲天悯人的目光,他就必定怅然失望,立刻掉首而去。这里没有任何东西使人想起苦行、修身和义务;这里只有一种丰满的乃至凯旋的生存向我们说话,在这个生存之中,一切存在物不论善恶都被尊崇为神。"④

在希腊神话中,对"命运"的畏惧与对力量的崇拜是一脉相通的。特别是在"命运"雏形期,崇"力"的结果导致众神的放荡不羁、情欲放纵、自私嫉妒、惩戒复仇的"低级的野蛮性"。

从崇"力"到崇"知"的延长线 希腊神话中"野蛮"与"文明"的张力的另一重要原因是:崇"力"到崇"知"的自然延伸,使希腊人创造了高级的物质基础。针对希腊众神所表现的"低级的野蛮性",有些学者认为希腊神祇应生活在一个野蛮的、原始的、低级的文明国度之中。可是,事实却并不是这样,例如,希腊众神具备一个十分发达的神职系谱特征,而精细的分工往往是一个高级文明的标志。雅典娜是智慧的化身,专司纺织、雕刻、制陶等专业技术;太阳神阿波罗是太阳的人格化,同时也是这种力量的管制者,主管光明、青春、医药、音乐和诗歌;众神的使者之神赫耳墨斯掌管商业、交通、畜牧、竞技、演说、欺诈和盗窃等等。我们很难见到一个民族神话有如此细致的神职分工,诸如智慧、纺织、雕刻、制陶、光明、青春、医药、音乐、诗歌、商业、交通、畜牧、竞技、演说、酒神、冶炼、文艺,应有尽有。

---

① 理查德·鲍伯:《世界神话指南》,企鹅出版公司1979年版,第206页。
② 吉尔伯特·默雷:《古希腊文学史》,上海译文出版社1988年版,第76页。
③ 卡西尔:《语言与神话》,于晓等译,生活·读书·新知三联书店1988年版,第152页。
④ 尼采:《悲剧的诞生》,周国平译,广西师范大学出版社2002年版,第21页。

希腊神界的分工与崇力之间有密切的关联。对"命运"的畏惧与对力量的崇拜是一物两面的。正是希腊强烈的崇力意识，继而产生强烈的崇知意识，在强烈的知识追逐中创造了丰富的物质文明。希腊人深知，谁拥有知识、技术，谁就拥有力量，谁就统治一切。在众神中，智慧女神受到人们的普遍敬仰，关于智慧的学问就是世界闻名的希腊哲学（Philosophy）。基于对知识和技术的热爱，德漠克利特宣称："寻找一个原因的解释，比做波斯王更好。"①"据古人传说，毕太哥拉发现了'从直角三角形之弦引申的方形，等于其他两边引申的两个方形之和'，欣喜若狂，许下心愿要大祭神明。"②崇力与崇知使希腊人创造了较为丰富的物质文明，并于近代演化为"知识就是力量"的口号。

在"命运"导力的作用下，希腊神、人一边是继续徘徊在崇力的原始兽性，一边是从崇力到崇知而创造了较为丰富的物质基础。犹如一个跳动着野性血脉而身着楚楚文明衣裳的"双面人"。宙斯一面是最高的神明，是"公义"的代表，另一面又不断地拈花惹草、满足私欲。阿芙洛狄忒一面是崇高的爱神、春天的女神、鲜花女神和开花女神，一面是淫欲的化身和娼妓之神。在这一语境中，希腊众神自如地飞飏于"野蛮性"与"文明性"的两个元点的张力之间。希腊诸神的这一悖谬神格，经过悠久历史的承袭与传延，最终演化为现代西方"法律与战争"的文化基因。

四、"命运"导力形成的母因

李约瑟在《中国科学技术史》中说，自然环境是造成中国和欧洲文化差异以及这些差异所涉及的一切事物的重要因素。与中国相比，希腊神话的秩序导力"命运"的形成与自然环境（地理）的关系更为密切。因为"命运"观是人与神/自然搏斗中形成的观念。"命运"观念的成因基本上可以从希腊地理中找到答案。

大海的儿子　先看一看希腊地形。丹纳在《艺术哲学》中对希腊地理形貌这样表述："希腊是一个三角形的半岛，以欧洲部分的土耳其为底边，向南伸展，直入海中，到科林斯土峡分散，形成一个更南的伯罗奔尼撒半岛；伯罗奔尼撒像一张桑叶，靠一根细小的梗和大陆相连。此外还有上百个岛屿，还有对面的亚洲海岸；许多小地方像一条繸子，一边钉在蛮荒的大陆

---

① 北京大学哲学系外国哲学史教研室：《古希腊罗马哲学》，商务印书馆1961年版，第4页。
② 丹纳：《艺术哲学》，傅雷译，人民文学出版社1994年版，第252页。

上，一边环绕蔚蓝的海；散布在海中的一大堆岛像一个苗圃。"①

从以上可以看出，希腊地形有两个明显的特点。一，希腊是一片丘陵地，山脉、支脉、岗峦绵延起伏，光秃的石头随处可见，这个崎岖的地方几乎不见平原，"牛在一小块布满石块的梯田中耕作是常见的情形""五分之三的土地不宜种植"②，种植物主要是橄榄、葡萄等。希罗多德说希腊"一出世就与贫穷为伍"。二，希腊是滨海之区。丹纳说，希腊面积虽小于葡萄牙，但海岸线的长度却超过西班牙。因为港湾极多，地形曲折，大海到处侵入陆地；在游客带回的风景片上，即使是陆上的景致也多半能看到蔚蓝的海，或是一长条，或是一个三角形，或是一个半圆形，在远处闪闪发光。这种地形当然鼓励人民航海，尤其土地贫瘠，沿海全是岩石，养不活居民。原始时代只有近海的航运，而这里的海又最适宜于这种航运。③

希腊地区多山贫瘠，农业在希腊中无法展开。谷神在奥林匹斯神系中地位非常低微。于是，希腊人不得不踏着绵延的海岸线投进大海，在大海中开拓第二耕地、第二故乡。"航海已经成为希腊人天性的一部分。即便是今日，'每个希腊人身上都有水手的素质'。在1840年，希腊全国人口只有90万，职业水手就有3万，航船4000条，地中海的短程航运几乎都被他们包办了。而这一传统，是从荷马时代（公元前九世纪）就开始了的。"④ 在有限陆地空间的压力下，希腊人不得不走向大海，成为大海的儿子。

莫测·冒险·进攻　希腊人面对拥挤不堪的陆地，为了生存，不得不走进险恶的大海。希腊人以海为生、以海为伴，时刻感到身后总有一个莫大的力量，人们总面临着一个莫测的结局。大海与大陆是各不相同的。农民脚下的地面是固定的，海民脚下的"地表"是浮动的。农民的收成相对来说是一个定数，海民收成时常是一个变数。栖身于动荡不定环境中的古希腊人在海上时常遇到暗礁、狂风、巨浪、鲨鱼、巨蟒的干扰，船只的航行随时有被触沉，被掀翻的危险（时而也有喜出望外的收获）。这使海民深刻、敏感地领略到莫测的大自然之手对人的左右、愚弄。黑格尔满怀同情地说："他们一味地追求某种东西，而总是遇着它所探索的那种东西的反面。"⑤ 这就是希腊人时常面对的"莫测"力量。

从陆上到海上是一个壮举，当然也是一种冒险。希腊人并不是哼着快乐

---

① 丹纳：《艺术哲学》，傅雷译，人民文学出版社1994年版，第244页。
② 丹纳：《艺术哲学》，傅雷译，人民文学出版社1994年版，第246页。
③ 丹纳：《艺术哲学》，傅雷译，人民文学出版社1994年版，第248页。
④ 丹纳：《艺术哲学》，傅雷译，人民文学出版社1994年版，第248页。
⑤ 黑格尔：《美学》，朱光潜译，商务印书馆1996年版，第177页。

曲子走进大海的，而是在狭窄空间的逼力下被驱逐进大海的。处在富饶土地的人们是不太愿意与海打交道的。在较为温和的自给自足的农耕环境中成长的中国人，就不太愿意踏上海的冒险。也许就是这样的原因，林语堂说："中国人……他已经失去了一大部分征服与冒险的智力和体力，而这些都是他们原始丛林中祖先的特征。"① 长期在海上活动的希腊人，使冒险成为希腊人的天性，成为一种集体无意识。

冒险必然伴随着进攻意识。如果一个民族缺乏冒险精神，那么这个民族就很难具有进攻意识。要进攻就要有冒险精神，进攻与冒险是一物的两面。海盗便是进攻意识的产物。维柯说，"凭武力胜负的运气，幸运的战胜者所获得胜利成果就得到合法化了"②。"几乎所有的航海者抢掠过其他航海者的财物。商人、旅客、海盗、掮客、冒险家：他们生来就是这些角色，在整个历史上也是这样。"③ 希腊人的冒险行径孕育了他们的进攻意识与战争基因。

就这样，希腊人生活在一个莫测的世界，生活在一个险恶的家园，生活在一个崇"力"的国度，海洋语境中滋生的偶然性、冒险性、进攻性等因素最终使希腊人对外在力量具有特殊的敏感性，最终形成对最大力量的无奈与屈服的观念——"命运"。

中国与希腊不同的地理母亲孕育出了神话中各别的秩序导力形态。中国是黄土的女儿，希腊是蓝海的儿子。较为温和的黄土将人集结在一个固定的空间，从而产生了以"德行"为秩序调节的导力；汹涌莫测的大海，使人深刻地体会到人与自然的对立、自然对人的摆布，最后演化为"命运"的秩序导力。

第四节 "秩序形态"蕴含的文化范式萌芽

希腊"命运"导力就如在神、人的头顶上系着一把达摩克利斯之剑，在这把剑的监管下，诸神各行其道，各守其分。中国"德行"导力则用"帝王功德"的行动群与共相建构了一个"德"的榜样，用这个榜样去诱导人的行为，告诉人们"人人皆可尧舜"，从而形成秩序。前者是警告、抑制与控制，后者是诱导、鼓励与鞭策。透过对中国神话与希腊神话两个"导

---

① 林语堂：《中国人》，浙江人民出版社1988年版，第9页。
② 维柯：《新科学》，朱光潜译，商务印书馆1997年版，第517页。
③ 丹纳：《艺术哲学》，傅雷译，人民文学出版社1994年版，第248页。

力形态"的比较，我们可发现这两个"秩序导力"一"抑"一"扬"，蕴含着不同的感情色彩，背后隐藏着两个截然不同的人生观、世界观。顺着这两条导力的脉络，可顺理成章地接通中西两个文化范式：礼乐与悲剧，以及乐感文化与悲感文化。

一、"德行"与礼乐

（一）从"德行"到"礼"

"礼"是中国文化的一个重要特色。"礼"是一种神圣的仪式，它在本质上是占卜的产物。维柯说，"'由于对目前威力的恐怖'就创造了诸天神。……可见世界诸天神是由恐惧创造出来的……和偶像崇拜的这种起源一起，占卜的起源也得到证明了，占卜和偶像崇拜是同胎投生在世界里的，跟着这两项来的就是祭礼的起源，举行祭礼就是要祈求预兆或正确了解预兆的意义"①。在谈及礼的演化时，杜国庠说，"'礼'这个名词，最初就是用来称呼祭神的仪式，后来才普遍地用于一般的仪式"②。也就是说，"礼"一开始是作为敬神之礼，后来才逐步演化为维持人间秩序之礼。"礼"从神坛到人间的转移，大约完成于殷周鼎革之际。在以后的历史语境中，中国人被定义为"礼"的动物。《左传·昭公二十五年》说，"故人之能自曲直以赴礼者，谓之成人。"《论语》说，"立于礼"。这些都是说，人必须经过"礼"的各种训练，才可被称为人。中国是"礼"的文化、"礼"的国度，中国人是"礼"的动物。

当我们从另一种载体看中国神话，即把视域从文本神话转向仪式神话时，可以更为直观地发现文本神话中的"德行"与"礼"的相承关系。

从存在论视角而言，神话有四种外在表现形式：口传神话、仪式神话、图像神话与文本神话。③ 虽然，不同载体的神话的信息含量有所差异，但他们在总体上、本质上却是同一的。在神话界仍然有部分学者认为，古代神话受制于古代的祭礼，把神话视为是一种"祭礼的讲话"（rite spoken）。霍普伍德（V. G. Hopwood）认为，"把自然进行人化最核心的实践活动是祭礼的舞蹈，而支配着这种舞蹈的，不仅是诗的节奏和韵律，音乐的节拍和曲

---

① 维柯：《新科学》，朱光潜译，商务印书馆1997年版，第187页。
② 杜国庠文集编辑小组：《杜国庠文集》，人民出版社1962年版，第237页。
③ 王倩：《作为图像的神话——兼论神话的范畴》，载《民族文学研究》2011年第2期。

调，而且还有能把原始人的注意力浓缩在一种群体性质的幻想上的神话"①。埃德蒙·利奇说："在我们的术语学中，神话是祭礼的副本。神话包括着祭礼；祭礼包括着神话。它们是同一种东西，……神话被看作种语词的陈述和朗诵，而作为同一种东西的祭礼则被看作是种行为的陈述。"② 可见神话与祭仪具有互通性，神话是朗诵着的祭礼，祭礼是行为中的神话，神话是一种原生文学，祭礼是一种原生戏剧，它们在符号化进程中所做的是同一回事情。

甚至，有学者认为仪式比神话更为可靠、更趋众。弗雷泽、简·哈里森（Jane Ellen Harrison）以及科恩费尔德（F. M. Cornfield）等认为仪式通过动作本身表现神话，这种动作形式比神话叙事更易接近民众。简·艾伦·哈森说："宗教仪式的事实无疑较为容易弄清，较为持久，至少同样重要。就人与诸神的关系，他'做'什么，相对于他'想'什么，必定总是一条线索，或许是最令人满意的线索。"③ 叶舒宪也认为："宗教礼仪活动具有极大的历史稳定性，其模式可以历数千年而基本不变地保持在各时代的社会生活结构中。"④ 因此，对中国神话进行一种仪式形式的透视，可从另一个维度揭示中国神话的特性，包括审视文本神话中的"德行"与"礼"的相承关系。

"言寡行繁"的中国神话　　当我们的视野从文本神话转移到仪式神话时，发现"三言两语"的中国文本神话，在仪式神话中表现为稠密浩繁。这一视角的转换，立即可见在中国语境中"行为"远远重要于"叙事"。中国并非是一种叙事文化，而是一种行为文化。《论语》就说"非礼勿视，非礼勿听，非礼勿言，非礼勿动"。（《论语·颜渊》）中国人成为"礼"的动物，中国文化成为"礼"的文化。叶舒宪对此有一段重要的论述，他在高度评价《神话简史》的作者时说："在介绍轴心时期的中国上古神话时，没有人云亦云地遵循过去的习惯看法，而是着眼于神话与仪式的互动关系，提出上古中国人对仪式本身的重视大大超过对神话的兴趣，所以出现了'礼'的极度讲究与神话故事缺如的反比现象。这就给一个世纪以来感叹汉族古籍中神话零散不成体系的国内学人提了一个醒：繁复的仪礼活动也可以成为从另一面看待神话的角度。仪礼中体现出来的种种观念是与神话观念相通

---

① 朱狄：《原始文化研究：对审美发生问题的思考》，生活·读书·新知三联书店1988年版，第694页。
② 朱狄：《原始文化研究：对审美发生问题的思考》，生活·读书·新知三联书店1988年版，第694页。
③ 卡西尔：《国家的神话》，华夏出版社1999年版，第27页。
④ 叶舒宪：《中国神话哲学》，陕西人民出版社2005年版，第5页。

的。"① 这段话极为精当地道出了中国神话乃至文化"言寡行繁"的特征，为我们审视中国神话从"德行"到"礼"的延伸提供一个新视角。

从"德行"到"礼" 文本神话（传说）中"德行"，就是要求神、人在社会中遵守一套动作规定，这套动作以帝王"德行"故事或"德行"帝王的共相为样板。这一秩序最重要的维持力表现在仪式神话上，首先是祭祀神灵的"仪"，后来随着神灵的式微而演化为维持人间秩序之"礼"。文本神话（传说）的"德行"、仪式神话之"仪"与人间之"礼"虽载体不同（文本与行动），但内容上却一脉相通。《诗经》中说"敬慎威仪，以近有德"（《诗·大雅·民劳》），"抑抑威仪，维德之隅"（《诗·大雅·抑》）。王国维也曾说"德"与"礼"的互通关系，他说，"周之制度典礼，乃道德之器械"②。所谓"礼"，即浸透了伦理道德精神的仪规典章，德为礼之内核精神。"孔、孟、荀及《三礼》早就说明了的，礼之内核是伦理道德的精神，如明人伦、别尊卑、分上下等等，它们通过一定的有关硬性规定的仪式、摆设、举止、衣饰、谈吐、称谓等等表现出来。"③ 可见，较为内在化的"德"／"德行"与外在化的"礼"是同一回事。

神话与仪式在塑造社会成员的功能上也是同一的。坎贝尔认为："中国古代礼仪是发生在世俗世界的神圣叙事……在仪式的背后，隐匿着潜在的神话信仰和神话思想。坎贝尔认为，神话是仪式的精神支持，仪式是神话的物质规定（形式）。通过吸收本社会群体的神话、参加本社会群体的仪式，根据社会和自然环境的要求，年轻人被塑造，从一个不定型的自然产品转化为具体、有效社会秩序的确定的、有能力的成员。"④ 坎贝尔在这里同样指出了"德行"与"礼"的同功性。他所说的仪式背后潜在的"神话信仰和神话思想"当然不可能离开神话最重要的秩序导力——"德行"。

（二）从"礼"到礼乐

谈及中国的"礼"，不能不谈及"乐"。"礼"与"乐"向来并称。我们很少说"礼文化"，而常说"礼乐文化"。据说周公"制礼作乐"，孔子多次礼乐并举，他说"人而不仁，如礼何？人而不仁，如乐何？"在各种古典文献中，礼与乐几乎二合为一。可是，"乐"与"礼"载体绝然不同，一为音乐，一为行动，但却被合并在一起，有时让今人迷惑不解。

---

① 叶舒宪：《后现代的神话观——兼评〈神话简史〉》，载《中国比较文学》2007年第1期。
② 王国维：《观堂集林》，中华书局1959年版，第477页。
③ 郑晓江：《儒家德治、教化与礼制的现代沉思》，载《南昌大学学报》1998年第2期。
④ 荆云波：《中国古代礼仪中的神话思想》，载《百色学院学报》2009年第2期。

礼与乐的同一功能　"礼"的源头是氏族社会神圣的祭神礼仪,一种原始舞蹈。"乐"是指与礼仪相结合的音乐部分。郭沫若在《青铜时代·公孙尼子与其音乐理论》中说,"中国旧时的所谓'乐',它的内容包含得很广……凡是使人快乐,使人的感官可以得到享受的东西,都可以广泛地称之为乐,但它以音乐为其代表"①。从发生学角度看,"礼"与"乐"在源头处的功能上是一致的。诗、乐、舞是原始人表达意义的基本符号,三者在起始处是不分的,特别是乐与舞,两者犹如肉与血的关系。耶克·夏耶认为,"舞蹈是音乐这种超人力量的一种普遍形态,人的本能使他在倾听音乐时无法保持静止状态,……音乐活跃在我们身心的各种结构之中,这是舞蹈之所以是音乐最古老的表现的原因所在。"②爱斯基摩人的跳舞屋也称为唱歌屋,安达曼人的跳舞节也是音乐节。

乐、舞在古代中国也是同根的。"礼"与舞蹈都是一种行为符号,刘师培在《舞法起于祭礼考》中曾断言:"三代之乐舞,无不源于祭神"。礼(仪式)与乐的关系,就如舞与乐的关系,两者的目的都是用来祭神祭祖、维持秩序。叶舒宪说:"所谓'礼',乃是自史前社会部落宗教仪式发展而来的礼仪——一种象征性的符号行为;而所谓'乐',最初也不过是配合宗教仪式行为而进行的另一种象征性的符号行为。礼和乐的差别最初只是所运用的象征媒介手段的差别,而不是实质性的差别。简言之,礼是以人本身的一套程式化动作(或表演)为符号载体的,而乐是以有声符号——音乐和歌唱——来表达象征性内容的。由于这二者原来就是原始宗教仪式活动中不可分割的统一体,所以尽管它们在进入文明社会以后逐渐有了功能上的分化,但仍然总是联系在一起加以强调的。"③

可见,源头处的"礼"与"乐"是两个不同能指(媒介符号)表达着同一个所指(意义)。

礼与乐的缘生关系　在文明社会以后,礼与乐在功能上发生分化,乐不一定依礼而存在,而成为自律、自为的独立体。朱狄说,"在原始发生处,本来一致的礼与乐,随着神祇的式微,使艺术有可能渐渐摆脱宗教束缚,成为独立的人类精神的特殊客体"④。即使是这样,但两者始终没有分道扬镳,依然形影不离。这是为什么?

---

①　李泽厚:《美学三书》,天津社会科学出版社2003年版,第48页。
②　朱狄:《原始文化研究:对审美发生问题的思考》,生活·读书·新知三联书店1988年版,第520页。
③　叶舒宪:《中国神话哲学》,陕西人民出版社2005年版,第4页。
④　朱狄:《信仰时代的文明》,中国青年出版社1999年版,第99页。

笔者认为，礼是将自由的、活生生的人进行程序化、格式化的一项人性改塑工程，而乐（包括舞）则是一串串抒情的音符与一个个自由的圈圈。正如尧斯所说，"祭礼仪式是强制的，而圆圈舞却是任意的"①，原始人在不自觉中体悟到这个"任意"的"圆圈"具有抒泄功能，它使人受礼的强制之痛得到某种安抚，获得心理平衡，这就是为什么礼、乐功能分化后，礼仍然不离乐的原因。

古代中国是一个"礼"的国度。《论语》中说"非礼勿视，非礼勿听，非礼勿言，非礼勿动。"（《论语·颜渊》）繁多而苛刻的"礼"是与人的本能对峙、对抗的，是用外在的规范、秩序对血肉身心之躯的改塑，给人心带来不小的痛苦。而"乐"的节奏和音响则合乎感性的人性，具有宣泄功能，能安抚被"礼"所雕刻后心灵的创伤。古人深知"礼非乐不行"②，要使"礼"顺利施行，需要有乐的辅佐。在汉代班固编纂的《白虎通德论》卷二《礼乐篇》所引的孔子的一段话，子曰："乐在宗庙之中，上下同听之，则莫不和敬；族长乡里之中，长幼同听之，则莫不和顺；在闺门之内，父子兄弟同听之，则莫不和亲。故乐者所以崇和顺，比物饰节，节文奏合以成文，所以和合父子君臣、附亲万民也。是先王立乐之意也。"（《礼乐篇》）这里的"和敬""和顺""和亲""和合""附亲"都是指"乐"的调和功能。

"礼"与"乐"的缘生关系，古人已有精彩表述。《礼记·乐记》和荀子《乐论》都说到"乐者，天地之和也；礼者，天地之序也。和，故万物皆化；序，故群物皆别""乐极和，礼极顺，内和而外顺""乐也者，情之不可变者也；礼也者，理之不可易者也""治礼以治躬""致乐以治心"等。程颐拈出了《礼记·乐记》中"序"与"和"来描述这两个概念的关系，他说，"礼只是一个序，乐只是一个和"③。笔者认为程颐的"和"，意为使"礼"化之苦难得到抒泄与安抚，而不使心身失衡、紊乱。

以"乐"和配"礼"是古代中国人治理天下的高超智慧。

---

① 汉斯·罗伯特·尧斯：《审美经验和文学解释学》，明尼苏达大学出版社1982年版，第13页。
② 郑樵：《通志略》（《乐略第一·乐府总序》），上海古籍出版社1990年版，第345页。
③ 程颢、程颐：《河南程氏遗书》（卷十八，二程集），中华书局1981年版，第225页。

二、"命运"与悲剧

(一)"命运"与悲剧之"悲"

悲剧是希腊艺术的最高成就。悲剧(tragedy)的原意是"山羊之歌",其前身是酒神祭典中一种古老剧——萨提尔(satur)剧,它是经由原始仪式演变而来的,由人羊同体的森林之神唱诵关于酒神的事迹。后来渐成戏剧形式,至伯里克利时代成为日臻完美的艺术,是一种严肃剧。辜正坤认为,汉语译名"悲剧"还不能传译它原本的含义,较为准确应是"严肃的命运剧"。笔者认为,从接受的角度看,"悲剧"已成为不改逆改的术语,况且汉字"悲"在一定程度上道出了该剧的感情色调。

从神话中走出的悲剧文本 希腊古老仪式的内容,常常千篇一律,重复枯燥,故事的主人公都是一模一样。但这一情况终于在公元前6世纪发生了变化。在雅典的庇西特拉图时代,哈里森说:"新的情节被引进了,新的面孔出现了,舞台上不再是孤独的生命之神,人间英雄开始粉墨登场。简单地说,就是荷马史诗来到了雅典,进入了剧场,剧作家从荷马史诗中汲取故事编排剧情,这一改变宣告了那种单调陈腐的仪式俗套的死期。"[①] 埃斯库罗斯说,他的悲剧"不过是荷马盛宴上的一点点剩汤残羹"。哈里森还说:"埃斯库罗斯、索福克勒斯、欧里庇德斯以及其他一些作家剧本中的大半神话和情节都是从这些英雄传奇中汲取的,他们把从英雄传奇中汲取的新酒灌进了春季狂欢仪典的旧瓶之中。"[②] 从而使希腊悲剧的内容得到极大的充实,成为有血有肉、情节跌宕的艺术奇葩。

"命运"在悲剧的挪移与升华 因为悲剧对神话、传说的大量汲取,使悲剧与神话之间具有明显的互文性。两者虽然形式不同,但在内容上具有诸多共性元素,其中一个重要的体现是神话秩序导力"命运"与悲剧主题的"命运"的互通。如果将悲剧权宜地二分为"悲"(主题)与"剧"(形式)两个元素,那么可以这样理解:悲剧中的"悲"包含了希腊民族对一个至高无上的异己力量的无奈与服从。在神话中这个力量即是秩序导力"命运"。悲剧中的"悲"正是把神话中的"命运"承接过来,并对"命运"

[①] 简·艾伦·哈里森:《古代艺术与仪式》,刘宗迪译,生活·读书·新知三联书店2008年版,第94页。

[②] 简·艾伦·哈里森:《古代艺术与仪式》,刘宗迪译,生活·读书·新知三联书店2008年版,第94页。

这个无可逃避、唯有承担的必然之车轮（the wheel of necessity）进行艺术的宣泄。例如，埃斯库罗斯（Aeschylus）的《阿伽门农》（*Agamemnon*）、《被缚的普罗米修斯》（*Prometheus Bound*），索福克勒斯（Sophocles）的《俄狄浦斯王》（*Oedipus Rex*）、《安提戈涅》（*Antigone*），欧里庇得斯（Euripides）的《美狄亚》（*Medea*）、《安德洛玛刻》（*Andromache*）等都演绎着对这个"唯有承担的必然之车轮"的无奈与抗争。悲剧中的"悲"是对神话中"命运"的移位、延伸。

（二）"悲"与"剧"缘生关系

"悲"与"剧"的缘生 周国平说："尼采认为希腊艺术的繁荣不是缘于希腊人内心的和谐，相反是缘于他们内心的痛苦和冲突……正因为希腊人过于看清了人生在本质上的悲剧性质，所以他们才迫切地要用艺术来拯救人生，于是有了最辉煌的艺术创造。"[①] 尽管尼采把这种内心的痛苦和冲突归因于对世界意志的永恒痛苦的深刻认识（即"酒神艺术和日神艺术的二元对立与和解"）。但他提出的"悲剧的繁荣缘于希腊内心痛苦"的观点却有重要启示意义。笔者认为，悲剧之所以成为世界奇葩，缘于"艺术治疗说"，是因为"悲"与"剧"之间的缘生关系，即有如此的"悲"——文明化中人被役化、理化之苦痛，才有如此的"剧"——对被役化、理化之苦痛的治疗与宣泄，以取得心性平衡。

"文明"是一个褒义词，它外表穿着亮丽的衣裳，但内在却可谓是一个灰色的世界。在弗洛伊德看来，"人体的自由不是文明的恩赐。在任何文明产生以前，自由程度最高，……文明的发展限制了自由、公正要求所有的人都必须受到限制"[②]。"文明在多大程度上是建立在抑制本能的基础之上，恰好在多大程度上（通过克制、压抑或其他手段）要以强烈的本能得不到满足为前提条件，这是不能忽视的。……如果本能的损失得不到合算的补偿，严重的混乱必定会产生。"[③] 弗洛伊德这里的"合算的补偿"一般是指艺术的化解方法。"从本能与文明的冲突出发，以改造本能顺应文明为归宿。其中的巨大空间，也就是文学艺术发挥治疗作用的空间。……文学艺术作为一个缓解这种紧张的中间地带，成为文明进化过程的一个中介。"[④] 因艺术的

---

① 周国平：《艺术形而上学：尼采对世界和人生的审美辩护》，载《云南大学学报》（社会科学版）2005 年第 3 期。
② 弗洛伊德：《论文明》，徐洋译，国际文化出版公司 2000 年版，第 89 页。
③ 弗洛伊德：《论文明》，徐洋译，国际文化出版公司 2000 年版，第 91 页。
④ 麦清、郝琦：《弗洛伊德与文学治疗》，载《天津市教科院学报》2005 年第 6 期。

这种补偿作用，酒神狄奥尼索斯（古罗马为巴科斯 Bacchus）"不仅代表着致醉能力（the intoxicating power of wine），而且是对社会有益的影响力，被认为是文明的推动者"①。

悲剧中的"悲"是"命运"的变形、变奏，希腊的文明化即是在"命运"导力的监管下，以一个更大力量去压迫本能、征服本能为方式的。这即是希腊人被文明化之苦痛。而悲剧的"剧"则是以艺术方式去舒解这种压力。因此说，"悲"与"剧"有一种缘生关系，或者说，"剧"是"悲"的使然。希腊人由于所处的较为险恶的地理环境，从而造就了这个民族对生命、命运的敏感性。朱光潜说"希腊人以敏锐的目光看透了自然的残酷和宇宙历史可怕的毁灭性进程"②。希腊人是一个敏感的民族，更是一个聪明的民族。希腊人深知，现实的创伤要靠外表的美来医治。这个"外表的美"就是艺术、"剧"，用"剧"去承载"悲"、宣泄"悲"，将人类的痛感转化为快感，通过观看舞台上英雄的毁灭而叹服人类意志的丰盈，于是产生出快感。因此尼采说，"希腊人深思熟虑，独能感受最细腻、最惨重的痛苦，他们用歌队安慰自己"③。

"悲"向人们展示痛苦，而"剧"给人们以安抚。悲剧所记述的痛苦与折磨越严酷，情节越可怕，越骇人听闻，人们的情绪就越激昂，所感受的安抚也就越彻底。朱光潜说，悲剧是希腊人在生存的恐怖之中开拓出来的一个"艺术地带、世界"，"这个世界保护他们不受自然界巨大毁灭性力量的摧残，不像普罗米修斯那样被兀鹫啄食肝脏，不遭聪明的俄狄浦斯那种可怕的命运，不受阿特柔斯家族所受到的那种诅咒，不被摧毁了无数英雄豪杰的那种命运力量所打击。一句话，他们接受了对人世的审美的解释"④。尼采把希腊人的艺术智慧称为一种"乐天"，他说"希腊的乐天"乃是"从黑暗深渊里长出的日神文化的花朵，希腊意志借美的反映而取得的对于痛苦和痛苦的智慧的胜利"⑤。这里，尼采、朱光潜生动地描述了艺术对人生苦难的拯救作用。

笔者认为，有大悲，必然有大剧。前文曾将"命运"比喻为一张充满张力的弓。我们还可以借助这张弓的结构来喻说"悲"与"剧"的缘生关系。弓受绳拉系之苦为"悲"，从弓绳发出的"箭"为"剧"。希腊人刚

---

① 叶舒宪：《文学与治疗》，社会科学文献出版社1999年版，第230～231页。
② 朱光潜：《悲剧心理学》，安徽教育出版社1996年版，第197页。
③ 尼采：《悲剧的诞生》，生活·读书·新知三联书店1986年版，第28页。
④ 朱光潜：《悲剧心理学》，安徽教育出版社1996年版，第197～198页。
⑤ 周国平：《艺术形而上学：尼采对世界和人生的审美辩护》，载《云南大学学报》（社会科学版）2005年第3期。

直、丰盈的生命力（弓身）在一个强大力量（弓绳）的制约、监管下，必然发出了被"曲化"（束缚）的响箭之声，这支响彻万里的响箭即是旷世奇葩的希腊悲剧。这里我们不难悟出"悲"（弓受绳拉系之苦）与"剧"（箭之响）的正比关系。

"悲与剧"与"礼与乐"的同构性　悲/剧与礼/乐，前者为偏正结构，后者为并联结构，但在"悲"与"剧"、礼与乐的缘生关系上是一致的。礼乐中的"礼"是对人性的塑造，使人文明化，使人脱离原始野蛮。文明即有序，是以抑制欲望为代价的。悲剧中的"悲"即"命运"是对人进行监督、管理，而使社会有序。两者都是对人性的限制、约束。先民大约在不自觉中体悟到了艺术对痛苦人生的慰藉、治疗作用，于是，古希腊人以"剧"的方式来消解命运中"悲"的逼力，古中国人则以"乐"去安抚"礼"对心灵的扭曲。"乐"与"剧"、"礼"与"悲"便成了两组有机的合成，"乐"与"剧"就如人类文明化手术台上的麻醉剂。"悲与剧"与"礼与乐"这两种协调方式都是企图从痛苦中获得抒泄、在痛苦中获得补偿，以安抚人类因人性改铸而文明化的阵痛，以使人的精神获得生态平衡。

我们从希腊神话的秩序导力"命运"走进了与其一脉相承的希腊悲剧的"悲"，再从"悲"与"剧"两者的必然性，终于通化了从希腊神话秩序导力"命运"到悲剧（希腊文化）的逻辑之线。

三、"德行"与"命运"中的乐感与悲感文化因子

（一）"德行"中的乐感文化因子

"德行"与乐感文化　学者李泽厚站在世界文化的制高点，在与西方文化的互照下，将中国文化高度概括为"乐感文化"。笔者认为，中国的乐感文化已隐藏在中国神话之中。

首先，中国乐感文化的种子早已埋藏在中国神话的"秩序导力"之中。希腊神话的秩序导力"命运"是在神与人的头顶上系着一把达摩克利斯之剑，任凭神与人的努力，都没法改变厄运，以失败告终。尽管俄狄浦斯离乡背井，小心翼翼，但最终仍逃不出命运之神的魔掌。与希腊相比，中国神话的秩序导力"德行"则是用帝王的共相或帝王的功德故事建构了一个"德"的模榜，去诱导人的行动，只要以先王之"德"为榜样去铸塑自己，"人人皆可尧舜"。希腊是警告、恐吓、控制，中国是诱导、鼓励、鞭策。我们发现这两个秩序导力一"抑"一"扬"，背后隐藏着两个截然不同的精神色

调：在中国神话的舞台上，回响着鼓舞人心的音符；在希腊神话舞台上，萦绕着无奈的黑色调子。

中国式的"命运"是"天命"，我们还可从"天命"中发现乐感的元素。中国的"天命"与希腊的"命运"都指一个高高在上的决定力量，两者是异文化"同构项"。古希腊人的"命运"是一种"不可挽回的必然"（伊壁鸠鲁语），是一个定数。但中国的天命没有那么绝对，具有可改性，可以说是一个可变的定数。通过人的努力（特别是德行）在一定程度上可以影响它，甚至改变它。天命对人的眷顾是依人的德行而调节的。如果"以配天命"，人与规律相配，便可获得成功。赵林认为，"表面上看起来，是'天'授命于王，降德于人，'天'制约人，实际上却是'天命'依人德而转移，人通过调整自己的德行来左右'天命'"①。中国的"天命"向人投下了一个诱惑的金苹果：有德便有希望，而希腊"命运"本身就含有一种黑色的调子。希腊"了解你自己""勿过渡"的箴言刻在德尔斐的阿波罗神殿上，而中国人的"人人皆可尧舜"的箴言，则不刻在庙宇中，而是刻在每个人的心坎里——已心性化。

中国乐感文化的种子还可从诸多神话（传说）的"调子"中得到印证。中国神话没有满脸皱纹的命运女神，而是特别强调人类力量的壮大，其中最为著名的是大禹治水。治水是农耕文明的大事，面对滔滔洪水这个自然力，鲧禹父子表现出不折不挠的抗争精神。第一代失败了，经过艰苦卓绝的工作，第二代终于驯服洪水。治水工程，是人对自然征服的重大胜利，从而滋生战天斗地的"乐观"精神。其他故事诸如射月、补天、平地、填海、逐日、移山等，同样使人回肠荡气，叹为观止。

从文字学角度看，汉字"乐"除了感性意义上的"乐"含义外，还有本体意义上的"乐"。本体意义上的"乐"是从感官之"乐"不断上升而成的，就像庄子所说的"天乐"。据最近考证，甲骨文的"乐"字，原意大概是谷物成熟结穗，与人对农作物的收获和喜庆有关，然后引申为喜悦感奋的心理情感。② 笔者认为，中国先民具有这种集体无意识，很可能是由于通常情况下，农耕者劳有所获、耕有所报（与海耕者的收获相比较而言）的经验基础上上升的一种人生观和哲学观。中国具有世界上的著名农耕文明，较为温和的农耕环境，不像海民一般充满着莫测的结局，而是常常耕有所获。这使人感到，劳作的过程就是结局的一部分，过程就是目的的实现。不仅在谷物收成时快乐，而且在播种时也充满着希望的快乐。

---

① 赵林：《协调与超越——中国思维方式批判》，陕西人民出版社1992年版，第73页。
② 修林海：《乐之初义及其历史沿革》，载《人民音乐》1986年第3期。

李泽厚说,"中国人很少真正彻底的悲观主义,他们总愿意乐观地眺望未来"①。有一个现象可以说明问题,在诗文的夹缝中诞生的中国戏剧,无需与希腊悲剧一样承担着化解、消解人类苦难的重任,中国戏剧是饭后茶余的娱乐,几乎是喜剧的同义词。中国人总喜欢善得善报、恶得恶报的大团圆结尾,而不是黑色的、悲观的"莫测的结局"。"自到现在,中国民间歌曲多半还是用缺乏半音的五音调……音乐心理学者认为半音产生紧张,而要求解除紧张,无半音的音乐则令人轻松安静。"② 这很可能因中国人具有浓厚的"天乐"心理—文化结构,而迟迟未能对这个"半音"产生自觉。

中国人这一天乐精神一直影响着后来中国人的世界观和人生观。如,"天行健,君子以自强不息,地势坤,君子以厚德载物"。李泽厚说,"儒学无原罪或原恶,而只有原善""'恶'只是对它的偏离,从而是派生和从属的,而不是本位的"③。这里可见中国哲学的乐观本位底色。

(二)"命运"(导力)中的悲感文化④因子

我们已知,悲剧中"悲"的雏形是希腊神话中"命运"的移位,也即是神话世界中的秩序导力,在与中国神话导力的比较中,发现这两个导力蕴含着一"抑"一"扬"的感情色彩。在"命运"面前,神、人束手无策,所有人的一切归宿都由命运之神安排。阿波罗神殿上就写着"了解你自己""勿过渡"的箴言。它警告人不要妄自高大,与中国鼓励性的"人人皆可尧舜"恰恰相反。它不是一种鼓励,而是一种警告。

两块石头的故事 西西弗(Sisyphus)在阴间"推石上山"的故事便是"悲感文化"的一个生动的注脚。西西弗藐视神明、仇恨死亡。他曾经扼住过死神的喉咙,他不愿回到阴森的地狱中,他不理冥王的召令与警告,继续强留在他挚爱的人间,如此等等。诸神把他强行拉入地狱,罚他干着没有休止的推石上山的苦役。每当他把巨石推上山顶时,巨石又轰隆滚下山脚……

西西弗热爱人间,以非凡的勇气与死神作对,而遭到了没有尽头的苦难折磨。他以自己的整个身心致力于一种没有效果的劳动。这何曾不是希腊人与命运抗争的结局的写照?希腊人栖身于莫测、险恶的大海之中,使这个民族过早地将注意力聚集在人与自然的对立关系之中,他们深知人力量的渺

---

① 李泽厚:《中国古代思想史论》,天津社会科学出版社2003年版,第295页。
② 项退结:《中国民族性研究》,台湾商务印书馆1966年版,第88页。
③ 李泽厚:《实用理性与乐感文化》,生活·读书·新知三联书店2005年版,第182页。
④ 悲感文化的宗教化即罪感文化。李泽厚将西方文化称为"罪感文化"。"罪感文化"与宗教中的"原罪"意识密切联系,不能很好包括前宗教时代的希腊文化,因而,本书用"悲感文化"一词。

小，人永远受到命运的摆布、制约。西西弗神话是希腊"悲感文化"的形象演绎。

如果把西西弗"推石上山"与愚公移山这两则"巨石"神话作一个比较，则更能生动地说明希腊（西方）文化的"悲感"（以及中国文化的"乐感"）调子。愚公是位"年且九十"的老汉，因太行王屋二山阻碍其出入，乃率子孙挖山不止。《列子·汤问篇》中说，愚公为了打开通道，率领全家搬走太行、王屋两座大山。这是一件大而艰巨的工程。但是，愚公胸怀大志，不被困难所吓倒，终于在人们的帮助下排除险阻，把两座大山搬走了。这则神话弥漫着中国人乐观向上、战天斗地的精神。

西西弗"推石上山"是一种无果、无望的劳动，而愚公移山则是一种有果、有望的劳动。西西弗是一种被罚、他为的劳动，愚公是一种豪壮、自为的劳动，西西弗的劳动是一种定数，而愚公的劳动则是一个变数。愚公搬走了一块又一块的石头，眼前的两块"巨石"逐渐变小了，而西西弗却永远地在阴间推动原来那块沉重的巨石。

西西弗的故事不正形象地诠释着西方"悲感文化"的底色吗？

第四章
历史化与哲学化：中国/希腊神话的"归化形态"

归化 "神话历史化"已是神话学界的专用词。其中"历史"是与神话互相对立的一个概念，是关于人的历史，有生命期限的人的历史，而不是关于神的历史。神是永生的，对永生者来说，时间、历史没有多大意义。神话历史化即是将神话中的不合理因素、成分剔除，使之合情合理地置于时间的刻度之中。"神话历史化"包括神话理性化、哲学化、伦理化等，它的核心内涵是化为人、化为人文。为了避免"神话历史化"中的"历史"一词被狭化为现代史学的"历史"，本书在一些场合使用"归化"代替"历史化"，用"归化"总称神话历史化、神话理性化、神话伦理化、神话哲学化等含义。所谓神话归化，即是指神话发展到最后的演化与归宿。"归化形态"是指神话归化为他样形式所呈现的形态。

第一节 符号的继承演化规则与神话的归化现象

符号的演化规律 卡西尔说"人是符号的动物"。人不仅生活在物理世界（第一自然）中，而且生活在自己营造的符号世界（第二自然）之中。作为符号之一的神话是原始人符号世界中最重要的组成部分，它是原始人在特定历史阶段对世界总的认识与反映。神话总是在正确与谬误中反映世界，随着人认识世界能力与水平的提高，人类总是不断地对旧符号加以重新判断、重新改造、去伪存真，把其中谬误成分剔除，把合理元素继承下来，符号的这种继承性是符号运动的本性，也是符号演化的规律。

人类可以赋予符号（词语）以新的含义，但不能换血式地废止所有旧符号而创建新符号。离开旧符号，世界将变成黑夜，希腊就曾经因文字符号被毁灭而经历了四百年的"黑暗时代"。泰勒在《原始文化》中提出了一种类似生物进化的人类学理论。他将达尔文的"自然无飞跃"（Natura non fucit saltus）理论应用于文化领域。他说：" 这一原理既对有机世界有效，对人类文明世界也同样有效。……人类文明的较低或较高的阶段之间没有任何的'断裂'（hiatus）。我们经过异常缓慢、几乎难以察觉的变迁，从一个阶段走向另一阶段，并且我们从未发觉一个连续性的间断。"① 笔者认为，"自然无飞跃"原理对符号演化的规律有适用性。人们所感觉到的符号演化，不是"跃""裂"，而是"移"或"化"，即潜移默化。在演化过程中，一方面旧符号为新符号提供了本原与养分，另一方面新符号实现了对旧符号的继承与超越。

学者刘晓欣说："人类意识发展过程中，各个运演图式结构之间也存在一种前后相继的联系，其实质就是继承与超越。人类的理性就是在不断地克服与超越中走向更高阶段的。"② 实质上，一切符号都是时代观念之子，时代变了，观念变了，符号也随着更变。符号的变化形式有多种多样，有的是逐步消除旧元素而移入新元素，例如，世界各族神象从兽形、到人兽同体、再到人形的演变，是旧元素（兽）的不断萎缩与新元素（人）的不断扩大的消长过程；有的是内容被改写了，而形式保留下来，即旧瓶换新酒，例如，"黄帝四面"本来是指神话人物的一头四面，而被改释为黄帝派四人治四方。质而言之，符号的运演方式，常常不是弃旧建新，而是变旧为新。

神话的归化现象 神话归化属符号演变的一个范畴。我们可立于维柯《新科学》中的"三时代说"去看神话的归化现象。维柯说："埃及古代文物遗迹流传下来的有两项。一项是埃及人把整个已往的世界分成三个时代：神的时代、英雄的时代和人的时代；另一项是在这三个时代里说过的语言也有三种，各和自己的时代相适应，它们就是象形符号的或神的语言，象征的或比喻的语言（即英雄的语言）和书写的或凡俗的语言（即人的语言）。"③ 从以上的"三时代""三语言"，我们还可依理推出"三文类"，即对应于"三语言"的神话、史诗与散文。这里的"散文"指与神话相对的"人话"形式、体裁。

在把握这"三时代说"时，我们不能以单纯历时性的角度去理解，而应是以"本位时代"去理解，也就是说，三个时代既是历时的，又是共时的，在这个共在的时空中总有一个凸出的本位时代，以神祇为本位的时代，叫神的时代；以英雄为本位的时代，叫英雄时代；以人为本位的时代，叫人

---

① 卡西尔：《国家的神话》，华夏出版社1999年版，第18页。
② 刘晓欣：《寻找精神的家园——简论古希腊哲学对希腊神话的回溯与反省》，载《天中学刊》2010年第3期。
③ 维柯：《新科学》，朱光潜译，商务印书馆1997年版，第112页。

的时代。因此,维柯才说:"由于神,英雄和人都是同时开始的……所以神的,英雄的和人的三种语言也是同时开始的。"① 随着时代的推移,本位时代不断地从神的时代过渡到英雄时代、人的时代。同时,核心文类也不断地从神话转化为史诗、散文。笔者将神话向散文的转化现象称为"神话归化"。

  散文是相对于神话而言的人的时代也即是人类最后一个时代核心文类的总称。处于人的时代的散文,往往已有了字化形式。在这些字化散文中,不同民族有不同的体裁形式,有的为伦理、史书,有的为宗教、哲学。学者冯天瑜将人类在轴心期首次字化的散文形态,称为元典。他说:"纪元前六世纪前后的几百年间,亚欧大陆的几个文明民族不约而同地编纂出包蕴着原创性精神的典籍。例如,印度的《吠陀》《佛经》;中国的《诗》《书》《礼》《易》《春秋》;希伯莱的《旧约全书》《新约全书》;古希腊哲学家的论著(如柏拉图的《理想国》,亚里士多德的《形而上学》)等。笔者将这类典籍称之'元典',含有'始典''首典''原典''美典''宝典'诸意蕴。"② 冯天瑜这里所指的元典,即人的时代的散文,它是在优胜劣败中被字化而保留下来的一个民族符号的精华。

  一个民族呈现出什么样的元典,那么,该元典也即是神话归化的形式与寄体。如果该民族的元典是史书、经书,神话便归化到史书、经书中去(如中国);如果该民族的元典是哲学,神话便归化到哲学中去(如希腊);如果该民族的元典为宗教,神话便归化到宗教中去(如印度)。虽然,不同民族神话的归化形式各有所别,但化入元典却是所有民族神话的共同宿命。茅盾曾这样介绍中国神话元典化(即神话归化)的走向,他说:"我们现在只知道直到离神话时代至少3000年的战国方有两种人把口头神话搋采了去,一是哲学家,二是文学家。……哲学家方面,《庄子》和《韩非子》都有神话的断片,尤以《庄子》为多。……文学家采用神话,不能不推屈原为首。《离骚》和《九歌》保存了最有风趣的神话;《天问》亦包含了不少神话的片断,继屈原的宋玉亦采用神话;'巫山神女'的传说和冥土的守门者'土伯'的神话,都是宋玉保存下来的可贵的材料。《淮南子》流传了'女娲补天'和'嫦娥'的神话,又有羿的神话。"③ 茅盾基本上准确地概括了中国神话元典化的概貌。

---

  ① 维柯:《新科学》,朱光潜译,商务印书馆1997年版,第228~229页。
  ② 冯天瑜:《"元典之树"何以常青》,载《武汉大学学报》(人文科学版)1995年第1期。
  ③ 刘锡诚:《茅盾与中国神话学》,载《湖北民族学院学报》(哲学社会科学版)2006年第1期。

神话"五化"辨析　　神话历史化是人类走向理性、走向文明的共象。但由于各族的神话历史化的形态各不相同，学界在描述这一文化现象时，出现了意义相关而又相混的若干概念，如"神话历史化""神话理性化""神话伦理化""神话哲学化"，以及被误解的"欧赫梅鲁司"（Euhemerize）。本书基于中国、希腊神话历史化的各别形态，力求梳理"五化"概念，使它们有一个较为清晰的面孔。

第一，欧赫梅鲁司。这是最易与神话历史化混淆的一个术语。茅盾在《神话研究》的第二章"演化与解释"中，较早使用了自己翻译的"欧赫梅鲁司"一词。他说："纪元前三一六年顷的希腊学者欧赫梅鲁司曾经很简单的把神话解释成古代历史。"并称此乃"神话历史化的例子。"[①] 这样，"欧赫梅鲁司"的含义就被等同于"神话历史化"。以后在神话学里，人们常将"神话历史化"与"欧赫梅鲁司"两个概念混用在一起。

"神话历史化"与"Euhemerize"有某些联系，但含义并不一致。"神话历史化"是关于神话从"神的时代"到"英雄/人的时代"的归宿、变化问题，是将神话进行理性改造的过程，例如，将神话中的神祇摇身一变，成为英雄或帝王人物，或用历史的观点重释、重构神话，使之变为理性的东西；而"Euhemerize"一词源于希腊学者（Euhemerus）之名，该神话学派的代表人物 Euhemerus 认为，神话是一种被筛选的历史（garbled history），古代神话中的神祇均源于人世帝王英雄人物，神话中的事件是历史上真正发生过的事件。即使某些神话在我们看来十分费解，也仅仅是因为在神话的传递过程中被无意地进行了歪曲，或是因为远古时代的人们把英雄人物奉为神明，对他们的功绩夸大化的描述，因此带有神奇的色彩。他认为，对神话的解读，首先要以历史事实作为根据，并从神话中抽引出历史事件的核心成分。所以，"Euhemerize"一词实际上指人们对神话的历史因素的提取、还原，用历史、理性的观点去提取、复原神话中蕴含的历史成分，即"由学者们转译回历史"[②]。朱狄先生在《青铜时代》中将 Euhemerize 译为"欧赫麦洛斯"，并称之为"历史派的神话理论"，是一个较为准确的传释。

第二，神话历史化。把握这个概念的关键是"历史"两字。笔者认为，历史是与神话相对立的一个术语，它与神话是一种相生、相承而又相克、相背的关系。历史是神话的产儿，但这个儿子不是一个孝子，而是一个叛臣逆子，历史是对神话的否定。卡尔西说："在神话与历史的关系中，神话证明是初始的因素，历史是第二位的派生的因素。一个民族的神话不是由它的历

---

① 茅盾：《神话研究》，百花文艺出版社1981年版，第158页。
② J. Bremmer. *Interpretation of Greek Mythology*, London University Press, 1987, p.233.

史决定的,相反,它的历史是由它的神话决定的。"① 对"历史"概念的把握,可从以下两个具体方面入手:其一,历史的主角是人,而不是神。历史包括这样的一些内容:"历史应是人的历史的叙述,是人的事迹,人的目的,人的成功与失败的历史。"② 简而言之,历史是"人的时代"的别称。其二,历史是一个时间观念。"历史"的首要特征是时间刻度的确立。汉语"历史"中的"历"即线形、线性之意。而神/神话是非时间性的,就如列维·斯特劳斯所说:"野性思维的特征是它的非时间性。"③ 因为世间的一切都以神为中心与坐标,神是永生的,在永生者的世界中,时间是没有意义的。卡西尔说:"对神话来说,时间并不呈现为纯粹关系,在这种关系中,现在、过去和未来的要素不断地转换、不断地交替互换……用谢林的话说,神话意识中仍旧通行一种绝对前历史时间,一种'本质上不可分的和绝对同一的时间,因而,不管何等持久性归之于它,它只能被看作一瞬间。就是说,在这种时间中,终点如同起点,起点如同终点,它是一种永恒性,因为它本身不是时间的序列,而只是唯一时间。"④ 虽然,在神话中有时出现"时间"现象,但这个"时间"是可逆性的(reversible),"现在、过去、将来"被压成一个梦。而历史却是有时间刻度的。

神话历史化一词有时还可以被当作一个总称,它在广义上可泛指神话在神的时代终结后的各种归化形态,包括神话理性化、神话伦理化、神话哲学化等,与本书创设的"神话归化"一词含义相近。

第三,神话理性化。神话理性化与神话历史化的相似度最大。它主要是指用理性的视角去诠释神话,使神话变为合理的人话。"理性"与"历史"是同质概念,两者的关系就如一物的两面,都是与非理性神话思维相对抗,但两者的侧重点不同,"历史"指与神的时代相区别的人的时代的总称,"理性"是指与神性思维对抗的思维模式,它指向自然规律与社会规律、经验常理,是充分发展了的一种思维模式。笔者认为,神话理性化中的"理性"与李泽厚所阐释的"理性"概念基本相似。李泽厚认为,"理性"即"合理性",它来自拉丁文 ratio,有计算(recking)之意,与希腊文的 logos 粗略相当。最广泛也最含混的用法,指人所特有的理性、理解、认识、推论的能力、规律、法则,而大多与逻辑(logic)相关。⑤ 神话理性化是描述中

---

① 卡西尔:《神话思维》,黄龙保等译,中国社会科学出版社1992年版,第6页。
② 科林伍德:《历史的概念》,中国社会科学出版社1986年版,第46页。
③ 列维·斯特劳斯:《野性的思维》,商务印书馆1987年版,第301页。
④ 卡西尔:《神话思维》,黄龙保等译,中国社会科学出版社1992年版,第120页。
⑤ 李泽厚:《实用理性与乐感文化》,生活·读书·新知三联书店2005年版,第4页。

国去神化运动的一个重要术语。孔子是神话理性化的高手。《吕氏春秋·察传》中孔子对"乐正夔一足"的论述就是一个生动的例子。

第四，神话伦理化。神话伦理化是神话历史化的另一相态，是神话理性化在人伦领域的移位。所谓"伦理"，即"伦"之"理"，其中心词是"理"即理性。理性与伦理的关系近似康德的"纯粹理性"与"实践理性"的关系。伦理是理性的一个表现形式。李泽厚说"所谓'实践（用）理性'首先指的是一种理性精神或理性态度，与当时无神论、怀疑论思想兴起相一致"①。可见，伦理首先姓"理"，然后才是"伦"。从理论上说，神话伦理化是指神话受到理性以及伦理的双重改造。伦理（即道德、善恶观）的形成与理性的形成相辅相成，两者如同一体的两面，同吸收，共生长。理性是人在认识自然中从模糊、混沌走向清晰、规律的结果，伦理是人类理性成果在人与人的关系、人的行为规则范畴中的延伸。

伦理与理性一起乘坐神话历史化的列车，一同走进轴心时代。但中国理性的力量还非常弱小、幼稚，长期萎缩在伦理形态中。正因如此，有学者干脆将中国的理性称为"伦理"或"唯伦理性"。② 在一个伦理早熟并以伦理统率着理性的民族里，神话的伦理化成为文化的一个景观。例如，在中国"帝系"传说中，伦理化倾向十分彰显。传说中的人王常被善化或恶化为二元脸谱。

第五，神话哲学化。哲学是两千多年前希腊人创造的术语。希腊文 Philosophia 是由 philo 和 sophia 两部分构成，philo 来自 philein 一词，philein 指爱和追求；sophia 指智慧。希腊的 sophia 一词，主要是指自然律、因果律、人与自然的关系，而较少指人与人关系的伦理内涵。西方最早的哲学家是古希腊时期的自然派哲学家，他们以理性思维与辅佐证据为方式归纳出自然界的原理。这使哲学成为希腊人的核心元典。在神的时代，希腊人是以形象的神祇的关系去解释自然世界的。当走进人的时代时，希腊人把对自然世界的神话演绎，转化为一种自然因果律（非神话）的理性阐释，这一转化过程即神话哲学化。因希腊突出的哲学特征，神话哲学化几乎可以成为希腊的专用术语。

神话历史化的"五化"概念既相互关联又相互区别：一是"Euhemerize"是一种戴上历史眼镜看神话所形成的观念，它认为神话可还原、释读为历史，神话是历史的投影、变形；二是"神话历史化"是指神话被改造、乔装打扮成人话，并使人话有了历史的时间刻度，是神话发展到一定程度的

---

① 李泽厚：《中国古代思想史论》，天津社会科学出版社 2003 年版，第 23 页。
② 赵林：《协调与超越——中国思维方式批判》，陕西人民出版社 1992 年版，第 2 页。

历史归宿的总称；三是"神话理性化"是指神话被理性所诠释，神话的非理性成分被改造、改写为合理、理性成分；四是"神话伦理化"是指神话受到了基于理性的伦理改造与改铸，使神话戴上善恶二元的脸谱；五是"神话哲学化"是指原始人把对自然世界的神话演绎，转化为一种因果律的理性阐释。神话历史化的"五化"概念已经涉及本章的大部分内容和观念。

第二节　中国神话的归化：历史化

神话历史化是神话发展的必然归途，是人类文明进程的一项必经工程。但世界各族的神话历史化模式不尽相同，中国神话主要化在史书中，希腊神话则先走进史诗而后化为哲学。对中国神话历史化，茅盾深有研究，他这样写道，"据我的武断的说法，中国的太古史——或说得妥当一点，我们相传的关于太古的史事，至少有大半就是中国的神话。神话的历史化，在各民族中是常见的"。茅盾进一步说，"古代的历史家把神话当作历史的影写，……那时风俗习惯及人类的思想方式已大不同于发生神话的时代，所以历史家虽认神话为最古的史事，但又觉其不合理者太多，便常加以修改"①。在神话历史化的具体方法上，赵沛霖说："中国神话的历史化……是将它直接付诸实践：改变神话的性质和结构，使之直接转化为历史。"② 笔者认为，可从针对或"事"或"人"的角度，将中国神话历史化大略分为"理性化"与"人王化"两种方法。

一、神话历史化二法

理性化与人王化二法均是对神话进行人文化处理，主要呈现在神事与神象两个方面。

神事理性化　早熟的农耕文明，培养了中国人早熟的历史意识。神话历史化在中国语境中最为彰显，成为世界文明史独特的一景。因而，"神话历史化"一词几乎成了中国神话归化的专用术语。理性化与历史化的侧重点不同，理性化的从事物合理性角度入手，历史化从生命有限性（有刻度的

---

①　茅盾：《中国神话研究》，见《茅盾全集》（第28卷），人民文学出版社1991年版，第9~10页。

②　赵沛霖：《论神话历史化思潮》，载《南开学报》（哲学社会科学版）1994年第2期。

时间）角度考虑，两者均是理性的不同角度表现。

孔子是神话理性化的高手。《吕氏春秋·察传》中记了孔子对"乐正夔一足"的论述，他说："昔者舜欲以乐传教天下，乃令重黎举夔于草莽之中而进之，舜以为乐正。夔于是正六律和五声，以通八风，而天下大服。重黎又欲益求人，舜曰：'夫乐，天地之精也，得失之节也。故唯圣人为能和，乐之本也。夔能和之，以平天下，若夔者一而足矣。'故曰夔一足，非一足也"。其中，"夔一足"被孔子解释为"有夔一个人就够了"。在他看来，夔作为一足的神兽不合理，夔一定是个人君，不然怎么懂乐，怎么能够辅佐舜一起治天下呢？这样一来，"夔一足"中的"一足"神话元素就被孔子剔除了。

另一例是"黄帝四面"的神话传说。孔子对它进行了理性化的诠释。在《太平御览》卷79引《尸子》中载子贡问孔子："古黄帝四面，信乎？"孔子说"黄帝四面"为"黄帝取合己者四人，（使治）四方，……此之谓四面也。"这和《吕氏春秋·本味篇》版本的说法一致，都是黄帝派人到四方治理天下。经孔子的诠释，该例的"一头四面"神象面孔荡然无存。

神象人王化　　神象人王化是指当神祇的神象还是兽形、或是人兽形时，就被历史化为人王（有生命期限的帝王、英雄）。希腊神话在历史化/哲学化时，神祇一般都是在发展到人形神后发生的，但中国神祇还没有演进到人形神时，就被过早"提拔"而历史化了。这些中国兽形神或人兽神摇身一变，成了先王、先帝，存记于时间刻度的历史之中。正如茅盾所说，"禹以前的历史简直就是历史化了的古代神话。黄帝和蚩尤的战争，也许就是中国神话上的神（黄帝）与巨人族（蚩尤）的战争""禹以上的历史都有疑窦，都可以说是历史化的神话"①。

《山海经》里的西王母，"其状如人，豹尾虎齿而善啸，蓬发戴胜，是司天之厉及五残"（《西山经》），或"梯几而戴胜杖，其南有三青鸟，为（其）取食"（《海内北经》），或"戴胜虎齿而豹尾，穴处"（《大荒西经》）。但《穆天子传》里的西王母，则为穆王"享于瑶池之上，赋诗往来，辞义可观"②（郭璞注《山海经》序）。茅盾对这一神象人王化这样评价："'文雅'的后代人不能满意于祖先的原始思想而又热爱此等流传于民间的故事，因而依着他们当时的流行信仰，剥落了原始的犷野的面目，给披上了绮丽的衣裳。如《山海经》里的'豹尾虎齿'的西王母，到了《穆天子

---

① 刘锡诚：《茅盾与中国神话学》，载《湖北民族学院学报》（哲学社会科学版）2006年第1期。

② 张光直：《中国青铜时代》，生活·读书·新知三联书店1983年版，第265页。

传》里已成了'人王',到《汉武内传》里简直成为'年可三十许'的丽人了。"①

盘古与女娲均为人兽神,是天地开辟神明,但后来均被视为历史人物,女娲氏竟常被视为伏羲之后的皇帝。"盘古的神话……被直接地当作历史材料,徐整收入了他的记载'三皇五帝'之事的《三五历纪》,胡宏更收进了《皇王大纪》。"②

羲和这个名字,根据屈原《离骚》的"吾令羲和弭节兮,望崦嵫而勿迫"③ 一句看来,所谓"羲和",乃驭日之神。希腊和北欧的神话也有日神驱黄金之车巡行天宇之说,与中国的羲和驱日类似。然而《尚书》把神话中的羲和变为人臣,而把羲和的职掌封为"主四时之官"④。

黄帝是一位地道的人兽神,《山海经·海外西经》中这样记载黄帝:"轩辕之国在此穷山之际,其不寿者八百岁。……人面蛇身,尾交首上。"在古代传说中还有"黄帝四面"的说法。在春秋战国以后的史籍中,黄帝从人兽神变为人君。《山海经》中的"人面蛇身,尾交首上"的说法在《史记》中转化为黄帝乘龙化仙的故事。到了司马迁的《史记·五帝本纪》中,黄帝成为一个有族谱可查的人间帝王:"黄帝者,少典之子,姓公孙,名曰轩辕,生而神灵,弱而能言,幼而拘齐,长而敦敏,成而聪明。"黄帝被视为中国人无可否认的祖先。

与黄帝的人王化过程相似,还有颛顼、帝喾、帝尧、帝舜、大禹,到了汉代,又加上了伏羲、女娲、神农等"三皇"体系,这些神明均被改造为历史人物,描绘成为雍容的古帝王;接着,神们的事迹,也被随之搬上人的历史舞台。司马迁的《史记》,开宗明义第一篇就是《五帝本纪》。黑格尔一早就注意到中国神话历史化现象,他说:"中国的史家把神话的和史前的事实也都算做完全的历史。"⑤

---

① 茅盾:《中国神话研究》,见《茅盾全集》(第28卷),人民文学出版社1991年版,第212~216页。

② 刘锡诚:《茅盾与中国神话学》,载《湖北民族学院学报》(哲学社会科学版)2006年第1期。

③ 羲和为神话中太阳神的车夫;弭节为放慢车行的速度,意指让太阳等一等,别落下去;崦嵫为神话中太阳神所住的山名;勿迫为不要靠近。整句的意思是:我叫羲和停鞭慢慢地行走啊,就是看到崦嵫也别让太阳急于靠近。

④ 刘锡诚:《茅盾与中国神话学》,载《湖北民族学院学报》(哲学社会科学版)2006年第1期。

⑤ 黑格尔:《历史哲学》,王造时译,上海书店出版社2001年版,第163页。

二、神话历史化的历史背景

探究神话历史化的历史背景，就是走进创造神话世界的人的世界之中。中国早发的神话历史化，已是一个共识，但对神话历史化背后的动因则缺乏应有的发掘。笔者认为，有两个因素起到了重要的催化作用，一是商周之变（社会裂变），一是"天""帝"之易（符号变迁）。

商周之变对历史意识的催生作用　重大的社会裂变、变革往往是人类思想反省、演进的推动力。中国历史上著名的商周之变便是历史意识（即理性）的催化剂。欧洲学者魏尔（Eric Weil）在《历史上的突破是什么？》(*What is a Breakthrough in History?*) 认为，人类历史有许多次突破，而每一次突破之前，首先要出现一次原有秩序的全面崩溃。商周之变可谓中国有史记载的首次大规模的社会裂变。这次社会秩序的大崩溃导致了思想的大变革。

商代可以说是一个以神祇为本位的"神的时代"，他们自认为是天帝之子民，受到天帝的保佑。张光直这样认为，"商人的世界分为上下两层，即生人的世界与神鬼的世界。这两者之间可以互通：神鬼可以下降，巫师可以上陟。……从商人占卜的频繁和内容我们可以知道在商人的观念中神鬼是有先知的；他们知道生人计划中要做的行为会有什么样的后果，生人对神鬼的这种智慧是力求获得的。进一步的自然推论是掌握有这种智慧的人便有政治的权力。因此在商代巫政是密切结合的"[①]。殷末周初，周人常被称为"小邦周"，而商都则被称为"大邑商"。但后来弱小的"小邦周"战胜了强大的"大邑商"，取而治之。这一变革不能不引起人们对巫政的反思："天命"可靠吗？上帝有能耐永远保佑"帝（嫡）子"吗？

《左传·僖公五年》载宫之奇之语说：

> 臣闻之，鬼神非人实亲，惟德是依。故《周书》曰："皇天无亲，惟德是辅。"又曰："黍稷非馨，明德惟馨。"又曰："民不易物，惟德繄物。"如是，则非德，民不和，神不享矣。神所冯依，将在德矣。

以上之语以及《周书》佚文中的"皇天无亲，惟德是辅""黍稷非馨，明德惟馨"，《诗·大明》中的"天命靡常"，这些都是周初反思殷人"尊

[①] 张光直：《中国青铜时代》（二集），生活·读书·新知三联书店1990年版，第65页。

神敬鬼"而产生的"尊人敬德"的思想结晶。

魏尔所说的"原有秩序的全面崩溃"中的"原有秩序",在商周变革之际,即是商人的"神本意识"。通过"革殷人的命"的社会变革,使"神本意识"受到怀疑,进而通过反思,寻找新的支撑观念——"皇天无亲,惟德是辅",这里的"德"是关于人的德,于是人本意识浮现了。张光直这样概括了周人对商人神本的"天命"进行了人本的阐释,他说:"周是从同一个而且是惟一的上帝的手中把商人的天下夺过来的,假如天命不可变,则周人取代商人就少了些根据。何以天命现在授与周人?因为,第一,'天命靡常';第二,上帝仅授其天命予有德者。'德',也是西周时代在王权观念上新兴的一样东西。……天命不是恒常不变的。有德者亦有天命有王权。自然,照周人的说法,周人是有德的,是受有天命的。"①

从商周之变可以看出,在社会变革与历史意识之间夹着一个重要的环节——反思。当裂变后的现实与原来的观念产生矛盾时,就会迫使人们深入反思。笔者认为,"反思"是一个具有思维学意义上的概念,是思维新变的一个序曲。反思是在秩序建立前夕对某一事物的反复思考与丈量,就如在混沌的森林中反复踩踏出的一条道路的雏形。卡西尔说,"反思或反省的思想是人的这样一种能力,即人能够从混沌本分、漂浮不定的整个感性现象交流中择取出某些固定的成分,从而把它们分离出来并着重进行研究"②。反思可把它视为理性的前奏曲,反思本身就是理性建构过程的一个有机组成部分。商周之变,即为人们提供了诸多有益的反思。文王叹惜殷纣王不借鉴夏后氏被商汤灭亡的教训,(《诗·大雅·荡》)说:"殷鉴不远,在夏后之世"。周公认为周人之所以服商,是因为文王有美好的品德,"明德慎罚""不敢侮鳏寡""教贤讨罪"。

我们还发现,人类历史上的首批史书,大多始于反思之书,即教训书。教训书是人类质疑旧秩序(神喻)合法性的开端,人类不再一味依从于神的意旨,而是开始另寻社会发展的因果规律。所谓寻找因果关系就是要梳理出一个理由、道理,这已属于理性的范畴。中国的第一批史书,即是"反思之书"。这些史书的目的是为了总结经验与借鉴教训,为了不让周统治者重蹈殷纣王的覆辙,"使知废兴者而戒惧焉"。如,《书·康诰》《诗·大雅·文王》《国语·楚语上》所说的《故志》一类。"反思之书"的书写需要,产生了第一批的职业史官。

早在商周之交(张光直在其《中国青铜文化》中认为,商周的年代分

---

① 张光直:《中国青铜时代》,生活·读书·新知三联书店1983年版,第307页。
② 卡西尔:《人论》,甘阳译,西苑出版社2003年版,第69页。

别为公元前1766—前1122，及公元前1122—前221），王室已有专职的记史官，特别是周人，十分重视"经验与教训"，入主中原之后在国家机构设置中，史官不但数量众多，而且地位显要。据《周礼》记载，仅王室内掌管国家各种文书政令的就有五种史官：大史、小史、内史、外史和御史。史官职业的产生，保证了借鉴式史书的延续。早发的"反思之书"成为中国历史上的一个文化特色，有力地推动思想反省而走上理性的台阶。与此相似，作为西方第一部史书，希罗多德的《历史》也是一部教训书。该书"分析希腊诸城邦的弹丸小国所以能击败拥兵百万的庞大波斯帝国，根本原因在于后者是靠武力征服的专制国家，而雅典民主制使公民享有极好的自由和权利的平等，就会英勇盖世地为国争先效力。……剖示国家兴衰、人事成败及其原因，可为后世提供教训。他开创了西方直至19世纪L. 兰克之前的'鉴诫史学'传统"。①

从商周之变到新思想、新观点的确立，再到借鉴式的"反思之书"的书写，内含着这样一个逻辑：社会变革→反思→历史意识（理性）。所以说，商周之变是中国走向历史意识的催产婆。

"帝""天"之易：从"皈神"到"依人" "帝"在商时，是一个人格化的至上神，到了周人灭商入主中原后，"帝"的人格神内含几乎被抽空，而改造为抽象的"天"。以"天"易"帝"，助推了迅速发展的人文意识。

名与实，即符号与现实是一种互构关系。现实构塑了符号，符号同时又反构着现实。在原始思维中，符号与被象征事物之间是神秘感应的，符号与现实具有同等的力量。符号的崩溃常常伴随着秩序的崩溃。相反，符号的确立常常意味着秩序的确立。因此，周人新符号"天"对旧符号"帝"的易换，起了清理混乱、建立新秩序的重要作用。

商人的"帝"主要含义有下面两点：首先，"这个神仍然带有原始的自然崇拜的特点，虽然它已经被赋予了一定程度的社会属性，但主要还是反映了自然界的不可制服的神秘威力。这个天神如同一个没有理性的任性的暴君，权威很大却喜怒无常，人们只能诚惶诚恐地屈于它的权威，而不能根据某种理性的原则领会它的意旨"②。也就是说，"帝"是一个非理性的至上神，人的力量还不可能与之较量。其次，殷人的"帝"只属于某一族群的"祖先"。不管殷人有无德行，他总是袒护着他自己的子孙后代，是属于商

---

① 姚介厚：《西欧文明》，中国社会科学出版社2002年版，第61～63页。
② 余敦康：《殷周之际宗教思想的变革及其对哲学思想发展的影响》，载《世界宗教研究》1981年第4期。

人自己的"帝"。张光直说:"'上帝'一直表示在商人的观念中帝的所在是'上',……卜辞中的上帝是天地间与人间祸福的主宰——是农产收获、战事胜负、城市建造的成败,与殷王福祸的最上的权威,而且有降饥、降馑、降疾、降洪水的本事。"①

但大殷商被弱小的周灭亡后,"帝"这个符号的原来含义与现实产生了严重的矛盾,作为商人原始信仰的至上神"帝"面临一个信仰危机,"帝"受到了莫大的怀疑,其具体性、确定性逐渐减弱。另一方面,周人用武力征服殷人后,急需在理论上寻找自己推翻殷人统治的合法性依据。

当至上神"帝"这一符号折损时,商人一时难以承受由于这个偶像符号的缺位造成的煎熬,商人需要有一个补偿的代替物。聪明的周人便利用旧瓶装新酒的方法,把商人的"帝"或"上帝"的观念拿过来,进行一番改造加工,抽去原来的所指,将之与"德"密切联系起来。郭沫若在《先秦天道观之进展》中说,一方面周人制造了"皇天上帝,改厥元子"的新话语,一方面又将这种皇天受命的原因归之于商人失德而周人有德,所谓的"皇天无亲,惟德是辅""天命靡常""敬德保民""王敬所作,不可不敬德"等观念被反复强调。

取代"帝"后的"天"有下面两个主要含义:其一,周人的"天"虽在一定程度上还存在至上神神格,但它已失去形体,成为一个概念,一个形而上的存在。一般来说,越是抽象,越需要人的解释。人的参与成分越多,也就意味着神性减弱、人文性加强。赵林说,"它(天,笔者注)与血缘性的祖神更无关系,而且'监下民,厥典义'、无亲无常的抽象主宰。它不再是一种物质性的存在,而是一种精神性的实体"②。其次,作为一种精神性实体的"天",已有"道德"之义。"天"当然继续包含着一种强大的至上力量,具有至高无上的绝对权威,但它已不再是唯一的力量,在它的边缘处已存在着另一个作用力渐大的对立者:人的德行。学者赵林道破了这个秘密,他说:"表面上看起来,是'天'授命于王,降德于人,'天'制约人,实际上却是'天命'依人德而转移,人通过调整自己的德行来左右'天命'。敬德保民是配天受命的充分必要条件。这种以人德为基础的天命观蕴含着一种无神论的伦理意识,'天'或'天命'只是一张用来吓唬人的虎皮,而裹在虎皮里的却是以'德'为基本内容的现实道德规范。"③

在周人以"天"易"帝"的换符工程中,周人强调应该用自身行为的

---

① 张光直:《中国青铜时代》,生活·读书·新知三联书店1983年版,第264页。
② 赵林:《协调与超越——中国思维方式批判》,陕西人民出版社1992年版,第70页。
③ 赵林:《协调与超越——中国思维方式批判》,陕西人民出版社1992年版,第73页。

努力去主动克配天命。这说明人类开始从皈依神祖，转向到皈依人自己、皈依自己的德行。在这种背景下，神的符号逐步人文化便成水到渠成。

在中国早期的文明图景中，商周之变促使了思想、思维的质变，"天""帝"之易使初民实现了从"皈神"到"依人"的顺利过渡。两者均是推动中国神话历史化的两股重要力量。

轴心期坐标下的早熟历史意识　在上节"中国神话历史化的背景"里，我们退出了神话舞台，走进了神话舞台背后的操纵者——人的历史语境，较清晰地看到了"神"背后的"人"的历史境况。在这一小节里，我们不仅走出神话舞台，而且走出国界，在世界坐标中丈量中国先民的历史意识。

为了丈量中国先民历史意识在世界民族中的"时序"位置，我们找到了一个共同坐标，它就是雅斯贝尔斯所提出的"轴心期"之说。

雅氏所谓的"轴心期"即是人类从"神的时代"走向"人的时代"的一个质的飞跃期。其中，"历史意识"是它的一个重要内容。雅斯贝斯认为，在轴心期之前，人还不能对自己进行深刻的反思，因而历史得不到较为深刻的领悟。当历史变革运动进行到一定阶段时，旧秩序崩溃了，人类的存在成为反思的对象，历史意识开始浮出历史的水面。他说，"正是在那里，我们同最深刻的历史分界线相遇"[①]，"对我们来说，轴心期成了一种尺度。在它的帮助下，我们衡量各种民族对整个人类历史的意义"[②]。

"轴心期"以其深邃的思想成为一个世界性的重要概念，从雅斯贝斯对轴心期特征的描述中，如"轴心""突破""向神话发起一场斗争"等，我们发现，在雅斯贝斯心目中轴心期不是一个渐进式的量变过程，而是一个质变的、飞跃的过程。用它来描述希腊等西方历史的进程是合适的。希腊人相对迟缓的历史意识，使希腊神话发展得丰富、绵长，最后由自律的矛盾运动蜕变为彻底的历史/哲学意识。希腊的历史、理性，犹如一只冲壳而出的健壮鸭苗。柏拉图说过，希腊的突变，有如在黑暗中突然见到太阳，天地一亮。

但用雅斯贝斯的"轴心期"概念来描绘中国从"神"到"人"的转型期，初看起来有屐不适足之感，理由是中国并不是如雅氏所说的从孔子时代（春秋中晚期）才开始"确立起反思和自我意识"，中国早从商周之变时已发生了一系列的精神反思运动。有些学者因此怀疑雅氏"轴心期"概念的

---

① 卡尔·雅斯贝斯：《历史的起源与目标》，魏楚雄、俞新天译，华夏出版社1989年版，第8页。

② 卡尔·雅斯贝斯：《历史的起源与目标》，魏楚雄、俞新天译，华夏出版社1989年版，第62页。

普遍适应性。笔者认为,雅氏这一观念是影响深远的,到目前为止,还没有相似的理论可取代轴心期概念。不应该理解为轴心期之说不适应于在中国的运用,而应该理解为中国的轴心期有自己的个性。我们可用"爬波斜线状"来描述中国的轴心期。如果说希腊的轴心期形态表现为"点状",那么,中国的轴心期表现为"爬波斜线状"。中国轴心期不是表现为集中在某一个点上,而是分散在两个点之间,也就是说,中国轴心期不像希腊一样集中在一个点 B(假设为点 B),而是处在点 A 与点 B(假设为点 A 与点 B)之间。点 A 是商周之际,点 B 是春秋中晚期。

　　商周之变迈出了从"皈神"到"依人"的第一步。春秋中晚期,由孔子、子思、孟子等人所进行的思想革命,则在从"皈神"到"依人"的基础上,继续把"依人"深化为"依心"。春秋时期,在孔孟等人的改造下,外在性的"依人""敬德"逐步变为内在性的"依心":即"仁"。这使"敬德"获得了心理学的内在依据,变为一种近似天性的良知。用李泽厚的话说:"由'神'的准绳命令变而为人的内在欲求和自觉意识,由服从于神变而为服从于人,服从于自己,这一转变在中国古代思想史上具有划时代的意义。"① 对从"依人"到"依心"的深化,徐光复这样说:"天是伟大而崇高客体,性是内在于人的生命之中的主体。若按照传统的宗教意识,天可以从上面,从外面,给人的生活行为以规定;此时作为生命主体的人性,是处于被动的消极的状态。但在孔子,则天是从自己的性中转出来;天的要求,成为主体之性的要求;所以孔子才能说,'我欲仁,斯仁至矣'这类的话。对仁作决定的是我而不是'天'。对于孔子而言,仁以外无所谓天道。"②

　　从"皈神"到"依人",再从"依人"至"依心",也就是商周之变与春秋中晚期的孔孟之思想革命,这两个阶段在本质上没有太大的区别,两者都是对神祇的否定,对人的肯定。如果说有区别,那么,前阶段是历史意识的觉醒期,后阶段则是历史意识的发展期。孔子也似乎在暗示我们,这两个阶段是一脉相承的。孔子一生憧憬西周,他说"周监(鉴)于二代,郁郁乎文哉!吾从周"(《论语·八佾》);他崇拜周公,连做梦不见周公也是一种遗憾,"甚矣,吾衰矣!久矣、吾不复梦见周公"(《论语·述而》)。以致后人常用"周孔"合称。

　　从上文可以发现,轴心期在中国与希腊的表现形态不同,希腊是点状(B)形态,中国是斜线状形态(在点 A 与点 B 之间)。从轴心期的起点看,

---

① 李泽厚:《中国古代思想史论》,天津社会科学出版社 2003 年版,第 20～21 页。
② 徐复观:《中国人性论史》,商务印书馆 1984 年版,第 99 页。

中国走进历史的时间比希腊早了 AB 之线。侯外庐说:"中国文明早熟。中国文明比西方早了约一千年,且当时的'悲剧诗歌'中的启蒙思想也与宗教神话不相容。"① "当炎黄子孙已经进入尧舜的文明时代,埃及的金字塔已经熠熠生辉时,欧洲还像一头母狼,以自己褐色的乳房喂养着野蛮的希腊人。"② 这说明了中国历史意识的早发性。

但这种早发的文明是有代价的。它是以欠成熟、欠彻底的"历史化"为代价的。刘起釪曾做过一个统计,他说:《周书》诸诰,包括五诰及《梓材》《君》《多士》《多方》等篇,共用"天"字112次,但也同时用"帝"字25次;《周易》卜辞用"天"字17次,用帝字1次;《诗》中神意之"天"用106次,"帝"字用38次。③ 其次,在《尚书·周书》各篇中,"天"或"皇天"的概念频频出现,而"帝"或"上帝"的字眼并没被消灭,两者还时常混用。这表明,人格神的"帝"的阴魂依然不散,没有被周人抽象性的"天"所彻底消解、取代。这一现象反映了中国历史意识的不彻底性,并为日后独特理性范式的形成埋下了伏笔。

三、神话过早历史化的深层原因

中国独特的社会历史背景对中国神话过早历史化起了催化作用。然而,中国神话过早历史化的深层原因还要追溯到人类历史的大地母亲。历史学家希罗多德就认为,全部历史必须用地理观点来解释,因为地理提供了历史和文化的自然背景和舞台场景,历史事实只有与它联系起来才具有意义。古希腊医学家希波克拉底在他的名作《论空气、水和环境的影响》一书中指出不同民族的个性特点在很大程度上是由自然环境造成的。人类是在所处自然环境的应战中创造了民族文化的,越是早期,地理因素越为重要。

大地之子的农耕文明 地理是人类文化的母亲,当人类还在母腹时,这也即是人类祖先与自然界混沌不分的时代。人类历史的产生也即是人类由自然母体孕育而分娩的过程。越是在人类的早期,人类对于大地、自然的依赖性就越强。法国年鉴学派史学家布罗代尔认为,由地理环境造成的"历史长时段"因素,始终制约着人类社会的发展。探讨历史文化中某些稳定的、恒常的现象(精神的、行为的),必须首先把目光投向人类文化赖以生长的地理环境。自然之母不同,文化之子也不同。恩格斯说过:"由于自然条件

---

① 侯外庐:《中国思想通史》(第1卷),人民出版社1956~1960年版,第17页。
② 徐葆耕:《西方文学——心灵的历史》,清华大学出版社1990年版,第3页。
③ 刘起釪:《古史续辨》,中国社会科学出版社1991年版,第262页。

的这种差异，两个半球上的居民，从此以后，便各自循着自己独特的道路发展，而表示各个阶段的界标在两个半球也就各不相同了。"①

在原始社会时期，与人最密切的关系无非是采集对象，它关系到人类的生存与延续。采集对象的产出则主要与自然三大因素气温、降水、土地密切联系。

气温是生物生长的因素。《中国自然地理》告诉我们，根据考古发掘可知，中国原始先民早期活动的足迹曾广泛散布在北纬20°～45°的一个十分辽阔的区域内，其中尤以北纬20°～40°最为集中，这属于低纬度位置。具体来说，它包括由温带和亚热带两部分组成。对于生物的生长来说，这一纬度所能获得的日照强度也即热量是十分理想的。降水是影响生物生长的另一个重要因素，中国位于亚欧大陆的东缘，这里是著称于世界的亚洲季风区。中国大部分地区都受季风环流的影响，降水比较丰富。尤其是东南部地区，夏季东南风从海洋吹向大陆，雨水丰沛，世界古代文明大多发源于大河流域的平原上。中国的文明发源地——黄河—长河中下游平原，其流域面积分别为75万平方公里和180万平方公里。② 尼罗河谷地及其三角洲平原、两河流域平原、印度河平原，这些面积都比较狭小。至于古代希腊，可耕种的土地则更为短少，很难谈得上发展农业，只能种些橄榄树等。

中国的自然之母的三个重要特征：优越的气温、降水、土壤，造就了世界闻名的农耕文明。

早在殷商③的盘庚时代，商人已渐渐习惯于定居的农耕劳作方式。自从盘庚最后一次迁都殷墟，至商纣失国，前后273年，历经八世十二王，便不曾迁都。徐中舒先生认为殷人早期迁徙不居的原因是由于农业技术不发达，需要不断改变地理条件来维持生产。到了盘庚迁都以后，殷人之所以不再游徙，亦同样是由于农业发展了，国家力量强大了，没有迁移都城的必要了。有关后稷（农业的创始人）的传说在中国深入人心。《山海经·大荒西经》说："帝俊生后稷，稷降以百谷。"《海内经》说："后稷是播百谷，稷之孙曰叔均，是始作牛耕。"这是发达农耕文明在典籍中的留存的足迹。

农耕文明与理性/历史意识 农耕文明是人类理性思维产生的温床。古代中国拥有无与伦比的农耕文明，当然也造就了与农耕文明相适应的思维方式、思想观念。罗素有一段著名的言说：

---

① 恩格斯：《家庭、私有制和国家的起源》，见马克思、恩格斯《马克思恩格斯选集》（第4卷），人民出版社1972年版，第19～20页。
② 中国自然地理编写组：《中国自然地理》，高等教育出版社1984年版，第80～86页。
③ 在甲骨文中，"商"为商民族自称，"殷"是后来周人对商民族的称呼。

文明人之所以与野蛮人不同，主要的是在于审慎，或者用一个稍微更广义的名词，即深谋远虑。他为了将来的快乐，哪怕这种将来的快乐是相当遥远的，而愿意忍受目前的痛苦。这种习惯是随着农业的兴起而开始变得重要起来的；没有一种动物，也没有一种野蛮人会为了冬天吃粮食而在春天工作，除非是极少数纯属本能的行动方式，例如蜜蜂酿蜜，或者松鼠埋栗子。在这种情况下，并没有深谋远虑；它只有一种直接行动的冲动，这对一个人类观察者来说，显然在后来证明了是有用的。唯有当一个人去做某一件事并不是因为受冲动的驱使，而是因为他的理性告诉他说，到了某个未来时期他会因此而受益的时候，这时候才出现了真正的深谋远虑。打猎不需要深谋远虑，因为那是愉快的；但耕种土地是一种劳动，而并不是出于自发的冲动就可以做得到的事。①

这段话的含义是深刻的。首先是农耕的生产目的与生产对象的分离。在前一阶段的采集中，对自然果实的获取，既是生产目的，又是生产对象。然而在农业生产中，生产对象与生产目的不再合一。生产对象诸如土地、水、种子等元素不是生产目的，在土地上长出来的庄稼才是生产目的。生产目的与生产对象二分，锻炼了处理间接的、复杂的事物之间关系的理性思维能力。

其次，罗素所说的"审慎""深谋远虑"就是"反思"的另一种表现形式，不过"反思"常常指向过去，而"审慎"常常指向未来。卡西尔说："思考着未来，生活在未来，这乃是人类思维进化的重要过程。"② 审慎、反思可从混沌的感性现象中归纳出某种固定的因果链条等规律性的东西。农业中"春种一粒粟，秋收万颗子"的因果关系，便是这些规律性的东西。反思、审慎的结果是培养了人的因果关系能力，即理性能力。

第三，从产品的归因方面看，农耕者比其他产业者（牧民、海民）更容易明白人的劳作作用。虽然一开始人们还不一定充分认识到人的作用，还时常把人的劳动成果归因于神祇的恩赐或佑助，但固定的反复劳动，固定的反复收获，容易使人意识到"实心做事必有所获"，容易使人意识到劳动成果应归因于实实在在的人的劳作。

从上述三方面可看出，农业较为复杂的操作程序锻炼了人的因果关系思维能力以及"依人"的观念，这种能力与观念说到底就是理性能力。英语

---

① 罗素：《西方哲学史（上）》，商务印书馆1963年版，第38～39页。
② 卡西尔：《人论》，甘阳译，西苑出版社2003年版，第93页。

culture（文化）一词的词根 cult 指的是"耕种"，意为农耕开创了人类理性文明，也即是说，人类不再在迁徙中生活，而是在一条大河边养殖动物、种植植物而定居下来。至于"理性"与"历史"是一物两面，前面已有所论述。

农耕的副产品：文字　　文字是农耕文化的重要副产品。早发的农耕往往产生早发的文字符号。中国与古埃及均是世界著名的农耕文明，两个古代文明都拥有以水利灌溉为主要特征的稳定的农业系统，这为先民提供了一个相对稳定的生活环境。在这种稳定的环境下，中国、埃及均在文明的黎明时分产生了象形文字。综观几大人类古老文明史，可知文字往往产生于一个活动空间较为稳定的民族，而不是漂流不定的迁徙民族。

文字的产生不仅使历史有"序"，而且使人的思维有"形"。只要语言（这里指口传）一旦产生，人类的符号思维能力便得到发展。但这种符号思维的水平还较低，不像高度概括化、抽象化的文明人的语言。因而，在用语言进行交流时，先民还需借助语言交流中的非语言情景来作为语言交流的补充。国外有位研究姿势交际（gestured communication）的学者认为，两个人在交际时，有 65% 的"社会含义"是通过非语言符号来传送的。有人进一步把人类的非语言交际分为六种形式：一、身体动作或运动行为，包括诸如手势、姿势、面部表情和眼睛活动等；二、辅助语言（paralanguage），即音质、语调等等；三、环境空间（proxemics），即个人和社会对空间的利用以及人对这种利用的感知；四、嗅觉，经由嗅觉通道传递的信号；五、触觉；六、衣服和化妆品等人工制品的利用。[①] 不难推测，在早期的语言交流中，先民对诸如此类的非语言情景更具依赖性。

与语言相比，文字更能锻炼人有序的符号思维能力。当文字作为交际符号时，非语言情景无法在场参与意义的建构。孤零零、冷冰冰的文字只能单独挑起构建情景、意义的重任。在这个过程中，人的符号思维能力得到了一个飞跃式的锻炼与提升。有序的符号思维能力，即是在思维过程中有条不紊地驾驭各种情况、各种关系的能力，这无疑锻炼了人的理性能力。早发的农耕文明产生了早发的文字，早发的文字在与思维的互塑中催生了早熟的理性。这是中国神话过早历史化的另一个重要助因。

---

① 威·施拉姆：《传播学概论》（中译本），新华出版社 1984 年版，第 75 页。

第三节　希腊神话的归化：哲学化

一、希腊神话的哲学化

中国的历史三分形态有两个特征：一是神的时代缺乏完整性，即人形神阶段还没有开始发展。二是英雄时代（中国英雄时代为崇祖时代）与人的时代之间的界线模糊，两者难有一个清晰的边界，几乎被二合为一，与这个合一时代对应的文类表现为俗人的散文（史书、史记等）。希腊的历史三分形态则是维柯所说的典型三分形态，三个时代（神的时代、英雄时代与人的时代）得到均衡的发展，与这三个时代匹配的文类为神话、史诗、散文（哲学）。当神的时代结束时，神话自律地融进史诗，在史诗的怀抱中聚积，而后蜕变为哲学的花朵。

（一）神话在史诗①肌体中聚积

当神的时代结束时，神话自律地融进英雄时代的主要文类——史诗。因为希腊神话与史诗在诸多方面的同质性，使神话成为史诗的重要合体，两者共同飞扬于同一个舞台之上。本书称之为"神话在史诗肌体中聚积"现象。这一现象往往发生在英雄时代漫长而历史意识迟缓的民族中。

神话与史诗的亲和性（affinity）　在卡顿（J. A. Cuddon）编撰的《文学术语词典》中这样概括史诗（epic），它是指"在大范围内描述武士和英雄们的业绩的长篇叙事诗，是多方面的英雄故事，包括神话、传说、民间故事与历史"②，从这一定义可知，"神话"仍然是其中重要的成分。藏族英雄史诗《格萨尔》也是如此，它与藏族神话的关系尤为密切，藏族学者丹珠昂奔说："宗教、史诗、神话是构成《格萨尔王传》的三块基石。没有宗教，格萨尔就没有灵魂；没有史诗，格萨尔就没有社会历更环境；没有神话，格萨尔就没有如此完美的艺术效果。"③虽然神话与史诗在理论上分属

---

① 两个史诗的区分：一个为神话学、人类学上的史诗，它是介于神的时代与人的时代之间的英雄时代的核心文类，另一个史诗是作为普通名词，指气势磅礴文类的史诗。例如，我们可把《史记》《三国演义》当成史诗，但这不是严格神话学、人类学意义上的史诗。
② 卡顿：《文学术语词典》，1979年英文版，第225页。
③ 赵秉理：《格萨尔学集成》（第四卷），甘肃民族出版社1994年版，第29～62页。

于不同时代，但史诗与神话具有诸多共享的诗学传统，它们拥有相同的叙事方式、操用共同的思维模式，不少学者将神话混同于史诗。

神话与史诗的亲和性主要表现在两者共同的非时间性维度上。希腊史诗虽然包含了"历史"元素，但这只是一种"史影"，没有时间刻度。荷马的《伊利亚特》和《奥德赛》，塞普里亚（Cypria）、埃提俄庇斯（Aethiopis）、小伊利亚特（Little Iliad）、泰列格尼（Telegony）等史诗，均采取了近似神话时间的叙事方式。虽然"在史诗中呈现了事件，但是，相应的年代编排是混乱无序的。时间被微缩到了一只望远镜中。岁月流逝，各个不同的时期全都被排列组合到了眼下的表演之中……口头史诗呈现的只是关于过去的一幅拼图"①。斯宾格勒说，"在希腊人的世界意识中，一切个人经验以至共同的过去经验在特定的瞬间的'现在'跟前无不立即变成了一种没有时间的、没有运动的、神话式的背景"②。即使是一些前不久的自己民族的史迹，以及同时代其他民族的史迹，都被他们当作"神话"处理了。"直到波斯战争时期的古典历史，以及往后很久根据传统建立起来的关于这段历史的结构，本质上是一种神话思维的产物。"③ 希腊，这个沉睡在神话海洋里的民族，即使踏进了英雄时代，秘索思（Muoths）仍然孕育不出逻格斯（Logos）的形态，而是继续留躺于秘索思母亲的怀抱——在史诗的肌体中集积。

中国早在商周之交（张光直认为商周的年代分别为公元前1766—前1122，及公元前1122—前221），王室已有专职的记史官，然而，直到公元前五世纪古希腊历史学家罗多德的《历史》一书问世，才标志着西方史学雏形的诞生。古希腊人之缺乏历史感，在修昔底德那里有过典型的表述，他说："在我诞生之前，世上没有任何重大事件发生。"④ 如果说，在中国神话历史化中，神话化成了历史的奴婢，像一只驯化了的家禽，再也无法展翅飞翔，那么，在希腊神话走进史诗中，神话则像一只野性的雄鹰，依然与史诗共同飞翔于蓝色的天空。

神话在史诗中聚积的表征 神话舞台的主角是神祇，史诗舞台的主角是英雄，两者的同质性与亲和性，使史诗留存了大量的神话。笔者将神话在史诗中聚积方式，称为"板块式的迁移"。

在希腊史诗中，英雄与神祇共舞、互婚，人事与神事"互文"。荷马

---

① 约翰·迈尔斯·弗里：《口头诗学：帕里-洛德理论》，朝戈金译，中国社会科学出版社2000年版，第111页。
② 斯宾格勒：《西方的没落》（上册），齐世荣译，商务印书馆1991年版，第23页。
③ 斯宾格勒：《西方的没落》（上册），齐世荣译，商务印书馆1991年版，第23~24页。
④ 刘莘：《历史与时间：斯宾格勒的观念》，载《晋阳掌刊》1996年第2期。

（Homer）史诗的立足点不仅是英雄、人，而且是神明。《伊利亚特》（*Iliad*）以阿喀琉斯（Achilles）的愤怒为肇始，全诗的情节以阿喀琉斯为主线，叙述了神祇与英雄（人）共存于同一天下的互相纠缠。作为阿开亚联军众多将领中的一员，阿喀琉斯为了一名床伴与统帅阿伽门农闹翻，从此拒不出战，待至好友帕特罗克洛斯战死后，方始复出报仇，杀了赫克托尔……这是地上的战场。诗中除了人间的战场外，还有一个重要的"战场"，那就是居于奥林匹斯山（Olympus）之上以宙斯（Zeus）为首的众神，他们自始至终俯视着人间的战事，或明或暗地卷进了人间的战事。整部《伊利亚特》的故事在人与神两条主线的交叉中展开，时现"人/英雄"线，时现"神祇"线。

《奥德赛》以奥德修斯的回归和复仇牵动全局。《奥德赛》的情节较为单一，奥德修斯在诗中的出现率也较为稠密，尽管如此，全诗也不是一个专述奥德修斯个人经历的故事，而是嵌含了各种丰富的神话故事。荷马史诗在大唱英雄赞歌的同时，始终没有离开英雄背后的神祇操作。例如，奥德修斯在归回的路上经历了百般磨难，是因为海神在与他作对。命运之神注定了他十年漂泊、九死一生。在归家的途中，得到风神的招待、女仙的帮助和智慧女神的支持。

我们从《伊利亚特》《奥德赛》的故事中，可以见到史诗中间夹插的一个个生动的神话故事，如果将这些分散的神话抽集起来，就可以构成一个奥林匹斯山神话体系模型。这个现象可用一个类比得到喻说，如果将史诗比作地球之表，那么其中的神话就是地表的大陆板块，据地理学家的推测，大陆板块具有"一体性"，也就是说，板块在原初时候是紧密连成一片的，从世界地图上，我们还可清楚地看到各个大陆板块的"可拼性"。希腊史诗中的神话就如地球表面中的大陆板块一样具有明显的可拼性、一体性。

希腊神话移进史诗后，在史诗的怀抱中继续得到发展与升华。在史诗舞台上，神祇与英雄/人各占半壁江山，各显身手，在互相纠缠中共存于一个世界之中。

（二）神话的自律蜕变

哲学一词源出希腊文Φιλοσοφία，英文为Philosophia，是两千多年前希腊人创造的术语。Philosophia是由philo和sophia两部分构成，philo指爱和追求；sophia指智慧。最早使用该词是毕达哥拉斯。毕达哥拉斯以对比的方式道出了它的含义，他说，在生活中，一些人生来是名利的猎手，而philosophos（爱智者）生来寻求真理。古希腊哲学包纳当时的全部知识，直到亚里士多德对知识分类，才有各学科知识的分化。① 最初的哲学几乎包含着人类全部文化知识，后来因为自然规律开始被屡屡发现，而使人类的知识重心倾斜于自然科学领域，因此西方最早的哲学家是古希腊时期的自然派哲学家，他们以理性思维（与神性思维对立）与辅佐证据的方式归纳出自然界的道理。1874年，日本启蒙家西周在《百一新论》中首先用汉文"哲学"来翻译philosophy一词，1896年前后康有为等将日本的译称介绍到中国，以后渐渐在汉语中通行。

从神话系统到哲学系统的转换 希腊从神话到哲学的转换可从思维与阐释两个角度进行观照。其一，从思维角度看，哲学是人类抽象思维能力与推理能力的结晶。在此之前，因为人类还生活在诗的时代里，人类以神话、宗教的方式解释自然与自身的关系。例如伊索，他用具体事例教导人，再如荷马的史诗，他用形象描述了大千世界。汪子嵩认为："在达到这一阶段之前（哲学阶段），人类对于周围发生的种种事情早就在企图解释和说明，不过那时候，他们主要是采用形象的思维方式去解释世界，那就是神话。所以，哲学是从神话中发展产生出来的。"② 这与维柯所说的"他（荷马）是一切流派的希腊哲学的源泉"③ 道理相同。经过了长期艰苦卓绝的扬弃，希腊人才从感性经验中超越出来，达到了初步的抽象思维。有一例子可说明希腊人是怎样在形象与抽象之间徘徊与抉择的。

苏格拉底曾一而再再而三地提醒希庇亚，他问的问题不是"什么东西是美的"，而是"美本身是什么"，而希庇亚却一而再再而三地用美的东西来回答美本身的问题。这里，苏格拉底的"是什么"是如何从感觉经验中归纳抽象出普遍概念来。而希庇亚的"什么是"则依然停留在经验、感官的层次中。这一例子可让人们看到希腊在历史上如何从具象思维迂回地走上了抽象思维的路子。

第二，从阐释系统的转换角度看，哲学是对神话的取代，也即以自然"神"对人格神的消解。马克思曾说："任何神话都是用想象和借助想象以征服自然力，支配自然力，把自然力加以形象化；因而，随着这些自然力之实际上被支配，神话也就消失了。"④ 马克思这里所说的"神话也就消失了"是指原来的神话阐释体系，被另一套自然阐释系统所代替，这套自然的阐释系统，即为哲学。在替换的过程中经历两个步骤：

---

① 姚介厚等：《西欧文明》，中国社会科学出版社2002年版，第41页。
② 汪子嵩、范明生、陈村富、姚介厚：《希腊哲学史》，人民出版社2004年版，第67页。
③ 维柯：《新科学》，朱光潜译，商务印书馆1997年版，第253～254页。
④ 马克思、恩格斯：《马克思恩格斯选集》（第2卷），人民出版社1975年版，第113页。

其一，希腊人在研究自然方面的丰硕业绩为"去神化"铺垫了基础、准备了底气。卡西尔说："希腊人已经发现了一种新的方法，这种方法使他们能够从一个完全新颖的角度来考察问题。在研究政治之前，他们已经研究了自然。他们在这一领域中做出了伟大的发现。如果没有这个基本前提，他们想要向神话思想的力量挑战，是根本不可能的。"① 卡西尔又说，"亚里士多德把最早的希腊思想家（指米利都学派的思想家）描写为'古代的物理学家'，自然是引起他们关注的唯一对象。他们对自然的探索恰恰与对自然现象的神话解释相对应"②。从公元前6世纪初至公元前5世纪前期，希腊早期的哲学家主要是自然领域的科学家，他们发展了埃及、巴比伦的天文学、数学，对大自然的秘密做出了许多科学的阐释与假设。

其二，希腊人类似商周之交的以"天"易"帝"的符号改造方式，逐步以自然"神"替换人格神。正如王柯平所说："他们还像泰勒斯那样，继续论证'万物皆为神'的旧有假定。但是，在他们的解释模式中，并没有引入任何超自然的存在。在他们的实证理性中，自然已经渗入到一切实在领域，任何存在物和创造物都处于自然之中。"③ 这些希腊哲学家，以实证、归纳、定义等为核心词，开创了一种全新的阐释模式。苏格拉底曾在法庭作了申辩。他认为自己并不是一个无神论者，自己是服从神的。这神是全智全能的、没有形象的，是宇宙万物中普遍体现的、无所不在的理性。④ 黑格尔一语道破了苏格拉底的新神，那就是理性。希腊哲学通过自然哲学家以"理"易"神"的偷梁换柱的方式，逐渐获得了新神的合理身份（legitimate identification），逐步使神话哲学化。因而，古希腊哲学被视为"一种经过改造和升华了的神话学"⑤（reformed and sublimated mythology）。

希腊神话哲学化的表征　希腊人有一种寻原的偏好，这个聪明的民族也许一早就体悟到，一旦解决了事物的本原，也就解读了事物的本质。希腊先哲在神话哲学化中突出地表现在对本原神的"物性基元"⑥化战役上。据记载，阿那克西美尼既说"气是神"，又说诸神"是由气产生出来的"⑦。基

---

① 卡西尔：《国家的神话》，范进译，华夏出版社1999年版，第62页。
② 卡西尔：《国家的神话》，范进译，华夏出版社1999年版，第61页。
③ 王柯平：《在神话与哲学之间》，载《文艺理论研究》2013年第2期。
④ 黑格尔：《哲学史讲演录》（第三卷），生活·读书·新知三联书店1957年版，第89页。
⑤ Guthrie, W. K. C. "Memoir." *The Unwritten Philosophy and Other Essays*. Ed. F. M. Cornford. Cambridge University Press, 1950, x.
⑥ 刘晓欣：《寻找精神的家园——简论古希腊哲学对希腊神话的回溯与反省》，载《天中学刊》2010年第3期。
⑦ 汪子嵩等：《希腊哲学史》（第一卷），人民出版社1988年版，第232页。

尔克在分析了阿那克西美尼的几载残篇之后认为：“可能阿那克西美尼自己关于神说过一些什么，有理由可以推论出的是：世界上的诸神本身是从包含一切的气中派生出来的，只有气才是真正神圣的。”① 在这里，拟人化的神已开始被消解为物质元素的"气"。虽然"气"还不能具有超越性的特征，但"气"是最具流动、变化的物质，这使原来的人格神失去其固定的形体。

对古希腊神话产生过很大影响的巴比伦神话《恩努马－艾利希》（产生于公元前 2000 多年前）这样说，水是天地的生父生母，两股水的融合产生了代表淤泥和天地的诸神及万物。在赫西俄德的《神谱》中，"波涛怒吼的海洋"蓬勃托（Pontos）和大洋之神俄刻阿诺斯（Oceanus）也是产生较早的一批神。在《荷马史诗》中也有关于水是始祖的叙述与描写。丹纳介绍了一个与水神相关的故事："关于雅典的祖先伊累克修斯的传说，含义更深。初民幼稚的幻想把他的出身说得又天真又古怪，伊累克修斯的意思是肥沃的土地，他的几个女儿叫作'明朗的空气''露水''大露水'：这些名字说明原始的人懂得干旱的土地要靠夜里的潮气才能生育。"②

泰勒斯所说的"水"是万物之源的观念，应该与受到这些神话的启发以及直观察看密切相关。亚里士多德曾说："泰勒斯之所以产生这种思想，也许是因为他看到一切的养料都是湿润的，而温度本身也由这种（湿润的）东西生成，生物皆藉湿润以维持其生存。但是为一切事物所做出的那种东西，就是一切事物的原则。因为这个缘故，同时也因为一切种子都具有湿润的本性，而水又是一切湿润的本源，所以他得到了这种思想。"③ 在"水神"的启示下，泰勒斯基于自己的观察，用一种哲学语言，通过去神化的方法，从中提取了"水是世界的本原"的命题。在泰勒斯看来，宇宙不仅过去是水，而且永远是水；水是万物的"第一原理"，万物永恒的不朽元素。

在神话哲学化中，除了将神祇"物性基元"化外，还出现了将神祇抽象化或无象化趋向。色诺芬创造出了新的一神概念，他认为只有一个唯一的神，他是神灵和人类中最伟大的，"无论在形体上或心灵上都不像凡人"④，他是全知、全视、全听的。"神是一，是整体，是不生不灭的、不动的，靠自己的心灵左右着世界万物的进程。"⑤ 色诺芬的学生巴门尼德基本上继承了他关于"一"的学说，但不称之为神，而称之为"存在"。该神与"物性

---

① 汪子嵩等：《希腊哲学史》（第一卷），人民出版社 1988 年版，第 232 页。
② 丹纳：《艺术哲学》，傅雷译，人民文学出版社 1994 年版，第 329～330 页。
③ 黑格尔：《哲学史讲演录》（第一卷），贺麟、王太庆译，商务印书馆 1997 年版，第 182～183 页。
④ 汪子嵩等：《希腊哲学史》（第一卷），人民出版社 1988 年版，第 546 页。
⑤ 汪子嵩等：《希腊哲学史》（第一卷），人民出版社 1988 年版，第 546 页。

基元"相比,已超越了具象性,与世间个别的具体事物截然分开,逐步抽象化为类似西方的"上帝"概念。

喧闹不止的神们在哲学家手中的魔杖(理性)的点触下,一下子变成了静谧的自然之物,变成了水、气、石等"物性基元",或抽象化为"一"。希腊这一神话哲学化的现象,还可从神名演变为哲学概念或普通名词得到印证。例如,天空 ouranos 来自于天空之神乌拉诺斯 Ouranos,大地 gaia 来自于地母神盖亚 Gaia,海洋 pontos 来自海洋神蓬托斯 Pontus,混沌 chaos 来自混沌之神卡俄斯 Khaos/Chaos,地狱 tartarus 来自深渊神塔耳塔洛斯 Tartarus,黑暗 eros 来自黑暗神俄瑞波斯(Erebus),时间 chronos 来自时间之神克罗诺斯,爱 eros 来自爱神厄洛斯 Eros,山脉 ourea 来自盖亚 Gaia 大地之母之女山脉神乌瑞亚 Ourea,地狱 tartarus 来自深渊地狱神塔耳塔洛斯 Tartarus,心灵 psyche 来自美神普赛克 Psyche,命运 moira 来自命运神莫伊拉 Moira,等等。从这些专用神名的人文化、普通化,即从第一字母的大写到小写,生动地铭记了希腊曾经上演的神话哲学化踪迹。

二、神话哲学化的成因

希腊神话的归化,不是直接哲学化,而是先是融入史诗,在史诗中留躺、聚积之后,才发生哲学化的。因而,在探讨其归化的成因时,需要先了解希腊为什么备有一个可供神话聚积的肥沃土壤——宏伟的史诗。

(一) 史诗诞生的无与伦比语境

迟缓的历史意识 从思维角度看,迟缓的历史意识,是史诗充分发展的前提。西方通常所用的"历史"一词起源于古希腊,其本意是"经调查研究的记事"。"调查研究"意味着区别于以往的"信仰相信",这已包含了实证的元素。古希腊史学萌芽于公元前 6 世纪,最初出现了以散文形式所写的"史话家"。其中最著名的代表是赫卡泰欧斯(公元前 540—479 年),他著有《世系》四卷和《在地巡游记》。但这时的史话家由于还不能将神话与历史、传说与信史之间有一个清晰的区分,所以不能算作真正的史学家。[1] 稍后的希罗多德(公元前 484—前 424 年),被罗马的西塞罗称为"历史学之父"。他经历了希波战争,这种亲身的经历促使他完成了以伟大战争为主题的不朽之作《历史》。《历史》才是西方史学意识走向自觉的里程碑。

---

[1] 李枫、杨俊明:《古希腊文化》,广东人民出版社 2004 年版,第 62 页。

上文说，中国早在商周之交（约公元前 1122 年）已设有王室记史官，但希腊到了奥林匹克竞技纪年（公元前 776 年），特别是赫卡泰欧斯、希罗多德的"史书"问世，才形成了历史意识。19 世纪 70 年代，格罗特等著名史学家认为，爱琴文明始于荷马时代或公元前 776 年起的奥林匹克竞技纪年，之前只有模糊不清的传说。① 斯宾格勒更为夸张地说："'古典人'（古希腊罗马人）的时间结构只是'纯粹的现在'……古典文化中不存在'历史系统'，即使其历史杰作，也只是陈述作者'本身'的政治现状态。"② 维柯说："在希罗多德以前，希腊各族人民的历史都是由他们的诗人们写的。"③ 卡西尔也说："甚至连希腊思想家们也仍然不能为历史思想这种特殊的形式提供一种哲学的分析。这样一种分析直到十八世纪才出现。历史的概念是在维柯和赫尔德的著作中才第一次臻于成熟的。"④ 而维柯和赫尔德的时代已到了近代时分。

从以上的各种述说中可知，"历史意识"对于希腊人来说，是一个较晚的产物。直至希罗多德时代，它才露出雏形。在那之前，希腊人的历史意识继续寄寓于神话、史诗的海洋之中。就如日耳曼人和美洲印第安人一样，"把他们的历史保存在诗篇里"⑤。

民族迁徙·战争崇拜·文字缺席 希腊史诗的直接成因，需要从希腊独特的地理特点与社会样态等层面去寻找。笔者认为，希腊史诗有三个积极的促因：民族迁徙、战争崇拜与文字缺席。

其一，民族迁徙。大地是人类及其文化的母亲。越是在早期，人类对于大地、自然的依赖性就越强，人类文化就越可得到地理学的阐释。法国年鉴学派史学家布罗代尔认为，由地理环境造成的"历史长时段"因素，始终制约着人类社会的发展。探讨历史文化中某些稳定的、恒常的现象，必须首先把目光投向人类文化赖以生长的地理环境。我们对希腊史诗成因的寻找，地理因素同样是不可忽略的。

希腊半岛在大海的环抱中伸入地中海，克里特岛和数百个岛屿星罗棋布般立在爱琴海上。这就是产生荷马史诗的地方。这块瘦狭的地区没法进行农耕，物产不丰富，只能种些葡萄和橄榄树，人口的自然增长使这块方不堪重负、拥挤不堪。希腊有限的土地与人口无限增长之间的矛盾，使该民族不断

---

① 姚介厚等：《西欧文明》，中国社会科学出版社 2002 年版，第 25 页。
② 斯宾格勒：《西方的没落》（上册），齐世荣译，商务印书馆 1991 年版，第 8 页。
③ 维柯：《新科学》，朱光潜译，商务印书馆 1997 年版，第 464 页。
④ 卡西尔：《人论》，甘阳译，西苑出版社 2003 年版，第 199 页。
⑤ 维柯：《新科学》，朱光潜译，商务印书馆 1997 年版，第 462～463 页。

地移民。移民成了希腊人生活的一项内容。相比之下，汉民族人民生活在幅员辽阔的内陆环境，广阔的农耕区域为先民提供了较为充裕的生活资料，广袤的土地足以承受人口的自然增长。移民对汉民族来说是陌生的。

其次，野蛮的北方山地的亚该亚人、多利亚人常常轮番侵入，频繁战争逼使希腊人不断地外逃。希腊是一个著名的商业民族。商人与农民对待战争的态度是不同的。冯友兰在《中国哲学史》中列举的《吕氏春秋》中的《上农》篇很能说明该问题。在这一篇里，对比了两种人的生活方式：从事"本"业的人即"农"的生活方式，和从事"末"作的人即"商"的生活方式。农的很朴实，所以容易使唤。他们孩子似的天真，所以不自私。他们的财物很复杂，很难搬动，所以一旦国家有难，他们也不弃家而逃。另一方面，商的心肠坏，所以不听话。他们诡计多，所以很自私。他们的财产很简单，容易转运，所以一旦国家有难，他们总是逃往国外。① 《上农》中那个"商的"的迁逃在一定程度上映射出了希腊人对待战争的态度。其次，希腊土地狭窄，没有足够的回旋余地，一旦发生战争，必然引发了一批批海外逃民。在"黑暗时代"多利亚人的入侵，使社会陷入动荡不宁的状态，引发了移民高潮。不少希腊人经历了奔波迁徙之苦后，在举目无亲的异国他乡生存下来。大诗人赫西俄德就为自己不幸降生于"黑暗时代"而悲哀不已。

正是在这种漂动中，孕育了举世闻名的史诗。族群的迁移为史诗准备了主角。跨海迁移的一个显著特点是消解氏族、家族体系的原有秩序，抛弃原始社会里的血族关系。原来地缘、血缘的祖先崇拜就要让位于新的、跨氏族是"祖先"即英雄，英雄的抬头为史诗准备了主角。

人口膨胀、战争等迫力使希腊成了一个迁徙频繁的民族。民族的迁徙为史诗的产生创造了温床。移民有另一个特点是：在新环境中，精神财产的价值得到凸显。移民在转瞬间被置于一个陌生的空间，人原来所依赖的物质财产，各种工具、材料，眼前只剩下有限的几件，只有精神财产（神话与传说）才基本保存下来。于是，人们对这些有限的精神财产倍加珍惜，它几乎成了人在江湖漂泊中精神依托的一块绿洲。"（在长途航海以后）……多少年来流传下来的彼此无关的神的事业，现在也编成了富有诗集的神话集、神圣和英雄故事，像早期的北欧海盗、荷马时代的希腊人一样。"② 此外，史诗还有一种类似军歌的功能，能满足移民的精神需要。族群的迁移是对生存空间的开拓，是一场没有硝烟的战争，而史诗的内容多是战争，这两者有诸多共鸣之处。史诗里战天斗地的英雄气概能给移民以意志鼓舞，作为艰难

---

① 冯友兰：《中国哲学史》（上），中华书局1961年版，第238页。
② 汤因比：《历史研究》，曹未风译，上海人民出版社1997年版，第129～130页。

的旅途或寻找家园的精神支柱。史诗就如他们迁徙的"军旅之歌"。

著名历史学家汤因比说，在爱奥那，在冰岛，在不列颠，跨海的移民——希腊人、斯堪的纳维亚人、盎格鲁撒克逊人——产生了"荷马式的"史诗——《埃达》和《贝奥马夫》。① 汤因比还得出了这样的规律：如果没有原来那些跨海迁移时期的苦难所产生的刺激，这些规模宏大的作品是无论如何也不会出现的。我们到此就接触到了这样一个公式："戏剧……发展在本土，史诗则产生在移民当中。"② 我们可以这么说，戏剧是身在家园中的唱曲，史诗则是开拓家园的号角。叶舒宪说："欧亚大陆众多民族的不同文化由于地理上的联系，在各自历史发展的过程中往往要突破其原始的居处疆域而作空间上的生存拓展或种族大迁徙，由此而导致的文化运动与冲突较美洲、非洲和澳洲要频繁得多、激烈得多，这也就为各民族英雄史诗题材的发生提供了现实的社会条件。"③ 这些都生动地论说了民族迁徙与史诗的内在联动性。

其二，战争崇拜。战争、英雄与史诗有一种内在关系。战争与英雄的形态影响着史诗的形态。战争可谓是史诗的第一要素。史诗往往以战争为主题，没有战争，就没有英雄，没有英雄，就没有史诗。人类从原始时代到文明时代，最主要的推动力是战争。原始社会末期，氏族部落之间为了争夺财富和生存空间，常常发生战争，战争如家常便饭，几乎成为当时社会生活的主旋律。但民族不同，战争的样态也不同。古希腊人生存空间狭小、人口压力大，使扩张生存空间的欲望特别强盛。因而，希腊民族的战争比起古代中国的战争更为惨烈、悲壮。

在希腊神话里，战争崇拜是一个重要的主题。赫西俄德的《神谱》中告诉我们，希腊神王的更迭都是通过父辈与子辈之间的战争实现的。恩格斯在《家庭、私有制和国家的起源》中说，"古代部落对部落的战争已经开始蜕变为在陆上和海上为攫夺家畜、奴隶和财产而不断进行的抢劫，变为一种正常的营生，一句话，财富被当作最高福利而受到赞美和崇敬，古代氏族制度被滥用来替暴力掠夺财富的行为辩护"④。斯巴达式准军事社会的产生就是一个例证。社会的准军事组织化必然意味着对外征战的频繁化和常习化。

希腊的战争显得格外激烈、壮观，还因为希腊是一个商业民族，商业民

---

① 汤因比：《历史研究》，曹未风译，上海人民出版社1997年版，第131页。
② 汤因比：《历史研究》，曹未风译，上海人民出版社1997年版，第132页。
③ 叶舒宪：《英雄与太阳——中国上古史诗的原型重构》，上海社会科学院出版社1991年版，第18页。
④ 恩格斯、马克思：《马克思恩格斯选集》（第4卷），人民出版社1972年版，第104页。

族战争的一个后果是原先商贸秩序链条的断裂,造成了社会生产模式的大裂变。中国战争与希腊战争的形式与结果各不相同。中国土地面积辽阔,人口增长的压力小,战争的失败并不会引起如希腊一样的灾难。农耕民族的战争有自己的特色,战后与战前一样的与土地打交道的生产模式,又使胜者与败者统一在任何一个新政权的结构之中。中国与希腊在英雄时代的战争性质不同,叶舒宪将之描述为一个是"战马"(游牧与商业)战争,一个是"太阳"(农耕)战争。他认为中国是一个"自古以来就不大崇尚征伐与战争"的民族。[1] 因而,"太阳"战争的形式对英雄史诗的产生不是一种积极的因素。

"战马"战争与"太阳"战争产生了希腊与中国两种不同样态的史诗——一个是屹立在大地之上宏伟壮观的王宫,一个是沉浸于大海之下脸孔模糊的城堡。前文已有所述,叶舒宪在《英雄与太阳——中国上古史诗的原型重构》中,便以"后羿神话"为个案,在遥远的历史海洋中去打捞中国的史诗。他说他是用"原型结构分析法"发掘"潜在的、隐伏的、埋藏于作品叙述层次背后的深层结构"去"重构中国上古史诗"[2]。从叶氏所用的"原型结构""潜在""深层结构""重构"等措辞中可知中国的"史诗"已静悄悄地沉浸在华夏民族集体记忆海洋的角落里,而不是如希腊史诗一样有形有状、气势磅礴。

史诗的另一个重要元素是主角,即英雄。史诗也被称为"英雄史诗",是关于英雄的故事。英雄在中国往往被称为"祖先",英雄与祖先实质上是一组同义词。英雄崇拜的原始形态即为祖先崇拜。谢选骏曾说,"英雄崇拜与祖先崇拜,在原始氏族的精神生活本来同一"[3]。后来,随着氏族的融合,超氏族的祖先便是英雄。

希腊民族由于地理、商业、战争等特点,使氏族与氏族、部落与部落之间发生了广阔的接触和联系,血缘式氏族祖先被跨氏族的英雄所取代,希腊民族的英雄便是超家族、跨氏族的全民性英雄,是军事首长或其化身,如希腊主将阿喀琉斯、奥德修斯等。但汉族的"英雄"却长期蜷缩、逡巡在家族的祠堂里。事实上,中国的"英雄时代"即为商殷的崇祖时代。在农耕语境下,希腊式气势磅礴的英雄崇拜被分解为狭隘的祖先崇拜。中国的

---

[1] 叶舒宪:《英雄与太阳——中国上古史诗的原型重构》,上海社会科学院出版社1991年版,第27页。

[2] 叶舒宪:《英雄与太阳——中国上古史诗的原型重构》,上海社会科学院出版社1991年版,第29页。

[3] 谢选骏:《神话与民族精神》,山东文艺出版社1988年版,第406页。

"英雄"以牺牲希腊式英雄的"质量",而换来了一切他族不可攀比的众多"数量"。结果,英雄史诗在汉族被置换成密密麻麻的家史。

其三,文字缺席。史诗的产生还与另一个因素有关:迟到的文字。文字是笔头的,史诗是口头的,文字在多方面是与史诗相对抗的。希腊史诗与"黑暗时代"的背景有密切联系,或者说,史诗是"黑暗时代"的一个使然。希腊文字在诞生过程中经历了"一波二折"的难产,希腊线形文字 A 及线形文字 B 均折损在历史的海洋中。在多立斯人入侵后,迈锡尼文明中断,希腊走进了几百年没有文字的"黑暗时代"。

直到公元前 9 世纪到公元前 8 世纪,希腊文字才迟迟问世。在"黑暗时代"中史诗得到了空前的发展,就像盲人不识字,却练就一身高强的记忆能力一般。维柯在《新科学》中猜测荷马是一位盲人,有几处谈到荷马,他说,"据传说,荷马是个盲人,因此他才叫作荷马,Homeros 在伊阿尼亚土语里意思就是'盲人'""盲人们一般有惊人的持久的记忆力,这是人类本性的一种特征""他们都盲目,所以都叫作荷马(homeros)。他们有特别持久的记忆力"①。

文字的缺席,必然促使口头传统的发达,口头传统的发展促使韵律与程式的运用,扩大记忆容量,使长篇巨幅的史诗的记诵成为可能。"《奥德赛》里有两段名言,在赞美一位说书人把故事说得好时,说他讲故事就像一位音乐家或歌唱家。用荷马史诗来说书的人正是如此,他们都是些村俗汉,每人凭记忆保存了"②,美国学者弗朗兹·博厄斯在《原始艺术》中认为"在原始叙事之中,内容和形式有韵律的重复是普遍存在的"③ "原始散文中往往有一些程式化的段落而这些段落听起来是全文最引人入胜的地方,有时这些段落是有韵律的"④。一开始,人们只感受到韵律与程式,但对它们还没有自觉的反省意识。当韵律与愉悦发生关系,也就是博厄斯所说的"程式化"与"引人入胜"建立起关联时,韵律的自觉就形成了。谐音能使听觉愉悦,使记忆成本大大节省,扩大容量。"在神话的讲诵中,为了达到有韵律结构,往往加上一些无含义的音节使讲诵带有节奏感。"⑤ 从而产生了一部分游吟诗人,他们将民间的神话片段及现实生活中的为全民族所共同关注的重大事件融为一体加以系统化、艺术化、韵律化。荷马就是游吟诗人的集大成

---

① 维柯:《新科学》,朱光潜译,商务印书馆 1997 年版,第 469、470、472 页。
② 维柯:《新科学》,朱光潜译,商务印书馆 1997 年版,第 464 页。
③ 弗朗兹·博厄斯:《原始艺术》,金辉译,上海文艺出版社 1989 年版,第 292 页。
④ 弗朗兹·博厄斯:《原始艺术》,金辉译,上海文艺出版社 1989 年版,第 292 页。
⑤ 弗朗兹·博厄斯:《原始艺术》,金辉译,上海文艺出版社 1989 年版,第 296 页。

者。

作为口头传统的语音符号可使被表述的情景更加有声有色、栩栩如生。在口头传统中，以听觉为中心，激发更多的是想象、热情，而不是理性、认知。维柯说："直到荷马时代甚至更晚的时代尚未发明出共同的字母。在人类还那样贫穷的时代情况下，各族人民几乎只有肉体而没有反思能力，在看到个别具体事物时必然浑身都是生动的感觉，用强烈的想象力去领会和放大那些事物，用尖锐的巧智（wit）把它们归到想象性的类概念中去，用坚强的记忆力把它们保存住。"①

史诗（包括神话）、口头传统更多的是与感性相联系（当然它也是有理性成分的），它还未脱离感性的形象。"荷马所写的英雄们在心情轻浮上像儿童，在想象力强烈上像妇女，在烈火般的愤怒上像莽撞的青年，所以一个哲学家不可能自然轻易地把他们构思出来。"② 希腊人在史诗中的形象塑造能力，与希腊人的雕塑能力在本质上是一脉相承的。文字更多地与"有序思维"、理性相联系，而口语则更多地与神性思维、感性相联系。希腊文字的缺席，使希腊民族继续翱翔于秘索思的蓝天之中。

作为世界四大文明古国之一，中国在文明的黎明期便发明了象形文字。与口语相比，文字更能锻炼人的理性能力。这个早熟的理性使中国一早就产生了散文，而放逐了史诗。而希腊人文字的缺席与迟缓，使他们的诗性思维之船继续遨游在史诗的海洋之中。

从希腊史诗成因的追寻中，我们发现史诗的形成与民族迁徙、战争形态、文字缺位三大因素有密切的关系。迁徙意味着开拓、冒险，浩浩荡荡的家园开拓为史诗的产生创造了温床、气候；战争必然产生英雄、英雄故事，规模庞大、酷烈的战争为史诗创造了内容；文字的迟发促进了诗性思维、口头传统的继续飞扬，这三个层面促成了希腊史诗的诞生。希腊是为史诗而生的希腊。

（二）追逐智慧的温床

前文已说过，哲学一词源出希腊文 Φιλοσοφία，英文为 Philosophia。Philosophia由 philo 和 sophia 两部分构成，philo 指爱和追求，sophia 指智慧。智慧在古希腊包纳当时的全部知识，一开始，哲学可以说是人类知识的总称，后来亚里士多德对知识进行分类，才有各学科知识的分化。最早的希腊哲学家学大多为自然学家，即科学家。为什么人类能在希腊这块地方诞生出

---

① 维柯：《新科学》，朱光潜译，商务印书馆1997年版，第457页。
② 维柯：《新科学》，朱光潜译，商务印书馆1997年版，第460页。

这一批密集的优秀哲学家？古今中外已有诸多论说，笔者认为，这里有两个重要的促因，一是地理与生活方式（城邦与航海），二是自由、自律生长的希腊人（"正常儿童"）。

城邦与航海　由于地理上星罗棋布的"割据"状态，希腊地区与中国相比，缺乏大河流域，缺乏农业灌溉所要求的密集、协调的劳作，劳动协作性程度较低，个人和个体家庭具有较多的独立性。"这是一个和东方的君主政体大不相同的社会结构。……希腊城邦和我们曾经提到过的任何人类社会之间的另一个差异，是希腊城邦的继续不断的和无法挽回的割据状态。……一般说来，这种情形被认为是出于他们所处的地理环境。……很少有城邦能在一段时间里使其他多数城邦附属于自己。"①

公元前 8 世纪中叶，希腊已密布地建立了 400 多座城邦。城邦（polis）原由卫城（acorpolis）或堡垒发展而成。卫城是指建在高处的利于防守的独立都城，一般城邦方圆只有数十里，万余人。它同"乡郊"（demos）相对。相对于世界上很多地方，比如东方社会（如古代印度、中国等）的农村公社和村民自治，古希腊人已生活在城市化的城邦之中了。"城邦，是以一个城市为中心的独立主权国家。"② 它们既各自独立，又有密切的经济联系，共享统一的民族文化。各城邦的人都自称"希腊人"，希腊一词取自传说中伊奥尼亚、埃俄利亚和多立斯三族的共同之父"希伦"（Helle）。

城邦的重要内涵是政治。古希腊的"政治"politics 一词源自"波里"（城邦，polis）。所谓政治，并不是现代意义上的政治，而是与私人领域相对应的公共领域。希腊人将公共领域（城邦）和私人领域（家庭）划分开来，把政治当作人类公共生活的表现。阿伦特说："希腊人只有政治的概念，没有社会的概念。亚里士多德只会将人理解为'政治的动物'，不会将人理解为'社会的动物'。"③ 这里的"社会"不同于共同领域生活的"政治"，是指利益的冲突与平衡形成的关系。古希腊的政治甚至表现为一种集体性的伦理。英国哲学家泰勒曾说，柏拉图并未严格区分政治与伦理。④ 古希腊人所谓的政治，与公共领域的秩序关系密切，而公共秩序实质上就是一种伦理精神。从"政治"politics、"城邦"Polis 与'公民'Polites 三者的词源关系，我们很容易明白，柏拉图为什么把人称为"政治的动物"。可见，

---

①　海斯、穆恩、韦兰：《世界史纲》，吴文藻、冰心、费孝通译，人民出版社 1982 年版，第 307、308、310 页。
②　顾准：《希腊城邦制度》，中国社会科学出版社 1982 年版，第 8 页。
③　阿伦特：《人的境况》，王寅丽译，上海人民出版社 2009 年版，第 15 页。
④　Taylor. *Plato-the Man and His Work*, London, 1978, pp. 265–266.

城邦的本质特征是一个与私人性相反的共同共享空间。

城邦是一个民主制度的小型共同体。学者顾准认为，"由于城邦疆域很小，经济上自给，政治上自治，便于实行主权在民与直接民主的制度"①。城邦中公民不同于大国中的臣民，臣民是属于国君的臣民，而公民是属于自己的公民。公民的基本含义是"轮番为治"。希腊城邦一个重要特点是没有专制神权、王权。丹纳说，"（在古希腊人，笔者注）没有国王或祭司需要侍奉，他在城邦中完全是自由自主的人"②，希腊人脱离了君主的奴役，成为一个独立的城邦人。在这样环境成长的希腊人"在实际生活中同样不知敬畏。希腊人不能像罗马人服从一个大的单位，隶属于一个只能想象而不能眼见的广大的国家"③。"宗教或国家的伟大使人性趋于畸形发展的弊病，他们也免除了。"④ 古希腊人是正常的儿童，与大多其他民族相比，他们以自然天性代替被歪曲的奴性，他们遵从知识、真理代替服从君王的指令。

古希腊城邦的公共空间、民主制度，为古代人类思想、智慧的生发提供了一个天然、优越的温床环境。

航海是希腊人的另一天性，海所赋予人的自由度是与陆赋予人的自由度是不同的。希罗多德把富饶的西西里和南部意大利同贫瘠的希腊作对比，说希腊一出世就与贫穷为伍。这使希腊人不得不走向另一片流动的土地——海洋。丹纳对希腊人的水性本性的描述非常深刻，他说："这种地形当然鼓励人民航海，尤其土地贫瘠，沿海全是岩石，养不活居民。原始时代只有近海的航运，而这里的海又最适宜于这种航运。"⑤ "从事航海的人，一定很快就体会到了船只给予他们的特有的自由和机会。他可以离开大陆到岛屿上去；无论酋长或者国王都不一定能追赶得上船只。每一个船长就是一个国王。"⑥

超脱了大陆的羁绊的希腊人，在空旷的海面上拥有一望到底的海漂视域，他们在海外殖民与航海贸易中较容易发现海流、天文、气象等自然现象的规律，对神秘的天穹发出各种遐想与猜想。因为海洋的漂动性，使他们更加需要寻找事物变化的规律，在不定中寻找固定，在流变中寻找不变。这种求知精神容易使希腊凝结出智慧之蕾，绽放出了"追寻万物真相之源"的

---

① 顾准：《希腊城邦制度》，中国社会科学出版社1982年版，第8页。
② 丹纳：《艺术哲学》，傅雷译，人民文学出版社1994年版，第41页。
③ 丹纳：《艺术哲学》，傅雷译，人民文学出版社1994年版，第260页。
④ 丹纳：《艺术哲学》，傅雷译，人民文学出版社1994年版，第262页。丹纳叹惜在如此分裂的情形之下，希腊终究沦于半野蛮的但是有纪律的民族之手，"每个"的结果是"整个"受人奴役。
⑤ 丹纳：《艺术哲学》，傅雷译，人民文学出版社1994年版，第246～248页。
⑥ 潘知常：《中西比较文化论稿》，百花文艺出版社2000年版，第137页。

哲学之花。

  "正常儿童"心智的自律蜕变 有一个埃及祭司对梭伦说："噢，希腊人！希腊人！你们都是孩子！"①"孩子"一词道出了希腊民族性格的主要特征。丹纳以"游戏"概括了希腊人的童性特征，他说："他们以人生为游戏，以人生一切严肃的事为游戏，以宗教与神明为游戏，以政治与国家为游戏，以哲学与真理为游戏。"② 游戏是童性的别称。希腊人就如一个正常健康发展的儿童，他能凭着天性、童性自如地成长，他没有早发的宗教扭曲（如希伯来人），没有沉重的伦理改塑（如中国人），他任凭天性自如、充分地舒展。马克思曾将早期人类比喻为童年，他说历史上的人类童年，"有粗野的儿童，有早熟的儿童……希腊人是正常的儿童，古希腊人是人类最美好的童年"③。这是一个恰当的喻说。希腊可谓太阳底下最正常、最健康的儿童。

  希腊人的"尚裸"情结是正常天性的一个体现。对一位天真烂漫的孩童来说，裸体并没有使他们感到羞耻，反而使他们感到自豪。"他们全民性的盛大的庆祝，如奥林匹克运动会，波锡奥斯运动会，纳米恩运动会，都是展览与炫耀裸体的场合。……到了会上，在掌声雷动的全民面前，他们裸体角斗，拳击，掷铁饼，竞走，赛车。"④"悲剧诗人索福克勒斯年方十五，以俊美出名，在战利品前面裸体跳舞，一边唱贝昂颂歌。一百五十年之后，亚历山大东征大流士，经过小亚细亚，在阿喀琉斯墓旁和同伴裸体竞走，表示对古英雄的敬仰。"⑤ 希腊人在庄严的节日，在练身场上他们随意把衣服完全脱掉，全身赤露在阳光底下，衣服不成为身体的拘束。"那里的人在浴场上，在练身场上，在敬神的舞蹈中，在公众的竞技中，经常看到裸体和裸体的动作。他们所注意而特别喜爱的，是表现力量，健康和活泼的形态和姿势。"⑥

  裸体，无拘无束，这是人性得到自由舒展的表征。丹纳深知希腊人的这一特性，他说："离开原始状态没有这样远，他所活动的政治范围更适应人的机能，四周的风俗更有利于保持动物的本能：他和自然的生活更接近，少受过度的文明奴役，所以更近于本色的人。"⑦ 丹纳这里所说的"少受过度

---

① 丹纳：《艺术哲学》，傅雷译，人民文学出版社1994年版，第270页。
② 丹纳：《艺术哲学》，傅雷译，人民文学出版社1994年版，第270页。
③ 马克思、恩格斯：《马克思恩格斯选集》（第2卷），人民出版社1972年版，第114页。
④ 丹纳：《艺术哲学》，傅雷译，人民文学出版社1994年版，第43页。
⑤ 丹纳：《艺术哲学》，傅雷译，人民文学出版社1994年版，第45页。
⑥ 丹纳：《艺术哲学》，傅雷译，人民文学出版社1994年版，第46页。
⑦ 丹纳：《艺术哲学》，傅雷译，人民文学出版社1994年版，第281～282页。

而文明奴役"意味着希腊人既没有受到他力（如宗教、伦理、理性）的过多奴役，他不像希伯来人一早就低着头颅忙于进出庙宇，也不像中国人一早就穿上严严实实的长袖衣裳，而是凭着天性、童性，将他们的神象发展到人形神，一直推进到人形神的终极点，最终发生自律蜕变，化为举世瞩目的哲学奇葩。

第四节 中希"归化形态"孕育的文化范式胚形

在神话的"归化形态"上，中国表现为历史化，而希腊表现为哲学化，这一分野，形成了各自的文化范式。中国神话的过早历史化，形成了早产的实用理性，而希腊神话的哲学化，成就了彻底的思辨理性。

一、中国神话过早历史化与"实用理性"

神话的结构与演化是民族文化本质的缩影与折影。我们顺着"中国神话历史化"之藤，可以触摸到中国文化之果——"实用理性"（阴阳理性）。李泽厚用"实用理性"一词概括中国式的理性。按李泽厚所言，对中国理性或哲学的这种性质的判断已成为一种共识，但对其根源则缺乏研究。他说："这些问题国内外学者都有所注意和描述，但没有人解释这些特点是如何可能来的。"[①] 笔者认为，中国"实用理性"的形成可从中国神话的过早历史化得到阐释。

在神话历史化过程中，神话思维虽然成功地孕育、诞生了中国式理性，但它犹如一个早产的婴儿，本来还应在母腹（腹中之婴喻为神的时代）的温馨中多躺些时间，汲收多些养分，但在农耕、灌溉、文字等元素的作用下过早地匆忙降世。罗素有段精彩的话，他说，"文明人之所以与野蛮人不同，主要的是在于审慎，……他为了将来的快乐，哪怕这种将来的快乐是相当遥远，而愿意忍受目前的痛苦。这种习惯是随着农业的兴起而开始变得重要起来的……审慎也很容易造成丧失生命中某些最美好的事物"[②]。罗素这段话在相当程度上正是中国文化精神的写照。中国因发达的农耕而使人过早文明化，使人受到文明的塑造与奴役，过早地产生了"审慎"，进而理性，

[①] 李泽厚：《实用理性与乐感文化》，生活·读书·新知三联书店2005年版，第365页。
[②] 罗素：《西方哲学史》（上），商务印书馆1963年版，第39页。

但也付出了代价，其中之一是理性孕育的"不彻底""不成熟"，结果是形成了中国特有的文化范式："实用理性"或曰"阴阳理性"。

神话过早历史化有两个"互为"的结果：一是神话不发达（中途被理性化），二是理性不"成熟"，形上与形下既分又合、亦分亦合。这种理性经过轴心期人文运动的洗礼而定形、定格，形成一种阴阳理性。在前文"轴心期视角下的中国历史意识"中，我们已讲述了希腊理性的演进在轴心期表现为"晚发""突破""点状"等突变式特征，而中国的轴心期则表现为早发、缓慢的爬坡状、斜线状特征，中国是一种渐进式的演变。这种"斜线状"与中国的阴阳式理性互为吻合，即均是量变式，而不是质变式的。一般可以这样认为，具象与抽象在历时上既是人类思维前后的两个阶段，在共时上又是人类思维的两个翅膀。从思维演进的规律角度看，思维的过早理性化常常使抽象难以立即脱离具象，抽象与具象还须彼此偎依，两者如蝴蝶穿花、蜻蜓点水，若即若离。张光直对此也有所言，"华夏文化由于在轴心期保留着与原始文化的连续性，……两者没有发生明显的突变"[①]。（当然这种理式也有其优点，这是另一个议题）叶舒宪说，"如果说，西方哲学的思维模式是扬弃了神话思维模式之后发展起来的，那么，中国可以说其哲学思维模式是直接承袭神话思维模式发展起来的"[②]。中国的哲学思维不是从神话思维中蜕变而成的，而是对神话思维的直接承袭，其结果是形成了"实用理性"。

中国神话过早历史化，也就是说，中国神象（神话），只发展到兽形神，便匆匆化为历史人物，自我意识还停留在"混我"、在未推进近"准我"的情况下，就被人化、理性化了。这是中国"阴阳理性"（未脱具象的抽象，如易、阴阳、五行、八卦等）或"实用理性"产生的重要原因。

二、希腊神话自律哲学化与"思辨理性"

思辨，英文为 Speculation，源于拉丁文 speculari。意为可以离开行动、实践的纯粹的思考活动。本书指将感性的东西上升到抽象的概念（观念、理念、原则），并将之固定化，然后用这些概念来阐释大千世界的思维活动。思辨理性相对于实践理性而言，其特点是脱离了感性的、具象的事物。我们这里所说的思辨理性精神，是指一种超越了具体层次的、形而上的、纯粹的思想运作。

---

① 栾栋：《人文学概论》，暨南大学出版社 2012 年版，第 44 页。
② 叶舒宪：《中国神话哲学》，中国社会科学出版社 1992 年版，第 2～3 页。

"史诗聚积"是神话哲学化涌动的前夜　神话与史诗都操用形象思维。希腊神话的"史诗聚积"使神话继续翱翔于史诗的天空。希腊历史意识的迟缓,使希腊人拥有更多的时间生活在狄奥尼斯(狄奥尼斯即酒神,是希腊文化的代名词)里,使他们的生活充满巴库斯(非理性)。罗素说,"人类成就中最伟大的东西大部分都包含有某种沉醉的成分,某种程度上的以热情来扫除审慎。没有这种巴库斯的成分,生活便没有趣味;有了巴库斯成分,生活便是危险的"①。罗素这段话也正是希腊(西方)文化精神的写照。中国的农耕人倾向审慎,而希腊人则沉醉于巴库斯、酒神之中。

希腊的"理性萌芽"(即"历史意识")则如一个迟迟不愿走出神话母腹的大婴,由于洋海漂游、民族迁徙、文字缺位等因素,使其长时间地留躺在母腹的温馨里,寄寓于史诗的世界里。希腊史诗的温床使神话思维得到继续发展。"自律"一词是对希腊思维演化特征的最佳概括:在城邦中自律成长的希腊人拥有了一个自律的思维,自律的思维使希腊神话自律地走进史诗,继续在史诗中得到自律的扬升和蜕变。

神话哲学化与思辨理性　在希腊神话哲学化过程中,喧闹的神祇在哲学家的"理性魔杖"的点触下,一下子变成了静谧的自然界。人形神变成了"水""气""泥""石"等"物性基元",虽然这些"基元"一开始的抽象化程度还不高,尚处于具体与抽象、偶性与实体、质料与形式之间的流动形态,但"水""气"等的准物质性、准抽象已实现了对原来人形神的"有形"的否定。对人形神的否定,扫除了希腊人思维演进路上的樊篱,使思维的演进迈入了一个飞跃期。据亚里士多德说,苏格拉底(公元前469年—公元前399年)还没有使定义和具体事物分离而成为柏拉图的理念那样的精神实体,②但约过40年后,到了色诺芬(Xenophon,公元前430年—公元前354元),神祇在抽象化上向前迈了一大步,他说神"无论在形体上或心灵上都不像凡人""神是一""神是整体""靠自己的心灵左右着世界万物的进程"③。这里的"一""载体""心灵"已超越了一切具象,弃绝了物质束缚,神祇成为无形、无象的抽象东西。

丹纳有两段话,给我们展示了希腊人自神话哲学化后的思维图景。他说,"哲学家一边散步一边谈话,众人跟在后面。他们都一下子扑向最高的结论;能够有些包罗全面的观点便是一种乐趣,不想造一条结实可靠的

---

① 罗素:《西方哲学史(上)》,商务印书馆1963年版,第39页。巴库斯即酒神狄奥尼索斯。
② 姚介厚等:《西欧文明》,中国社会科学出版社2002年版,第47页。
③ 汪子嵩等:《希腊哲学史》(第一卷),人民出版社1988年版,第546页。

路；……他们是理论家，喜欢在事物的峰顶上旅行，象荷马诗歌中的神明，喜欢在一个广大而新鲜的区域中走马观花，一眼之间把整个世界看尽"①，还有"据古人传说，毕太哥拉发现了'从直角三角形之弦引申的方形，等于其他两边引申的两个方形之和'，欣喜若狂，许下心愿要大祭神明。他们感兴趣的是纯粹的真理，柏拉图看到西西里的数学家把他们的发现应用于机器；责备他们损害科学的尊严；按照他的意思，科学应该以研究抽象的东西为限。……他们为思想而思想，为思想而创造科学"②。丹纳这两段话中的"最高结论""能够有些包罗全面的观点""在峰顶上旅行""兴趣的纯粹的真理""科学应该以研究抽象的东西为限""为思想而思想"均是希腊人崇尚弃物、弃象的思维方式的生动写照。

从思维发展角度看，神话思维的自律蜕变，可演化为彻底的思辨理性。希腊神话即使发展到人形神，但依然没有在一个外力（宗教或伦理等元素）的作用下发生归化，而是继续留躺在史诗的怀腹中升华。根据思维发展的规律，殊相（particular）即个别具象，总是不可抑制地飞向共相（universal），共相即典型形象，共相总是在诉说着抽象的内容，抽象的内容即概念。③ 当共相高度成熟时，会发生自律的蜕变，其中蕴含的意义会自然流出，产生概念。希腊人的思维就属于这种蜕变。

命运之神从殊相、共相，再到概念的演进就是一个典型的例子。一开始，每个人均有自己的命运之神（殊相），后来逐步共相化，减少为命运三女神，当命运女神的共相成熟至临界点时，共相便流出"命运、必然、定数"概念之义。再如，荷马创造了高不可及的两个典型共相：阿喀琉斯——暴躁、易恼怒、顽强到底、不饶人、狂暴、凭武力潜压一切权力，奥德修斯——警惕性高、忍耐、好伪装、口是心非、诈骗、光说漂亮话而不行动、诱人入圈套、自欺欺人。当这些共相日渐成熟时，它便有可能蜕化为"希腊民族性"的含义。

神性思维的自律升华往往可实现对自身的彻底否定，而孕育彻底弃象的思辨理性。叶舒宪说，"西方哲学的思维模式是扬弃了神话思维模式之后发展起来的"④。希腊人蜕变式的思辨理性来得如此深刻与迅猛，在伊奥尼亚⑤的大地上，希腊人仿佛在一夜间脱离了神话，就如盲人一下子见到了太阳。

---

① 丹纳：《艺术哲学》，傅雷译，人民文学出版社1994年版，第269页。
② 丹纳：《艺术哲学》，傅雷译，人民文学出版社1994年版，第252页。
③ "殊相""共相""概念"三者的区别：殊相为具体的个体形象，共相为众多个体形象中抽取的典型形象，概念为典型形象即共相流出（表达）的抽象意义。
④ 叶舒宪：《中国神话哲学》，中国社会科学出版社1992年版，第2～3页。
⑤ 伊奥尼亚是希腊小亚细亚及其邻近岛屿的一部分。

共相之义欢欣地从共相之体中飞流出来，就如一只蝴蝶（概念）从其蛹体（共相）自由飞出。当蝴蝶（共相之义）飞出后，共相就如一个美丽的蛹壳，一阵微风便把它吹走，一个思辨的哲学时代到来了。

附文：穿行于神、人两界的第三"种属"
——"英雄"的重新释义

英雄（hero）是人类学，包括神话学、历史学、文化学等领域涉及的一个重要术语。但长期以来，英雄一词没有得到严格的梳理，常常被学界所混解与混归，主要表现在：英雄被混同于作为普通意义上的英雄，被混归于神话范畴（如出现"英雄神话"的背谬说法）。在中外文献中，仅有的若干定义并未能准确地揭示出英雄的核心含义。基于维柯的"历史三分论"，对英雄的概念进行重新释义。认为，英雄是穿行于神、人两界的第三"种属"，该"种属"有四个重要特征：一是俗人般的生命期限，二是具有可与神祇比肩的伟绩，三是特殊的诞生方式，四是有着自己的赞歌，即史诗。

一、"英雄"：一个常被混解和混归的术语

英雄（hero）作为人类学，包括神话学、历史学、文化学等领域的一个重要术语，长期以来，常常被学界所混解与混归，没有得到严格的梳理，首先表现在作为人类学/神话学意义上的英雄，常被混同于作为普通名词意义上的英雄（伟者）。相当一部分学者把能做出一番伟大业绩的本领高强者，不论其是俗人或神祇，均称为英雄。例如，萧兵在其《盗火英雄：夸父与普罗米修斯：东西方英雄神话比较研究之一》[①]中把神祇普罗米修斯当作英雄，这实际上是在普通名词含义上使用该词。同样，也有学者将"女娲补天"的女娲（神祇）视为英雄。

其次是英雄常被混归于神祇范畴。人类学/神话学意义上的英雄，是一个与神祇对抗而诞生的种类，但却常被归属于神话范畴，出现"英雄神话"（hero myths）的背谬说法。比如，萧兵在其上述论文标题中便使用了"英雄神话"。著名美国人类学家张光直也在一些场合使用"英雄神话"，他曾说，"英雄神话几乎总是千篇一律地讲述宗族祖先的功德行为"[②]，张光直这里所讲的"宗族祖先"，已不属于神话范畴，而是属于英雄（后详）之辈，

[①] 萧兵：《盗火英雄：夸父与普罗米修斯——东西方英雄神话比较研究之一》，载《活页文史丛刊》（淮阴师专），第九辑合订本1984年第176～200期。

[②] 张光直：《美术、神话与祭祀》，辽宁教育出版社2002年版，第25页。

但他依然将之归为神话，称之为"英雄神话"。丁世忠在其论文《神祇与英雄——中希英雄神话之比较》①的标题中，虽然主标题已有神祇与英雄的二分意识，但副标题却又出现英雄混归于神祇的"英雄神话"的矛盾说法。这里，"英雄神话"是一个偏正词组，"神话"是中心词，"英雄"是限制词，表示神话中的一种。

笔者认为，英雄一词被学界混解和混归的深层原因是学科意义上的英雄一词所指软弱无力，学界对英雄这一"种属"缺乏深入研究与准确把握。

诚然，神话故事往往嵌含着英雄传说，相反，英雄传说也同样混融于神话故事，两者有着密切的互文性。但作为英雄传说主角的英雄，已与神祇有着本质的区别，英雄已不能归属于神祇的范畴。与神祇匹配的文类是神话，神话的一个突出特征是非时间性。而与英雄匹配的文类主要是传说或史诗，传说与史诗已含有历史时间刻度的元素与成分。面对一些有"神性"的英雄，不少学者对其归属（是人或是神）不知所措。张光直也曾引述这个问题，他说，"也许有人要说：救世的禹与羿，其实也都是神，或是神所'降'，所以他们之救世，并非人力而仍是神力。"②张光直在引述这一观点后，他本人也未能对这一观点进行辨析，从他前述所使用的"英雄神话"一词看，他自己并没有彻底地从本质上把握英雄的含义。

关于英雄的界定，并非是学界的空白。意大利文艺复兴时期的哲学家马尔西利奥·菲奇诺（Marsilio Ficino，1433—1499）在其著述《对柏拉图〈会饮〉篇中有关爱的评论》中，曾这样描述了英雄的含义，他说，"英雄通常是指介于神灵（daemons）与人之间的一种特殊的属类"③。菲奇诺的这个定义道出了英雄的基本特征。但"介于神灵与人之间""特殊的属类"的说法太笼统，没有给出一个可以度量的逻辑尺码。另一个定义是在约翰.R.贝利、肯尼思·麦克利什和戴维·斯皮尔曼三人合写的著述《神与人：神话与传说》中出现的。该定义指出，"英雄是被过去时代中神话的叙述者对他们的业绩加以夸大了的人物。这些英雄往往由于自己的力量和机智或神的帮助勇敢地面对敌人并打垮了邪恶势力而受到人们怀念的"④。这个定义揭示了英雄的两个重要特征，如"夸大了的人物""神的帮助"。但从其中

---

① 丁世忠：《神祇与英雄——中希英雄神话之比较》，载《西南民族大学学报》（哲学社会科学版）2002年第6期。
② 张光直：《中国青铜时代》，生活·读书·新知三联书店1983年版，第275页。
③ 朱狄：《原始文化研究：对审美发生问题的思考》，生活·读书·新知三联书店1988年版，第751页。
④ 朱狄：《原始文化研究：对审美发生问题的思考》，生活·读书·新知三联书店1988年版，第751～752页。

的"神话的叙述者"这一表述中，可见英雄还是被下意识地混谈为神话，英雄还是被混归于神话。

我国学者朱狄在其《原始文化研究》中也曾概括英雄的定义。他说："'英雄'不应当是神，而只能是半神半人或受到神的支持的人所创造出来的英雄业绩才能构成英雄神话。"① 朱狄的"半神半人""受到神的支撑""英雄业绩"（即伟大业绩）点出了英雄的重要特征，但依旧与上述学者一样，将英雄纳入神话的范畴，将英雄传说指称为"英雄神话"。其中，"半神半人"与菲奇诺的定义无二，并没有揭示其中"半"的要害特征。可见，"英雄"的界说并不尽如人意，是学界需要重新梳理的一个重要术语。

二、"英雄"的重新释义

既往英雄定义的缺憾性，主要表现在对英雄概念进行表象上的判断，缺乏一种内在史学观的支撑。对英雄概念的理解，应该建立在一定史学观的基础之上，才能透过现象看本质，才能把握英雄的含义。笔者认为，通过借助维柯的"史学观"，即"历史三分说"（trisection historical theory），英雄的概念可得到准确地阐释。在《新科学》一书中，维柯基于埃及人留给人类的一笔珍贵文化遗产，将人类历史从宏观上三分为：神的时代、英雄时代与人的时代。任何一个民族都需要历经这三个阶梯状的时代，其中的中间时代，即为英雄时代。维柯的"历史三分说"实质上是以历史主角作为划分标准的，这三个主角分别是神祇、英雄和俗人。人类历史的主角不可能一下子从神祇垂直跃进到俗人，而必须经历一个中间状态才能顺利走下台阶，才能走进俗人的时代。从上述三个时代的序列可见，作为中间状态的历史主角的英雄，是神祇与俗人的承上启下者。

根据"历史三分说"或者"主角三分论"，英雄是一种处于神祇与俗人之间的第三种"种属"，他不同于神祇，也不同俗人。英雄不同于神祇，在于他有生命期限，而神祇则长生不死；英雄不同俗人在于英雄具有俗人不能企及的、可与神祇比肩的丰功伟绩。作为神祇的解构者，英雄是以"有生命期限"去对立于神祇的"无生命期限"，即以英雄的"必死"去消解神祇的"不死"。"必死"是英雄的第一要义，"必死"使他与神祇区别开来。其次，英雄有神祇一般的伟业，他有俗人无法或难以企及的高强本领。简而言之，英雄是小写（有生命期限）的神，是大写（有神一般伟绩）的人。

---

① 朱狄：《原始文化研究：对审美发生问题的思考》，生活·读书·新知三联书店1988年版，第750页。

综观这个第三"种属",他有四个基本属性。

第一,英雄生命的有限性。从某种意义上说,这是对神祇永生性的消解。在神的时代,原始人的死亡意识还没有彻底觉醒,或者还处于朦胧之中,一旦没有意识到人之必死,原始人的思维还只是停留在非时间的状态里。列维·斯特劳斯曾说:"野性思维的特征是它的非时间性。"① 可见,原始思维的非时间性的一个重要表现是:神话中神祇的永生性。在神的时代,世间的一切都以神祇为中心与坐标,神是永生的,在永生者的世界中,时间形式表现为"唯一时间",而不是线性时间。卡西尔说:"对神话来说,时间并不呈现为纯粹关系,在这种关系中,现在、过去和未来的要素不断地转换、不断地交替互换……用谢林的话说,神话意识中仍旧通行一种绝对前历史时间,一种'本质上不可分的和绝对同一的时间,因而,不管把何等持久性归之于它,它只能被看作一瞬间。就是说,在这种时间中,终点如同起点,起点如同终点,它是一种永恒性,因为它本身不是时间的序列,而只是唯一时间。"② 卡西尔这段话精彩地分析了以神祇为主角时代原始思维的"唯一时间"特征。当人类从神的时代走进英雄时代时,主角由神祇变为英雄。英雄被确认为与俗人一样有生命期限,无法逃越寿终正寝的宿命。这实质上是人的死亡意识的确立。这一确立,是人类文明的巨大进步。正如伽达默尔所说的"想到死"是"人性特征"。死亡意识的确立,使人类文明的进程翻开了新篇章:历史开始了。这里的"历史"是一个与神话对抗、对立的一个有时间刻度的概念,它是对神话的非时间性的否定,与历史对应的是生活在时间刻度里的英雄(即人)。当"历史"元素走进神话时,神话便发生了质变,成了史诗,这实质上是原始人的"时间意识"与"非时间意识"交战而胜出的结果。没有对"永生性的否定"这一步,人类还将懵懵懂懂地徘徊在神祇世界的氛围之中。因而说,英雄的第一属性是对生命永生性的否定。

第二,英雄拥有与神祇比肩的伟绩。英雄既然已是如俗人一样有生命期限,但为何还常被称为"半神"呢?这"半神"是指英雄具有神祇一般的丰功伟绩与创造力。英雄的业绩并不次于神祇,这是英雄能够与神祇平起平坐或取代神祇成为历史主角的资本。如果英雄还在神祇面前低三下四,那么,神祇不会将历史舞台的主角拱手转让给英雄,所谓历史的主角,就是历史的主宰者、历史的执牛耳者。朱狄说:"一些传说中的英雄常常被视为民族的象征,他们往往是一个新的国家的缔造者,如中国的黄帝,巴比伦的萨

---

① 列维·斯特劳斯:《野性的思维》,商务印书馆1987年版,第301页。
② 卡西尔:《神话思维》,黄龙保等译,中国社会科学出版社1992年版,第120页。

尔贡一世（Sargon I）、埃及的美尼斯（Menes）、亚述的阿苏尔－纳泽尔－帕尔（Assur-nazir-par）等。……在英国称之为文化英雄（Culture heroes），在法国称之为传播文化的英雄（heron civilisateurs）。"① 这些英雄的创业伟绩已与神祇的创世本事不存在区别。

英雄的另一面相是创造力的神奇性。长生不老是一种生物性本能，是人类的一种本能期求。英雄在这一方面却无法超越，同时，英雄也无法与诸神一样飞飚于奥林匹斯山或昆仑山等，只能凭着血肉的身躯脚踏于大地。这样的"物种"怎能有超常的本领？他们的本领从何而来？解决这一问题的最好办法是让英雄的创造力充满着神秘、神奇性。张光直说："如果再看一看三代王朝创立者的功德，我们就会发现，他们的所有行为都带有巫术和超自然的色彩。如夏禹便有阻挡洪水的神力，……又如商汤能祭天求雨，后稷竟能奇异地使自己的庄稼比别人的长得好而又成熟快。这样传统的信仰已为商代甲骨文所证实。甲骨卜辞表明：商王的确是巫的首领。甲骨文中，常有商王卜问风雨、祭祀、征伐或田狩的记载。……据卜辞所记，唯一握有预言权的便是商王。此外，卜辞中还有商王舞蹈求雨和占梦的内容。所有这些，既是商王的活动，也是巫师的活动。它表明：商王即是巫师。"② 张光直做出这样的结论："事实上，研究古代中国的学者都认为：帝王自己就是众巫的首领。"③ 这里的"巫"，即是神与人的"中介物"，天神与凡人之子，即天子，是中国语境中的英雄，他能通神，具有神奇的创造力。

英雄具有与神祇齐肩的伟力，还体现在渎神故事中。在神的时代，神祇是历史的主角，俗人包括萌芽状态的英雄都是神祇的奴民，他们的力量还非常弱小，对神祇（自然力）的神圣性投以一种虔诚和敬畏之心。之所以虔诚、敬畏是因为人的力量与神祇（自然力）的力量相差悬殊。这是一个以神祇为中心、为坐标的时代，这时神话故事的内容是"尊神"，而不可能是"渎神"。但到了神的时代末期，随着人力量的壮大，人开始可以战天斗地、移山改海，人的力量走上新的台阶，神祇已逐步失去了往日不可一世的神力与威严，原始人甚至开始质疑神祇、亵渎神明，于是出现了一种"解神话"的新主题——渎神故事。而这"渎"神、"战"神、"戏"神的主角正是人间的英雄。在希腊神话与传说中，英雄们谱写了一曲曲可歌可泣的渎神战歌。

在有些时候，英雄甚至胜于神祇。当原始人的力量开始战胜自然力量

---

① 朱狄：《信仰时代的文明》，中国青年出版社1999年版，第92～93页。
② 张光直：《美术、神话与祭祀》，辽宁教育出版社2002年版，第29页。
③ 张光直：《美术、神话与祭祀》，辽宁教育出版社2002年版，第29页。

时，这种力量经过口头传说、故事的曲折表达，转化成为讴歌英雄战天斗地的伟力，这种伟力敢与神祇试比高。这是英雄的第二属性。

第三，英雄诞生的特殊方式。英雄的"半神"的另一含义是英雄诞生的神秘方式。英雄往往是人与神通婚的产子，这个产子一方面秉承了"生命有限"的人的基因，另一方面又秉承了神的"神力无限"的基因。事实上，英雄的属性已蕴含在英雄特殊的诞生方式之中。在现代人观念中，神祇是一种无形体、缥缈的精神性东西，一个有血有肉的人与神祇结婚是不可思议的。但是在神的时代，在原始人心目中的神祇是一群吃喝玩乐、有血有肉的"大型号的人"，他们与人不同之处只是长生不老、神通广大以及在形体上比人更大、更美。丹纳说："《奥德赛》中好几次讲到，尤利斯或泰勒马克突然遇见一个又高又美的人，就问他是不是神。"① 原始人对英雄是神与人交合之产物深信不疑。在诸多文献中可以看到英雄与神祇沾亲带故的传说。维柯说："每一个异教民族都有自己的赫库勒斯。他是天帝约夫的儿子。最精通古代文化的瓦罗曾举出四十名之多。这个公理标志出英雄体制在最初各民族中的起源。"② 维柯又说，"英雄们都相信自己是来源于天神的，因为他们既然相信一切事物都是由神造的或做的，他们就自信是天帝约夫的子孙，是在天帝占卜典礼下生育出来的"③。张光直说："大多数研究中国神话的学者都相信，有很多的古代英雄是更早先时候的神或动植物的精灵人化的结果。"④

如何人化呢？这便涉及英雄的诞生方式。"在殷商与西周两代的许多氏族始祖诞生的神话中，今天在文献中存录下来的，只有两个，即商的子姓与周的姬姓的始祖诞生神话。显然这是因为子姬两姓是商与西周的统治氏族的缘故。子姓氏族始祖的起源神话，在东周的典籍如《诗·商颂》及《楚辞》的《天问》和《离骚》中都有详细的记录。大家都熟知大致的故事：简狄为有娀氏女，因与鸟的接触而怀孕生契，为商子之始祖。怀孕的经过，其说不一。或说玄鸟使简狄怀孕，或说简狄吞鸟卵而有孕。'鸟'皆称为'玄鸟'，传统的解释，是燕；《说文·燕部》：'燕，玄鸟也'。……《玄鸟》说'天命玄鸟，降而生商'。"⑤ 这里的玄鸟是一种图腾，也是一种神祇。这神祇"降"到人间，与娀氏女交合生下契。周姬始祖的诞生方式也与此类

---

① 丹纳：《艺术哲学》，傅雷译，人民文学出版社1963年版，第259页。
② 维柯：《新科学》，朱光潜译，商务印书馆1997年版，第117～118页。
③ 维柯：《新科学》，朱光潜译，商务印书馆1997年版，第491页。
④ 张光直：《中国青铜时代》，生活·读书·新知三联书店1983年版，第275～276页。
⑤ 张光直：《中国青铜时代》，生活·读书·新知三联书店1983年版，第277页。

似。正如维柯所概括的："这种英雄体制是由英雄们都来源于天神那种误解产生的。"①

在希腊的英雄传说中，英雄都是与神有着直接或间接血缘关系的"半神半人"物种，英雄具有神祇一般的超常能力，但他们没有神的长生属性，只有如俗人的生命期限。王景迁、于静等将英雄称为一种"人化神"，他们对希腊英雄有一段精彩的陈述，"史诗《伊利亚特》中的主角不仅有人与神，还出现了一种新生的灵类英雄，他出身高贵，为人神所生，是凡人的宠儿，与人生活在一起，具备凡人所不具备的力量与灵性。史诗借助英雄讴歌人的力量，例如，史诗主要人物阿喀琉斯就是为海神忒提斯与凡人佩琉斯所生，他英勇善战，强悍任性，重视荣誉，是男性美的楷模，是凡人力量的典范，是神与人相揉后的艺术'产品'。人将实现自己的愿望和所需要的一切因子都从神与人的身上撷取了来，自己生产了一位'人化神'"②。我们常常见到在希腊的英雄或统治者的名字后面加上神的别称，如 Dios（迪奥斯），意为 godly（神圣的）、god-like（神似的），Diotrephes（丢特腓），意为 reared as a god（被当作神一样抚养长大的），Isothesos（伊索赛奥斯），意为 the same as gods（和神一样的）。在希腊英雄传说中，视作神祇与凡人之子的英雄历历可数。例如，赫拉克勒斯是最著名的希腊英雄之一，他是主神宙斯（Zeus）与阿尔克墨涅（Alcmene）（人间皇后）之子，因为受到赫拉的憎恨，后来他成功地完成了 12 项"不可能完成"的伟业。他不仅解救了普罗米修斯，而且隐匿身份参加了伊阿宋的英雄冒险队，并协助他最终获取了金羊毛。但赫拉克勒斯因遭小人迫害，最终无法逃离身亡的宿命。赫拉克勒斯是一个典型的英雄，从本事上看他是一种"人化神"，从生命上看他又是一种"神化人"。

第四，英雄总有英雄之话，即史诗。从维柯的"历史三分说"中可知，一个时代有一个时代的文类，与英雄时代匹配的文类是史诗。何为史诗？史诗在本质上即是英雄之话。何为英雄之话？英雄之话即是战争之歌，对英雄在战争中建立的丰功伟绩的记载与颂扬，因而史诗又名英雄史诗。英雄、史诗与战争三者有一种内在的互为关联。战争可谓是史诗的核心要素，而史诗往往以战争为主题，没有战争，就没有英雄，没有英雄，就没有史诗。人类从原始时代到文明时代，最主要的推动力是战争。战争使人类不断感悟到自身力量的强大，使人类逐渐意识到，改变世界的主要力量，不是那远在天际

---

① 维柯：《新科学》，朱光潜译，商务印书馆 1997 年版，第 117～118 页。
② 王景迁、于静：《从荷马史诗〈伊利亚特〉论析史诗与神话的辩证关系》，载《西北民族大学学报》（哲学社会科学版）2005 年第 6 期。

的缥缈的神祇，而是现实中脚踏实地的伟者、勇者。于是，作为历史主角的神祇逐步让位于人间的英雄，神祇之话（神话）让位于英雄之话（史诗）。

英雄是人类学、神话学的一个重要术语。对该概念的把握，要区分作为泛称（普通名词）的英雄与作为专称（学术用语）的英雄。作为泛称的英雄是泛指一切伟大的创举者，"聪明秀出，谓之英；胆力过人，谓之雄"，可以包括出神祇与俗人。而作为专称的英雄，则是指穿行于神界与人界之间的第三种属。英雄"种属"的诞生，在本质上是原始人对生命永生（神祇）的解构与否定。人类正凭借这个种属，从神坛走向人间。当英雄的"半神"（神通广大）继而被"群体的俗人"（即人民）的力量消解时，英雄便失去了光环，英雄最终被还原为俗人，人类便走进了另一个时代——人的时代。

第五章
三言两语与千言万语：中国/希腊神话的"字化形态"

德国著名哲学家雅斯贝尔斯（Jaspers）在《在历史的起源与目标》中认为，基于"人类具有唯一的共同起源和共同目标"信念，在公元前800年至前200年间，世界各地发生了一场精神运动，这场精神运动的一个突出特征是具备了用文字符号记录口头传统的能力，能把远古积累起来的集体经验、集体记忆字化为典籍形式。

在这场精神运动中，世界各民族的口头神话不可避免地发生了字化。因受多种因素的影响，各民族神话的字化形态也呈现出不同的特点。例如，中国神话字化文本零碎短小，犹如米诺斯宫遗址的残砖余瓦；希腊神话字化文本鸿篇巨制，犹如中国的万里长城。中国神话与希腊神话在字化篇幅上的"厚薄"差异，已是神话学上的常识。茅盾曾在《神话研究》中坚定地说："中国神话不但一向没有集成专书，并且散见于古书的，亦复非常零碎，所以我们若想整理出一部中国神话来，是极难的。"[①] 美国著名中国神话学者杰克·波德在谈到中国上古神话的这一特点时指出："（中国上古典籍中）没有可以称作神话的专门体裁，也没有一部可以从中发现记叙连贯和完整的神话的文学作品。我们只能看到一些偶然提及的片言只语，以及分散在各个时代、各种观念的文献中的诱人的断简残篇。只有在极少的场合下，才能就连缀这些片断成为一个整体（即故事条贯与梗概）的问题取得一致意见。"[②] 茅盾与杰克·波德对中国神话字化形态的判断无疑是非常准确的。

中国神话文本的碎片性，体现在对中国神话的编写方式之中。我们不难发现，袁珂在编撰《中国古代神话》中，采取了一个特殊的"叙事"方法，也即是采取"叙中夹议"的方法，利用"议"的方法去弥补神话情节的缺失，这里的"议"就如那些修复古董碎片的黏合剂。相比较之下，希腊的神话文本不见有"议"的成分。整部文本体态丰满，鸿篇巨制，其叙事性、

---

① 茅盾：《神话研究》，百花文艺出版社1981年版，第65~66页。
② 杰克·波德：《中国的古代神话》，见《民间文艺》（集刊第2集），上海文艺出版社1981年版，第237~274页。

完整性均首屈一指，就如一个保存至今完好无损的古董，轻轻扫去尘埃，便可复见其貌。希腊有一部长达48卷，近2.8万多行的荷马史诗——《伊里亚特》和《奥德赛》，里面寄寓了一个内容充沛的、完整的神话体系。

中国、希腊神话"字化形态"的长短原因是一个较为复杂的问题，与诸多因素密切联系。目前，已有不少论者论及这个问题。笔者认为，其中有一个重要的原因是两族神话被字化定格时，各自采用不同的文字符号体系：象形文字与拼音文字。

第一节 汉字：原生的空间符号

一、汉字的神圣性、天然性与"抗字母化"特性

汉字的神圣性 汉字有一种天生俱来的神圣性。在人类文明的初期，文字是祭司通神的工具，是人与神沟通的符号。神的时代是孕育文字的时代。韦尔斯曾说，"文字是在庙宇里开始的"[①]。在庙宇里开始的文字，让文字笼罩上一层神秘、神圣的光环。根据原始人巫术两大原理之一的接触律，凡触及神祇者，不管何种东西，如鼎、坛等东西，都染有神圣性，当然包括庙宇里诞生的初始文字。

我国最早的文字甲骨文，是在占卜的动力下产生的。朱狄说："甲骨文的直接起源是由于要把占卜后是否应验的结果记录下来。"[②] 据考古学家研究，甲骨文内容基本上是一种卜辞，大约反映贞人、商王等如何与祖先神灵沟通，如何得到祖先、神灵指点等事务。后来，作为记录甲骨纹（裂痕之纹，即神的语言）含义的甲骨文在功能上逐步成为沟通神与人之间的系统符号。与在殷周时期占卜的动力下，"不但创造了像《周易》这样有巨大哲学意义和数学意义的占卜经典，而且还创造出了我国迄今为止最早、最完整的文字系统。据学者统计，甲骨文中能辨认和隶定的汉字共1732个字，不能辨认和隶定的共2549个字，另有合文371个字，总计4000多个字。它的系统性和复杂性当然是前无古人的"[③]。

---

① 赫·乔·韦尔斯：《世界史纲》，人民出版社1982年版，第220页。
② 朱狄：《信仰时代的文明》，中国青年出版社1999年版，第152页。
③ 朱狄：《信仰时代的文明》，中国青年出版社1999年版，第154页。

甲骨文是占卜带来的副产品，由甲骨文发展而来的汉字与神灵的"指令"有关，汉字具有统治权力、预言能力等神圣性力量。后来，随着神的时代的式微，文字的功能发生了变化，从人与神之间的沟通符号，逐步变为人与人之间的交际符号。五千多年来，中国延续不断的文明，使汉字超稳定地延续于历史的长河之中。从庙宇走出的汉字，在它的血脉里依旧流淌着神圣性因子，让人产生一种敬畏之感（与西方的语音中心主义相反）。这种敬畏感体现在文字训诂、借字形造秘符测吉凶、汉代纬书（对字形进行神秘化分析）、道教的"神授天书"，以及"以名测命"等习俗之中。

汉字：天然的符号　　从文学符号的结构角度看，汉字是一种天然物象符号的简约。《易经》有一文字起源的名言："上古结绳而治，后世圣人易之以书契。"这一名言的意思是说，大自然中的各种物象的形构就是文字的根据，文字是大自然物象的简约缩影。凡是最初的民族都用模仿自然的符号来达意，这是一种历史共性现象。维柯说：

> 埃塞俄比亚人用一切机械工作的用具作为象形文字。在东方，迦勒底人的魔术性的字母必然也是些象形文字。在亚细亚北部，西徐亚国王伊丹屠苏斯（Idanthyrsus，在西徐亚的漫长的历史中为时已颇晚，它曾经征服过自夸为世界最古民族的埃及）用五个都是实物的词来回答要向他宣战的波斯大帝大留士［希罗多德4.131］。这五件实物是一只青蛙，一只田鼠，一只鸟，一柄犁和一把弓。青蛙指他本人出生在西徐亚土地上，就和蛙在夏天雨水中从土地里生出来一样，所以他是西徐亚国土的儿子。田鼠指他和自己家里田鼠一样，生在哪里就在那里安家，也就是在那里奠定了他的国家。鸟指他本人在那里拥有占卜权，也就是说，除神以外，他不隶属于任何人。犁指土地是由他开垦和耕种的，凭力量使他变为自己所有的。最后，那把弓指他作为西徐亚的最高统帅，有义务也有力量去捍卫他的祖国。①

维柯所举例子中的五件实物，即是一种天然物象文字，它暗含了原始文字源于天然实物的演化历程。

学者唐兰认为，原始文字只有图形，由各种实物的图形，用种种技巧来表现繁杂的意义。② 即为画依物作，字源于画。汉字的最早形态是商代后期的甲骨文和金文，这两者在当时还没有从图画的脐带中断开。宋代郑樵在

---

① 维柯：《新科学》，朱光潜译，商务印书馆1997年版，第218～219页。
② 唐兰：《古文字学导论》，齐鲁书社1981年版，第75页。

《六书证篇》中说，"书与画同出，……六书者也皆象形之变也。"常任侠在谈及文字起源与绘画的关系时说："中国的古文字原是从象形开始的，文字与绘画同源，文字本身就是缩小了的绘画。"① 因此说，汉字是一套具有自身指涉系统的准天然物象符号。

汉字的"抗字母化" 从文字传递功能看，文字从繁到简，即从简图到字母（最抽象的简图）是一切文字演进的趋势、规律。我们日常生活有一个"久闻而不知其味"的现象，味道闻久了，便无所谓香味或臭味了。同理，视觉上也有"熟视无睹"的现象，在文字的反复流通中，结构的内涵已逐渐被淡化，其形体的繁与简已成次要因素。美国结构主义学派布龙菲尔德在《语言论》中指出，"一幅图画到了约定俗成时，我们不妨称之为字。一个字是一个或一套固定的标记，人们在一定的条件下描绘出来，因而人们也按一定方式起着反应。这种习惯一旦建立以后，字跟任何特殊的实物相似之处就是次要的了"②。在文字的反复交流过程中，文字的交际功能往往胜于其美学结构，这可能就是造成象形文字简化的一个原因，据考证，腓尼基字母主要从古埃及的图画文字的演变而来。古埃及表示"牛头"的图画被简化为 A，表示"家"或"院子"的图画被简化为 B。

汉字的"音化"特征 文本所说的文字"音化"主要是指象形文字简化为字母（或如日语片名），让每个字母有固定的读音（即有一个音节），再由字母通过类似数学序列的方式组成单词，并配单词以一定规则性的发音。美索不达米亚的文字演变就沿着这个"音化"趋势。美索不达米亚的原始文字是一种象形文字，后来从象形文字身上"取材"而产生了美索不达米亚字母，由字母组成单词，让单词配上一套有规则的发音。罗素说，"最初埃及人使用一种纯粹的图画文字；这些图画日益通行以后就逐渐地代表音节……最后的这一步埃及人自己并没有完成，而是由腓尼基人完成的，而这就给了字母以一切的便利。希腊人又从腓尼基人那里借来这种字母加以改变以适合他们自己的语言，并且加入了母音而不是像以往那样仅有子音，从而就作出了重要的创造"③。罗马人又在希腊人改造的希腊字母的基础上形成了拉丁字母，从而成为西方各国字母文字的母体。从根底上说，古埃及文字是希腊拼音文字的源头活水。世界著名的埃及学家伽丁内尔教授认为，古埃及象形字并没有寿终正寝，它仍旧健在，只不过它投胎转世——以我们

---

① 常任侠：《常任侠艺术考古论文集》，文物出版社1984年版，第105页。
② 布龙菲尔德：《语言论》，商务印书馆1980年版，第357～359页。
③ 罗素：《西方哲学史》（上），商务印书馆1963年版，第32页。

当今字母文字之形式存活着。①

但汉字的"音化"有自己的特征，它始终以形象为底线，本身没有被字母化。汉字的形构系统与发音系统是一分为二的，在这两个系统之间，将汉字匹配一定的读音。虽说汉字也有"音化"某些冲动的表现，但汉字不以牺牲自己的象形为前提，汉字没有简化为字母，汉字没有将偏旁定为一个发音符号，它只是在"音化"上采取"六书"中的假借方法。所谓假借，许慎在《说文解字叙》中解释："假借者，本无其字，依声托事。"假借是说借用已有的文字表示语言中同音而不同义的词。例如借当小麦讲的"来"作来往的"来"，借当毛皮讲的"求"作请求的"求"。除了假借方法，汉语中还利用音译的方法来表示一些外来词，如逻辑、逻格斯等。这些都是汉字"音化"的特征。

如果将象形与字母的分界线称为楚河，那么，汉字会不断地走近楚河，但却不会越过楚河。汉字有稳如泰山的图画品质，有自身的意义系统。它是一套温情脉脉的人文符号，难以转化为冷冰冰的代数符号。莱利斯 A. 怀特（Leslie A. White）说："文化由词的产生而产生，并以此获得了它的不朽。"② 我们也可倒过来说"词由文化的产生而产生，并以此获得了它的不朽"。汉字是中华文明连续五千年的一个象征、一个作品，已经与汉民族思维模式互为表里，深深地烙刻在炎黄子孙的集体无意识之中。中国人始终陶醉于这个博大精深的准天然之作。汉字的书写方式变化不大，在人类的历史上，比汉字更早的文字有两河流域的楔形文字、埃及的圣书文字，但是它们过早地灭绝了，汉字是唯一流传到今天的文字。

虽然汉字在现代语境中也有"音化"的趋势，但仍敌不过五千年来汉字的恋象（形象）力量。

二、汉字的信息承载量

汉字的信息承载量 图画是人类表达信息的古老符号，在文字发明初期，图画的重要性不亚于文字。图画的信息蕴含量远大于文字。当一个民族的文字是一种"准图画"，即是形象文字时，那么这种文字的信息含量往往是丰富多彩。

汉字的丰富信息承载量源于它的空间性。空间性是指一个汉字本身就是

---

① 王海利：《世界拼音文字的滥觞》，载《内蒙古民族师院学报》（哲学社会科学版）2000 年第 1 期。
② 朱狄：《信仰时代的文明》，中国青年出版社 1999 年版，第 155 页。

一小宇宙空间，是一个可以独立表达意义的单位。汉字的空间性主要表现在下列三方面：

第一，汉字是一种图式文字。汉字在演变过程中，虽然比原来的图画"瘦身"许多，但还继续保留着画的空间品性。如古汉字可横写，也可竖写，可从左到右，也可从右到左，汉字的排列在空间方位上免受线性的限制，是一种"空间文字"。而拼音文字只能在线形中运行，是一种"时间文字"。例如，在一个诗句里，即使几个汉字颠三倒四，其诗句的意义面目还依稀可辨。可是，这种情形若是出现在拼音文字的诗句里，那么，原来诗句的意义就难以复存，将成为一堆碎片。

在甲骨文中，可允许有颠倒的句序，例如："受年商"（商受年）、"今出羌"（羌出今）、"天问"（问天）。汉字还存在着独一无二的回文现象，如"风朝拂锦幔"可倒读为"幔锦拂朝风"，"莲池照出日"可倒读为"日出照池莲"。语法家黎锦熙在他的《新著国语文法》引论中指出：国语的用词组句，偏重心理，略于形式。汉语有大量的独词句，可以没有主语、没有谓语、没有宾语。古文没有标点符号、分段，如何理解，靠的是字与字之间互相营构去构设意境、创造意义。①

浦安迪深谙中国汉字的空间特性，他在《中国叙事学》中概括了中国与西方神话文本的差异时说："中西神话的一大重要分水岭，在希腊神话可归为'叙述性'的原型，而中国神话则属于'非叙述性'的原型。前者以时间性（temporal）为架构和原则，后者以空间化（spatial）为经营的中心"，他认为"正是这一区别，导致中西几千年叙事传统的各自分流"，"'言'往往重于事，也就是说，空间感往往优于时间感。从上古神话到明清章回小说，大都如此。"作为西方人对中国文字品性的这一论断是深刻的、可贵的。汉字的空间性特征，同样体现在中国的"时空神话"上。中国有若干关于空间的神话，但很少有关于时间的神话。在甲骨小辞中有表示空间方位的"东母""西母"神话，有东西南北四方神名和四方风名，却没能找到标志时间变化的四季专名。《山海经》中也未见有"四时"的说法。

第二，汉字的个体是信息的单位。汉字是意义大厦的砖块。刘勰在《文心雕龙·章句第三十四》中说："夫人之立言，因字而生句，积句而成章，积章而成篇。"而希腊文则倾向于以句为单位。希腊语与拼音文字的建构方式一致，各种词类（虚词、实词）均被填进语法的链条中而构成句子。句子才是文章的意义单位。作为个体意义上的词，即使是实词，也需要在语

---

① 黎锦熙：《新著国语文法》，湖南教育出版社2007年版，引论。

法的链条中运行，其独立性是有限的，数量不菲的虚词的独立性更不在话下，它们只起结构作用。

汉字不靠语法，不靠词的屈折形态，不靠大量的结构助词，而是靠自己的形貌以及形貌之间的互相体悟去营构意义。汉字包含生命的体征，它的书写还可以成为审美的对象。因此，绝大多数汉字都为实词，虚词数量不多。汉字的个性突出、信息丰满，是意义单位，句子是汉字的叠加、放大。

第三，汉语的非语法性。所谓语法，即是组词造句的约定规则。汉字在本质上是与语法相对抗的。语言学家洪堡特说："在汉语的句子里，每个词排在那儿，要你斟酌，要你从不同的关系中去考虑，然后才能往下读。由于思想的联系是由这些关系产生的，因此这一纯粹的默想就代替了一部分语法。"① 洪堡特对汉语句子结构的解读是准确的。我们可换个说法，汉语里语法规则、词态变化的匮乏，是以汉字的语义的丰满，以及字与字的意义在语境中可架构性（contextial）作为补偿的。卡西尔对汉字的非语法性这样描述：

"正如我们所知，'中国向无文法之学。……自《马氏文通》出后，中国学者乃始知有是学'，而《马氏文通》，正是晚清后引入西方语法学的产物；同样，人们也一致公认，中国从未发展出一套严格意义上的逻辑来。可以说，在与西方文化相遇以前，具有数千年悠久历史的中国传统文化恰恰是一种没有逻辑，没有语法的文化。……中国语言文学（尤其文言）无冠词、无格位变化，无动词时态，可少用甚至或不用连接媒介（系词、连词等）确实都使它比逻辑性较强的印、欧系语言更易打破、摆脱逻辑和语法的束缚，从而也更易于张大语词的多义性、表达的隐喻性、意义增殖性，以及理解和阐释的多重可能性。实际上，我们确实可以说，中国传统文化恰恰正是把所谓'先于逻辑的'那一面淋漓酣畅地发挥了出来，从而形成了一种极为深厚的人文文化系统。"②

西方学者身处于铺天盖地的语法桎梏之中，因而对中国汉语的"非语法性"有更清醒的感悟与认识。

空间性的汉字比时间性的字母文字更具信息的密度，因此，平均起来，同样内容的汉文表达比其他任何字母语言的文字都简短。据苏联有关专家统

---

① 徐志民：《欧美语言学简史》，学林出版社1990年版，第69页。
② 卡西尔：《语言与神话》，于晓等译，生活·读书·新知三联书店1988年版，第24、25、154页。

计,印刷同一内容,汉字以与俄文字母大小相同的铅字排印,汉字本仅为俄文本的五分之一。联合国印发的汉、英、俄、法、西五种文字的文件,其中最薄的肯定是中文本。这说明汉字单位信息负荷量大。前人已实验证明方块字在同面积的纸上所传递的信息比线形文字多1.6倍。

汉字/图画潜藏的神话元素　在文字的早期,画仍然是意义承载的重要载体。从历史记载和考古发掘得知,上古的神话记录,美术不会比文字次要。那些雕刻在殷周青铜器上的动物纹样,明显带有动物神话的特征,如饕餮纹。张光直说,"在美术上,周商两代,……有些动物,则是神话性而为自然界所无的。如饕餮、龙、凤及其种种的变形,……商周神话与美术中的动物,具有宗教上与仪式上的意义"①。有学者这样猜测:《山海经》里《海经》《大荒经》中的一些神话可能不是独立自主的神话文本,而是遗失了的神话图画的解说词。这是一个富有启发性的观点。因为神话的形象性特点使其更容易附丽于图画。学者王怀义认为:"中国神话图文并存的传承方式一直持续到两汉时一期……文献资料如《山海经》《天问》等与图像资料亦密切相关。"②袁珂指出:"当用作祈禳(恐怕是用作为病者招魂)的此书(暗指《山海经》)的原始图画悬挂在壁间,由巫师在法堂上对着图画举行法事时,人们一看图画便已知道平时所熟悉的神话故事的大要,用不着作更详细的说明,故《山海经》所记录的神话多疏略且随图画的变换而自成片段。"③

长沙马王堆一号汉墓出土的两汉帛画,就是一幅神话图画。这幅帛画作于公元前100多年前。画的上部象征着天界,太阳中有乌鸦,月亮中有蟾蜍,月旁还有玉兔和嫦娥。扶桑树上有一个小太阳,日月之间有人首蛇身的神祇。两侧各有一条张口吐舌的"应龙"。据考古学家推测,下部华盖下,可能是风神飞廉。末端绘有两条交互的大鱼。其上站的巨人,可能是治水的鲧,也可能是水神疆。这幅大容量的图画将诸多的神话故事浓缩在同一个平面上。其中,每一个单图代表着一个神灵。

作为图画演化而来的汉字,在初始阶段就如楚帛画的简化版本。虽然已是作为被使用的文字符号,但由于其从母亲图画脐带的分离是潜移渐进式的,它能自发地挥发着同源之图画的表意功能,使人回忆着它未经分化的混沌母体的自然倾向。有些汉字继续贮藏着如画的神话与传说的丰富信息。例如汉字"羿",是善射英雄"羿"的名字。叶舒宪这样分析:"'羿'的名

---

① 张光直:《中国青铜时代》,生活·读书·新知三联书店1983年版,第285~290页。
② 王怀义:《论中国史前神话的图像传承》,载《内蒙古社会科学》2010年第6期。
③ 袁珂:《中国神话通论》,巴蜀书社1991年版,第39页。

字本身就象征弓箭；而射箭本身又象征太阳发光的特征等，隐喻着太阳神身份。神话叙事中致羿于死地的"逢蒙"与"寒促"两人，从命名上也可以看出分别是太阳发光与发热特征的对立面。① 即使到了今天，我们还可从"羿"这个字形直观地看到两支头向下的利箭。

"弃"字同样包含着一个神话故事。"弃"的原义是"弃婴"，字形像两手捧着一只装有婴儿的箕，要将孩子丢弃。李孝定这样解释："'弃'字像纳子于箕中，弃之之形，古代传说中常有弃婴之记载，故制弃字像之。"该字的造型、意义与"后稷初生"的神话故事有吻合的地方。据《诗·大雅·生民》和《史记》记载，周人的始祖叫"弃"，弃的母亲叫姜嫄，嫁给帝喾为妻，但婚后无子，经多次祈求，姜嫄终于生下一个被肉蛋包着的男婴。族人将他视为凶物，于是装入箕中，而弃之于胡同里、山林中和寒冰上，但该男婴历难不死，最后被收回抚养，取名弃。长大后尧帝推荐他任后稷。因此，有的学者认为，汉字"弃"字很可能与"后稷初生"的故事有关。

用汉字字形指称神祇的还有不少例子。如：龙的原始形状是"马首蛇尾"（《论衡·龙虚》），甲骨文"龙"字，分别写成"✦""✦"与"✦""✦"等。

畜牧之神亥为鸟首人身。甲骨文"亥"字，写成"✦"。

殷人的天帝夋，也为鸟首人身。甲骨文"夋"字，写成"✦"。

蜀人尊奉蚕神，自称"蜀"。甲骨文"蜀"字，写成"✦""✦"。

尧先为土神，后演进为陶神。甲骨文"尧"字，写成"✦"，像人头顶土坯之状。

另一音乐之神夔，"如龙，一足"。故篆文"夔"作"✦"，"象有角、手、人面之形"。②

再如"虹"字。虹是一种自然景观，是天空中的小水珠经日光照射，发生折射和反射作用而形成的弧形彩带。但"虹"从"虫"，反映了原人把"虹"当作动物生灵的认识。溯其源，甲骨文中"虹"字写作"✦"。从字形上看，甲骨文中"虹"字的形状像天上的彩虹，但其身两端都画有像龙头一样张开大口的首形。演化成形声字后，原来象形表意的部分成为形旁，另外增添声旁"工"。《说文》说："虹""状似虫，从虫工声。"段注：

---

① 叶舒宪：《英雄与太阳》，上海社会科学院出版社1991年版，第71～77页。
② 转引自刘城淮《汉族上古神话对文字的影响》，载《湖南教育学院学报》1997年第4期。

"虫者,它(蛇)也。虹似它,故字从虫。"① 从"虹"字的结构可知,原人很可能把它当作一条灵性、神性的"大虫"。

在神的时代,原始人几乎把超乎自己狭小范围的大千世界各种现象,通通称为神祇。这些神名当脱去神祇的外衣后,便成了人的时代的丰富词汇。如前文所列举的希腊神名演变为哲学概念或普通名词的大量例子。维柯这样说:"在拉丁人之中,瓦罗本人却致力于研究人的语言,因为他下工夫搜集到三万个神的名字,这就是一部很丰富的神的词汇了。有这套词汇,拉丁地区各族人民就可以凭这套词汇来表达一切生活需要。在那种简朴而节约的时代,生活需要就不会很多。希腊人的神也有三万名之多,因为他们把每一个石头、水源、小溪、植物或靠岸的岩石都当作一个神。这类神包括林神(dryads),树精(hamadryads),山仙水怪之类。美洲印第安人正像这样把自己不认识或不懂的东西都看作神。"②

由此可知,在神的时代,原始人已有了一套丰富词汇了,只不过这套词汇有一总的姓,它姓"神",是关于"神"的词汇。因此卡西尔才说,"没有哪一种符号形式从一开始就以个别的、独立可识的形式出现;相反,每一种符号形式最初都必定是从一个共同的神话母体中解脱出来的"③ "语言与神话乃是近亲。在人类文化的早期阶段,它们二者的联系是如此密切,它们的协作是如此明显,以致几乎不可能把它们彼此分离开来"④。谢林(Schelling)也说在语言中见出一个"褪了色的神话体系"⑤。安德烈·勒鲁瓦·古昂干脆把汉字说成一种"神话文字"⑥。笔者认为,来自象形的汉字,我们虽不能说都是来源于相关的神话,但却可以说包含着不少远古时代的神话元素。

从上面的例子与论述可知,汉字的丰富信息承载量构成了神话简短的一个重要原因。正是汉字有如图画的信息贮藏量,才可将有一定长度的时间性口语,化为数量不多的空间性汉字。例如,作为口传的著名日神神话,本该有丰富的故事可以叙述,但当被转换为汉字时,叙述性(时间)被隐去,只有寥寥几字"后羿射日""帝俊生十日"。与其说是神话故事,不如说是一幅日神图画。事实上,空间性的汉字与空间性的图像、空间性的礼仪

---

① 肖模艳:《汉字与神话——汉字文化阐释之一》,载《汉字文化》2000年第4期。
② 维柯:《新科学》,朱光潜译,商务印书馆1997年版,第221页。
③ 卡西尔:《语言与神话》,于晓等译,生活·读书·新知三联书店1988年版,第69页。
④ 卡西尔:《人论》,甘阳译,西苑出版社2003年版,第153页。
⑤ 卡西尔:《语言与神话》,于晓等译,生活·读书·新知三联书店1988年版,第103页。
⑥ 安德烈·勒鲁瓦-古昂:《手势与言语》(英译本),马萨诸塞技术学院出版社1993年版,第205页。

（行动）形异质同。浦安迪对汉字的如画信息量有一个很好的概括。他说，"非叙事性和空间化乃是中国古代神话的特有原型"① "希腊神话以时间为轴心，故重过程而善于讲述故事；中国神话以空间为宗旨，故重本体而善于画图案"②。这些评说道出了汉字的空间品性。

第二节　汉字与口传的"通约"：一场艰难的匹配之役

神话的两个存在形式：口传与文本　语言有两个系统，一个是文字，一个是语音，前者的载体是形构，后者的载体是语音，由音高、音强、音长、音色四要素构成。与此相应，神话有两个形式：口传神话与文本神话（字化神话）。所谓口传神话，即是以传唱方式流传的神话，其生成时间远远早于文本神话。字化的神话可以流传下来，但口传神话却难以得到考证。我们已知，中国的文本神话仅表现为三言两语，但中国是否曾经存在着长篇的口传神话？

据茅盾、鲁迅等人考证，中国先祖应该创作有丰富的口传神话。茅盾说："我们现在据所有片断看来，中国神话之丰富美丽，不下于希腊，或且过之。"③ 笔者认为，从《山海经》《天问》所蕴含的信息以及少数民族的口传神话推测，汉族应该与其他民族一样，在前文字时代产生过灿烂辉煌、曲折多致的口头神话，但因过早历史化，只有少量的信息留存于《山海经》《庄子》《楚辞》《淮南子》等元典之中。

字化元典中神话的碎片性，即"三言两语"已是有目共睹的现象，但为什么会产生这种现象？不同学者，从不同角度，笔者认为其中一个重要的原因是：汉字与口传之间"通约"的巨大张力，口传神话不能如愿地转化为文本（字化）形式。④

---

①　浦安迪：《中国叙事学》，北京大学出版社1996年版，第46页。
②　浦安迪：《中国叙事学》，北京大学出版社1996年版，第43页。
③　茅盾：《神话研究》，百花文艺出版社1981年版，第67页。
④　国内学者也持类似的看法，如王怀义在《中国早期神话意象性艺术特征新论》（载《内蒙古社会科学》2013年第4期）中提出"中国神话片段性特征的形成还与其特定的记录方式和中国文字的繁琐有关"，刘锡诚在《茅盾与中国神话学》（载《湖北民族学院学报》2006年第1期）提出的"因为文字的困难，不曾有记录"。但这些观点都是一笔带过，没有进行系统、详细的论证。

一、汉字与口传"通约"的张力

口传即口头传统（Oral Tradition），是指一个民族世代传承的史诗、歌谣、神话、传说等口承性（Orality）文类，常用口述或歌唱、吟唱的方式。口传是前文字时代人类交流的主要媒介。后来，当人类的文字系统不断成熟时，文字最终与口传齐驱并进，成为人类交流的两大并行符号。但这两套符号，不是互为独立的，而是需要通约的。通约即是说两套符号可以转化互通。两大符号的通约（视觉符号与听觉符号）是人类文明演进的必经之道。雅各布森在《语言和其他交流系统的关系》中指出，视觉和听觉是人类社会中最社会化、最丰富、最贴切的符号系统的基础。由此而使语言产生了两种主要的变体——言语和文字。它们各自发展着自己特有的结构性质。笔者认为，口传与文字之间的通约与协调是人类文明发展的需要与必然。这两者的通约可让人们在不同的语境中选择合适的交际符号，就如将两套不同的计量系统通约于同一个市场的流通之中。

受到了西方语言学理论的影响，一些张冠李戴的命题反复出现在语言学教科书上，如"文字是记录语言的符号系统"①"文字是记录语言的书写符号和系统""文字是在语言的基础上产生的。语言是第一性的，文字是第二性的"②。这些建立在西方语言学上的理论并不通适于汉字，汉字是西方语言中的一个"他者"，汉字并不是口语传统的附庸。著名语言学家索绪尔对汉字这个"他者"有深刻的认识。他认为人类的文字有两大体系：一个是表音体系。这种体系主要是指以希腊字母为原始型的文字体系，如欧洲的文字。其目的是要摹写词的语音形式。另一个是表意体系。这种体系的古典例子就是汉字。这种体系的文字与其发音无关系。这种体系的文字有一种并行或取代口语符号的倾向，也就是说，它不依附于口传而独立地表达意义。③索绪尔的论断无疑是正确的。④ 在汉语里面，汉字与口传是平行不悖的两套符号系统。与为了记录口头传统的拼音文字不同，汉字具有一套独立的视觉系统。就如前面所言，汉字是一个神圣的、准天然的生命体。汉字从诞生的第一天起便独立于口头传统。

说汉字与口头传统平行不悖，并不是说两者互不相干，相反，两者必须

---

① 胡裕树：《现代汉语》，上海教育出版社1987年版，第168页。
② 高名凯、石安石：《语言学概论》，中华书局1963年版，第186～187页。
③ 索绪尔：《普通语言学教程》，商务印书馆1980年版，第51页。
④ 索绪尔既阐发了语音中心主义观点，也阐发了一些可以说是反语音中心主义的论点。

长期地进行协调——通约。通过通约让人们在交际的不同时空中选择所需的符号，提高人们交际的效能。文字与口头传统的通约是一切民族语言发展的必经之道，但汉字与口头传统的通约却不是一件易事，特别是在初始阶段，文字迟迟不肯"就范"。徐旭生对此有一个重要的论述：

> 研究各民族的文字发明与发展的历史，就不难看出文字原始是由画演进变化而来，最初的时候字数很少，字画却是很繁多，极不便于使用。经过几千年广大劳动人民的努力，字数才渐渐丰富，字画也渐趋简易，便于使用。因为初期文字的寡少，不惟无法普遍行使，就是拿它们写一篇简短的文章，记录社会内经过的巨大事变也很不够，所以在早期发展的各民族（用这一词的广义）中，它们最初的历史总是用"口耳相传"的方法流传下来的。至于把一切口耳相传的事实搜集起来，整理起来，记录起来，他们当日还没有那样的能力，也没有那样的兴趣。并且在这个时候通用的语言已经相当复杂，而文字的发展却远远落后于语言的发展，所以当日的文字，只能记事，不便于记言。①

徐旭生先生这里所指的文字，即是象形文字。象形文字与口头传统的通约，充满着困难、痛苦。两者的协调，就如让甲乙两人共同穿上一条裤子，在艰难协调中履步。即使到今天，有些方言区还继续着这两者的磨合期。象形文字对口头传统的游离、排斥，使口头传统常常不能如愿地得到汉字的通约。可以肯定，在文字产生之际，口头传统的水平一定是不低了。但是先秦典籍中的诗歌，却表现为极为简单的二言、四言，可能与此有关。

象形文字与口头传统之间通约的相斥性，可从图画文字的"活化石"尔苏沙巴文得到一定的启示。这种文字处在从图画向文字发展的中间阶段。据学者孙宏开介绍，该文字的每个符号虽有固定的读法，但还不能准确地对应于口头传统。沙巴文只能提供一些线索来唤起沙巴对以前师傅口授的经文的回忆。由于语言中大量"无形可象"的虚词根本无法画出，所以沙巴在诵读经文时必须由诵读者添入大量口头语，使得实际读出的音节要比写下的字符多出十几倍甚至几十倍。② 这种情形应该与早期汉字与口头传统之间通约的不和谐情形有诸多共通之处。沙巴文与口头传统之间的"今天"很可能就是汉字与口头传统之间的"昨天"。

---

① 徐旭生：《中国古史的传说时代》，文物出版社1985年版，第19页。
② 孙宏开：《尔苏沙巴图画文字》，载《民族语文》1982年第6期。

在汉族里，从古至今，汉字与口头传统之间的通约存在着较大张力。口头传统的大量信息没有被通约为汉字，而是流失、流损在字化的典籍之外。作为口头传统的神话，当然也不能例外。汉字像一把只有一个把位的简单民间椰胡，无法表现复杂、动听的口头神话的音乐。因而，经汉字记载的汉民族元典都短小精悍。

二、中国神话"字化形态"的表征

"三言两语"的表征 谢选俊在《中国汉籍上古神话传说的叙事特征》中基本概括了中国神话碎片化的两个特征：一是神话材料零碎，叙述语言十分简略。二是叙事的零散性突出表现在，缺乏前因后果的条贯。因而只有片段而没有叙事的系列。① 笔者将中国片段性的神话分为成语式、句子式与短文式三类。

成语式神话：该类神话只有一鳞半爪，往往只有简单的故事情节、框架，就如一个简图式的成语。例如，"姜嫄履迹""简狄吞卵""日载于乌""羲和御日""十日代出""后羿射日""帝俊生十日""大羿射日""精卫填海"，等等。

句子式神话：该类神话表现为较单一的概述，或是极简略的事件，比成语式神话多一个主语，只有一个句子。

"夔，神魅也，如龙一足。"（《说文解字》）

"女娲有体，孰制匠之"（《楚辞·天问》）

"娲，古之神圣女，化万物者也"（《说文解字》）。

"颛顼与共工争帝"

"其状如人，豹尾虎齿而善啸，蓬发戴胜"（《西山经》的西王母形象）

短文式神话：反映人类起源、战天斗地的神话在世界各民族中都是浩浩荡荡的长篇大作，但在中国的语境中，只有几十字的短文记录。例如：

女娲造人的故事："女娲抟黄土作人，剧务，力不暇供，乃引绳絙于泥之中，举以为人。"

氏族的战争故事：共工氏与颛顼（zhuān xū）争为帝，怒而触不周之山。折天柱，绝地维；天倾西北，故日月星辰就焉；地不满东南，故百川水潦归焉。（选自《列子·汤问篇》）

---

① 袁珂：《中国神话》（第1集），中国民间文艺出版社1987年版，第288～295页。

"女娲补天"的故事：往古之时，四极废，九州裂，天不兼覆，地不周载；火爁焱而不灭，水浩洋而不息；猛兽食颛民，鸷鸟攫老弱。于是女娲炼五色石以补苍天，断鳌足以立四极，杀黑龙以济冀州，积芦灰以止淫水。苍天补，四极正；淫水涸，冀州平；狡虫死，颛民生；背方州，抱圆天。（《淮南子·览冥训》）

浦安迪对中国神话的片段性表征有一个精当的概括："与希腊神话相比较，中国神话中完整故事寥寥无几。如果我们肯定神话具有保留'前文字记载时代'的传说的功能；那么，西方神话注重保留的是这些传说中的具体细节，而中国神话注重保留的却只是它的骨架和神韵，而缺乏对于人物个性和事件细节的描绘。"① 中国神话经过字化的记录，已失去了诸多口传的血肉，就如浦迪安所说只保留"骨架和神韵"。

第三节　希腊文字：派生的时间符号

汉字的产生源于对神谕（甲骨之纹）的记录动力，借助物象符号（画画）简化而成，因而，汉字具有神圣性与独立性。而希腊文字与汉字相反，它不是一种神圣的、原生的符号，而是一种派生文字、时间文字，需要通过线性流动才能表达意义的符号系统。

派生的文字　赵林在《告别洪荒：人类文明的演进》中颇有说服力地在横向上将世界文明划分为四大著名体系，在纵向上划分为三大形态。他认为，世界共有四大著名的文明体系，它们是西方基督教文明、伊斯兰教文明、佛教—印度教文明、中国儒家文明。这些文明体系迄今为止至少经历了三次根本性的形态变化，他借用汤因比经常使用的"亲体—子体"生物学上的概念，将人类的第一代文明称为"亲体文明"。这些亲体文明是克里特文明、埃及文明、美索不达米亚文明、印度哈拉巴文明和中国商代文明。这些文明大多傍靠着一条大河，如尼罗河、黄河等。第二代形态称为"子体文明"，如希腊、罗马文明、秦汉帝国文明。第三代是"宗教文明"，如基督教文明、儒家文明等。现将基督教文明与儒家文明的纵向形态作一比较：

---

① 浦安迪：《中国叙事学》，北京大学出版社1996年版，第41页。

从上面简图可见,希腊与中国文明的源头分别是克里特的米诺斯文明和商代文明,两者均属于亲体文明,即原发文明。

从世界的文字发生与发展的历史看,在亲体文明里产生的文字一般都是图画文字。目前在米诺斯文明中发现的两种文字——楔形文字 A 与楔形文字 B②便还没有断开图画的母亲的脐带,特别是楔形文字 A 满脸还留着"画"相。楔形文字 A 是学者们在 220 件泥板铭文上发现的,一共统计出有 137 个符号,这些符号是从象形文字发展而来的,在克里特文化全盛时期通用于全岛。从文字总的面貌看,约有三分之一的文字符号类似今天的简笔画,目前这种文字还没有被成功释读。楔形文字 B 是大约在公元前 14 世纪以后被使用的一种比楔形文字 A 更为抽象的文字。该文字大约由 100 个符号组成,1952 年被释读成功。这些被发现的楔形文字 B 的内容主要是用来登记宫廷的财物和仓库的商品。

从这两种楔形文字看,希腊的原始文字并没有超越"从图画的母体中诞生"的世界性规律。但因希腊的海洋性地理与商业性经济等因素,希腊原始文字一旦从图画的母腹中走出,便迅速"线"化——线形化、抽象化、字母化。楔形文字 B 被发现已包含可以表示发音的"字旁",即类似字母的符号,说明该文字已出现"音化",所谓"音化"即赋予字旁或字母一定的读音。希腊文字的迅速线化可能与下面两个因素有关。一是苏美尔人(米诺斯人)于公元前 3000 年创造的楔形文字,是以黏土作底板,用木棒在上面刻画的方式书写的,该方式比在甲骨、竹片上雕刻的方法更为便捷,于是,进化(拼化)更为快速。这种书写方式能更大地发挥文字的交际效能,

---

① 赵林:《告别洪荒:人类文明的演进》,东方出版社 1998 年版,第 4~10 页。
② 苏美尔人用削成三角形尖头的芦苇秆或骨棒、木棒当笔,在潮湿的黏土制作的泥版上写字、刻画,字的笔画具三角形的线条,线条笔直,字形自然形成楔形,所以这种文字被称为"楔形文字"。

加速文字朝有利于交际功能的方向演进,这一方向即是字母化与"音化"。这种书写方法的起因,大约与海民生活有关,海民的海滩本身就是一个巨大的天然画板,苏美尔人只是将这个海滩缩小为可操作的泥板。二是被解读的楔形文字 B 与经济有密切联系,说明文字功能已从庙宇走向商业流通活动,而不再是少数人使用的密具。希腊原始文字从"画"到"线"的急速衍变,似乎朦胧地预示着希腊所要走的将是与中国迥异的文字、文化之路。

公元前 13 世纪以后,希腊半岛北部野蛮的多利亚人开始向伯罗奔尼撒进犯,毁灭了迈锡尼文明,整个希腊地区陷入混乱状态。楔形文字 B 在战乱中毁灭,希腊人堕入了几百年没有文字的"黑暗时代"。直到公元前 8 世纪左右,希腊人才引进了腓尼基字母,在腓尼基字母基础上创建了自己的文字。腓尼基文字只有 22 个辅音符号,没有母音,希腊人加上母音,使之成为世界上最早的、完整的字母书写体系——希腊字母。① 维柯曾说:"在荷马的时代,希腊人还没有发明土俗字母。但是希腊人运用他们确实超过一切民族的高超天才,把这些几何图形接受过来代表各种明晰的发音,使它们极其优美地形成了土俗字母。"② 希腊史学之父希罗多德也说过,希腊人原来没字母,是腓尼基人把字母带给他们的。所以说,希腊文字不是一套原生、自产的符号,而是一套派生的符号。

希腊文字的覆灭与"归来"进行得"快去快回",成了世界文字史上举世瞩目的现象。腓尼基字母这个舶来品没有经过本土太多的孕育,却迅速地在希腊生根、开花、结果,成为世界文字之林中的一朵奇葩。文字学家 J. Fevrier, H. M. 特隆斯基等人对该现象提出了这样的解释:希腊人虽丢失了文字,但却没有丢失对他们音节文字③的集体记忆。对音节文字的记忆犹

---

① 人类对辅音的发现先于对元音(母音)的发现。这是因为辅音的发音需要较为明显的口形变化而易于被觉察,而元音之间的区别较小,发元音的口形区别性不大,较难被觉察。古语只有固定的辅音,而没有固定的元音。例如,在伊丽莎白时代(1533—1603),伊丽莎白女王统治英国时,英语还没有固定的拼写。元音属于飘浮、易变状态,还没有被彻底分清而固化。即使现代部分族群,有时也难以分清 i、e、o、a 等元音。所以,最初的语音中被发现的是辅音,元音被发现是近代的事。正因如此,伊丽莎白时代时,印刷工人在排字时,每一行的空隙多了一点,就多排一个元音字母,如果少了一点,就少排一个元音字母。有时为了强调代词,把 me 写成 mee, she 写成 shee, ye 写成 yee。莎士比亚在给人签名时,有时多了一个,有时少了一个。人们多用末尾加上 e 的形式。直到 1755 年英国才出现 Samul Johson 的第一本字典,Shakespeare 才固定下来。

② 维柯:《新科学》,朱光潜译,商务印书馆 1997 年版,第 224 页。

③ 音节文字(Syllabary)是表音文字的一种,以音节为单位的文字。代表性的有日语的假名。像假名一样并非音素的组合,各音节有独自形状的音节文字。例如,比如音节 [ka]、[ki]。在日文片假名写作力、キ两个截然不同的字符,片假名没有将 k 与 a,k 与 i 分开,而是合二为一,也即是说,音节中的辅音与元音还未分离,还是二合为一。楔形文字即一种音节文字。

新,以及在腓尼基辅音—音素字母系统的刺激下,使他们能够较为敏感地从音节中分离出辅音与元音,从而填补了腓尼基字母体系中没有元音音素的空白,使之成为一套完善的希腊字母。

笔者认为,正是由于希腊经历了漫长的文字"缺席",才使他们没有传统文字势力的自缚;也正如特隆斯基等人所说的,希腊人并没有忘记曾经拥有的音节文字。长期的文字的"缺席"与音节文字集体记忆的"在场",使希腊人能速度发现母音系统,能以最好的姿态吸收他族的文字成果(包括其他文明成果),并创造文字史上的优良品种——希腊字母,成为西方各国文字的母体。①

如果说汉字是中国文明在黎明期的亲生子,那么,希腊文字则是希腊文明中途的养子。这是希腊文字、文化的一个重要印记。

第四节 希腊文字与口传的同质性

一、希腊文字与口传的"通约":乐谱对曲子的记录

音符对曲子的标记 文字从复杂到简单、从表形到表音的"经济化"冲动,是世界文字的共同走向。虽然,从理论上说,拼音文字是象形文字的抽象化,但这一抽象程度之大,使拼音文字超越过了形象的"楚河",成为象形文字的叛臣逆子。拼音文字在诸多方面解构了象形文字。首先,在形态上极为简单,字形本身已失去了象形的意义,从符号变成了信号。符号是指有图形意义的符号,信号是没有图形意义的代符,就如从简笔画变成了代数符码。其次,拼音文字成为记录口头语的代码。如果把口头传统比喻为曲子,则拼音文字就如音符。拼音文字成了口头传统的附属、奴仆。汉字是"见图知义",希腊文字则是"见符知音"再"由音导义"。

索绪尔认为,在人类的两大文字体系中,其中之一是表音体系。这种体系的目的是要摹写词的语音形式,"起初的字母总是相当合理地反映着语

---

① 希腊字母后传到罗马和东欧各地,于公元7世纪形成拉丁字母,公元9世纪形成斯拉夫字母。现今欧美各国使用的文字,如英文、法文、德文、西班牙文、俄文和波兰文等,又是在拉丁字母和斯拉夫字母的基础上改造而产生的。

言。"① 例如欧洲的文字，即以希腊字母为原始型的体系。字母文字是口传的附属，它们是"照写口语""记录口语"的音符。前文说过，文字与口头传统是两种异质的载体，两者之间的通约总存在着摩擦的阵痛，但因为拼音文字对口头传统的依附性，希腊文字与口头传统之间的通约没有象形文字（汉字）与口头传统的通约那样剑拔弩张，而是很快握手言和。希腊神话的辉煌正得益于字母文字与口头传统的同质性，得益于字母文字对口头传统的记录能力——"曲有多长，谱随多长"。

二、希腊神话"字化形态"的表征

字化文本的特征 希腊人的"文盲"状态历经了 4 个多世纪，迟到的希腊文字，使希腊神话的字化期远迟于中国神话的字化期。罗素在谈到荷马史诗的成书时说："有人说是从公元前 750—550 年，而有人认为'荷马'在公元前八世纪末就差不多已经写成了。荷马诗现存的形式是被比西斯垂塔斯带给雅典的，他在公元前 560—527 年（包括间断期）执政。从他以后，雅典的青年就背诵着荷马，而这就成为他们教育中最重要的部分。"② 而中国甲骨文据有关文献记载，约产生于商代（约公元前 14 世纪至公元前 11 世纪）。相比之下，希腊文字的产生较为迟缓，它是在两度流产（楔形文字 A 和楔形文字 B 都没有流传下来）之后借用腓尼基字母改进而产生的。希腊文字的"晚生"，使口头传统（神话、史诗等）发展到它的顶峰状态，然后在这个顶峰的状态期间，恰恰创造出一套善于记录口头传统的字母文字。

这是一套与口头传统相匹配的字母文字，即拼音文字。如果把口头传统（口头荷马史诗）比喻为曲子，则拼音文字就如记录曲子的音符。对拼音文字来说，将千言万语的口头史诗（神话）字化为文本是一件易事，因为音符不畏曲子长，"曲有多长，谱随多长"。所以，荷马史诗《伊利亚特》和《奥德赛》都长达万行以上，《伊利亚特》共有 15693 行，《奥德赛》共有 12110 行，两部都分成 24 卷。史诗里面寄寓了丰富的、鲜活的神话故事与英雄传说。

---

① 申小龙：《汉语与中国文化》，复旦大学出版社 2003 年版，第 51 页。
② 罗素：《西方哲学史》（上），商务印书馆 1963 年版，第 32 页。

第五节　中希神话字化形态差异的深层原因

中希神话字化文本差异的原因要追溯到文字选择的原因。民族文字的选择是一个极为复杂的问题。申小龙在《汉语与中国文化》中说,文字的选择"是精神选择的结果"①。不过这种论断显得过于笼统,因为几乎所有民族出现的文化现象、文化果实,包括文字、史诗、悲剧、哲学等,都可以说是民族的"精神选择的结果"。

笔者认为,文字的选择不仅要从"内部"(即精神方面)找原因,而且更应从"外部"(即地理、经济方面)找原因。因为从"内部环境"找原因,往往走不出与其他精神因素互构、互因的"循环互释"。众所周知,每个民族的文字都是从图画、象形文字开始的。但为什么中国的象形文字在漫长的岁月中形成一种"超稳定状态",而希腊文字则急速走向楔形文字呢?法国艺术史家丹纳的《艺术哲学》中有句名话:"自然界有它的气候,气候的变化决定这种那种植物的出现。"② 如果把希腊文字与汉字视为自然界的一种植物,那么,它们的出现必然受到自然界气候的影响。笔者认为,这个"气候"主要是民族所处的地理特征以及与它相应的经济形式。

一、希腊经济与地理:商业与海洋

古希腊有着典型的商业文明。从理论上讲,不同语言之间的频繁交流是文字字母化的重要原因。这句话有三个含义:一是不同语言,二是交流,三是频繁。商业活动恰恰统包了这三个因素。希腊耕地的严重缺乏,决定了希腊人必须从事商业活动。商业利润与贸易范围的关系密切,贸易范围越大,商品的互补性越大、利润越高。所以,不断扩大商贸范围是商人的一项恒定任务。贸易圈子的不断扩大,必然造成不同语言之间的语言接触、交融,这样有助于人们在他族语言的碰撞中认识自己的母语,提高对自族语言的反省能力,并易于在诸多语言的比较中找到人类共同的音素。另一方面,频繁的交流,合同的签订,契约的签写,都推动着文字朝书写便捷的方向发展。

商业环境是拼音文字的催产婆。地中海地区第一次商业活动的勃兴产生

---

① 申小龙:《汉语与中国文化》,复旦大学出版社2003年版,第31页。
② 丹纳:《艺术哲学》,傅雷译,人民文学出版社1994年版,第9页。

了腓尼基字母，第二次勃兴则产生了希腊字母。便捷的腓尼基字母、完善的希腊字母，都铭记着腓尼基与希腊曾经繁荣的商业图景。

腓尼基人至少从公元前3000年起，就生活在地中海的东岸。从公元前2000年起，腓尼基开始由贸易发展而繁荣起来，一个个腓尼基的渔村变成了大型的贸易城市，如乌加里特、比布洛斯、西顿等，腓尼基人进而开辟了新的"商海之路"，同地中海和沿海各国开展海上贸易来往。为了便于商贸活动，腓尼基人迫切需要一套简明易懂的文字体系，作为交往和记录的工具。腓尼基字母便是商贸活动的最大"副产品"。大部分传至今天的腓尼基文献是一些简短的经济方面的文据。

作为腓尼基字母的"借用"者和完善者，希腊同样是一个著名的商业民族。考古发掘情况表明，古代克里特的海外贸易十分发达，从比利牛斯半岛到底格里斯河与幼发拉底河之间，从巴尔干半岛北部到尼罗河谷地，到处都能发现"旧王宫时期"的克里特手工制品。"从克里特岛上出土的砝码向我们表明，克里特广泛的贸易联系需要建立衡量制度。砝码用石和铜制成，有平面的或角锥形的。石砝码的表面刻满了植物或动物图案，这样，即使砝码有最微小的变动也能察觉出来。这些精制的砝码，正是克里特商业发达兴旺的证明。"①

希腊的航海技术促进了商业活动的发展。航海技术使人类在征服空间距离上迈出了重要一步。航船为远行和运输提供了巨大的方便，这是陆上马车所不能比拟的。先进的航海技术使船只可以通达五湖四海，商贸范围进一步扩大，使人可接触到各种各样的异族语言，加快文字的"音化"，同时，也很快把他们自己的语言传播到他们到达的地方。

汤因比说，古代的希腊航海家们曾经一度把希腊语变成地中海全部沿岸地区的流行语言。马来西亚的勇敢的航海家们把他们的马来语传播到西至马达加斯加，东至菲律宾的广大地方。在太平洋上，从斐济群岛到复活节岛、从新西兰到夏威夷，几乎到处都使用一样的波利尼西亚语言，此外，由于"英国人统治了海洋"，在近年来英语也就变成世界流行的语言了。② 汤因比所举的这三个例子生动地说明了商业活动对拼音文字的催化作用。

---

① 郭文：《欧洲文明之源——古希腊罗马考古大发现》，中国纺织出版社2001年版，第170页。

② 汤因比：《历史研究》，曹未风译，上海人民出版社1997年版，第234页。

二、中国经济与地理：农耕与大陆

前文已说过，希腊"文明"与城邦相关，而中国"文明"则与农耕相关。《周易·上经》曰："见龙在田，天下文明。"《孔疏》曰："天下文明者，阳气在田，始生万物，故天下有文章而光明也。"5000年以来，中国的经济形式主要是农耕，前面说过，农业是一种具有固定模式的重复性劳作方式。土地是一个搬不动的"家"。土壤有一个特点，越掘越松，越耕越肥。所以，土地像磁铁一样吸引着农民，使他们舍不得离开这祖祖辈辈耕作的地方，因而发生了挥之不去的根的情结。而"海耕""商耕"就如牧耕一样，必须不断寻找新的空间、开拓新的路子。农耕可提供较为稳定的物产，实行自给自足的自然经济。因而，农民缺少足够的动力去寻找新的地方。祖祖辈辈乐意生活在同一块固定的土地里，做"老死不相往来"的小国寡民。

从中国的版图上看，其地理位置极不便于与异族的交流。大地母亲似乎有意设下重重屏障：中国的北方是千里戈壁和蒙古大草原。西北方是比蒙古戈壁更为干燥的沙漠、盆地。在西南方，耸立着地球上最为高大险峻的青藏高原。在它的东方和南方，是一望无际的、神秘的、使人畏惧的太平洋。戈壁、沙漠、盆地、高原、大洋形成一个大"围屏"，把大陆封闭起来。中国的农耕环境就如一个巨大的"博物馆"，使自产的象形文字，包括原始思维方式、原始的血缘关系等得到完好的保留、传承。

"围屏"中的中国，不同于地中海上的漂浮性、开放性，所处的自然环境较有规则性、稳定性。人站于大地与立于船板去观察事物，其结果是各不相同的。在大地上，人们能够在比较稳定的情况下观察事物，把握空间世界。稳定的环境培养出较强的空间意识，象形文字的产生、选择与人的稳定的空间意识密切相关。象形文字就如一个蜘蛛网，蜘蛛撒网的地点常常选择在风平浪静的地方，而不是动荡不定的空间。

希腊人生活在一个莫测的海洋之中。在这个环境中，声音符号更合适于人们之间的交流。狂风可吹走一个个蜘蛛网（如楔形文字），但却吹不走任何一个声音符号。声音符号能够克服颠簸、穿越海洋，成为远距离的交际符号。视觉符号的交流是"字与眼"之间的一种近距离的交流，声音符号的交流则是"声与耳"之间的一种远距离的交流。前者是一种空间交流，后者偏向一种时间交流。身栖五湖四海的希腊人，当然走向时间式交流，并选择作为语音附属的拼音文字。

虽然汉字与希腊文字的选择还涉及其他诸多因素，但地理特征与经济形式却是不可否认的原发性因素。

第六节 "字化形态"潜藏的文化范式走向

本章从文字选择差异的角度，解读了造成中国神话与希腊神话字化文本厚薄的原因。当我们从文字学角度顺利走进神话字化文本后，正享受着跋涉后之收获时，发现在神话文本的背后，还紧挨着一个民族文化的"大文本"。沿着文字选择之径，不仅可以解读中希神话文本的"厚薄"形态，而且可以接通中希文化"大文本"的范式。从某种意义上说，中希文化的"大文本"是中希神话文本一种同质性的延伸与扩展。两族文化范式的一些重要表征，诸如民族的思维方式、对待语言文字的态度、迈向真理的路径等同样可从文字选择得到解释。

"中希文化"与"中西文化"虽不是两个相同的概念，但从发生学或从文明类型的角度看，两者具有质同性是明显的。众所周知，希腊文化是西方文化的种子、因子，希腊文字是欧洲各国文字的源头、原型。如果从语言文字的维度审视由语言文字延伸及建构起来的文化，则"希腊文化"与"西方文化"更具有同一性。

一、"象形"与"拼音"：恋象思维与间象思维

文字与民族的思维、文化模式具有同源性与互构关系。一方面，民族文化选择着文字，另一面，文字铸塑着民族文化。语言决定论（Linguistic determinism）者萨丕尔（Edward Sapir）和沃尔夫（Benjamin Lee Wholf）从文字对思维的作用角度出发，认为文字塑造了人们对客观世界的感知，即文字的构成决定了该文字使用者的思维模式。

所谓恋象思维，即是偏向、喜爱以"象"达"意"的思维方式。恋象思维与形象思维略有不同。形象思维是指始终以形象为主，恋象是指一种本性、情结，下意识的喜欢倾向，虽然有时不得不采用抽象方式，但只要条件可以，就倾向使用形象方式。

研究表明，长期受到象形文字潜在暗示、塑造的思维总是有一种趋象、恋象的倾向。户晓辉说，"汉字的早期使用完全继承了图画记事的那种'以象表意'对思维的刺激作用。从图画表意到文字表意，'意'的方面突出

了,'象'的方面减弱了,但是,由于汉字仍然保留了象形性的根基,它的使用一直保留着'象'对思维的刺激作用。对汉字的阅读,既可以领会其意,也可以感受其潜在的形象。"① 几千年以来,汉字稳如泰山地受到华夏民族的选择,从而造就了中国人的恋象思维。八卦、阴阳、五行、太极、易等中国特有的文化遗产均与恋象思维有密切的联系。

与恋象思维相反的是间象思维。间象思维不是直接从"象"到"意"的想象,而是由"符"(代符,即字母单词)建构起与"象"的关联,再由"象"到"意"的想象。与恋象思维的流程相比,间象思维多了一个"代码"的环节,这个环节锻炼了一种从无象到有象、从信号到符号的建构能力。本书把从"符"到"象"再到"意"的思维方式称为间象思维。

字母文字的长期使用,必然磨炼了一种间象思维。字母文字就如一个电报数码系统,一堆字母代数,通过反复对这些信号的符号(象)建构,必然锻炼了"间象"思维的能力。希腊人、西方人由于使用拼音文字,而形成了间象思维,进而造就了自己的文化范式。希腊字母文字犹如一堆代码,意义犹如一个汪洋大海,每一个代码指涉海洋中的相应意义。于是,如何管理、规范"代码与意义"之间的对应关系,成了头等大事。这就要求每个代码要有准确、固定的意义,建立一套稳定状态的概念、定义、术语来作为这堆代码意义的支柱(中国汉字则由字形本身的形态帮助指涉意义)。于是,概念、定义、术语的展开、延伸、演绎,便产生了西方发达的逻辑学。有趣的是,希腊人与西方人有一种浓厚的概念、定义情结,这一情结,就如希腊人对船锚的情结——在流变中求不变、固定。长期漂游无边大海的希腊人,在不自觉中发展了一种"求定点"的性格(锚的情结)。② 这些浓厚的情结在商贸中表现为契约,在语言中表现为语法,在哲学中表现为以寻求"不变"(逻格斯、规律)为最高目的。

二、文字崇拜与语音中心

汉字崇拜 从符号学看,汉字的先祖是图画,图画是自律的天然符号。

---

① 户晓辉:《中国人审美心理的发生学研究》,中国社会科学出版社 2003 年版,第 105～106 页。

② 笔者后来发现学者黎鸣在《什么是正确的思维》中所提出的西方人"从绝对到相似"观点与笔者提出的希腊人"锚的情况"(求定点)非常相似。他说,西方人的思维是从绝对到相对的,中国人的思维却是从相对到绝对的。例如《易经》把"易",也即"变"当作绝对本身。而西方人却喜欢站在不变的角度去认识变化的世界。逻辑就是从简单到复杂,从不动到动。(http://blog.sina.com.cn/s/blog_55c6d0740100ziz5.html)

从发生学看，汉字孕育于庙宇，初始的汉字是作为人与神沟通的符号。当汉字走出神坛后，一直逗留在贵族的圈子里。罗素认为汉字太古奥而有贵族倾向，不利于普及教育和实行民主政治。① 汉字的自律性与神秘性使汉字长期在中国人心目中有一种神圣感与敬畏感，于是，形成"文字崇拜"情结。在汉语里有一系列的文化核心词，如"文明""文化""人文""文学""文论""文人"等，无不与文字相关。几千年来，中国产生了各种尊字、敬字的习俗。中国人赋予文字以生命而产生了中国书法艺术。还有文字训诂、借字形造秘符测吉凶、汉代纬书（对字形进行神秘化分析）、道教的"神授天书"，以及"以字测命""以字测吉凶"等关于字的各种习俗。只要列出在中国五花八门的几十种语言，却只有唯一通用的汉字文字，便可知道汉字在中国文化上举足轻重的地位与统率作用。

希腊"语音中心"的表征 人类一开始便无例外地对语音（语词）顶礼膜拜。祷告的语词甚至先于实际的创世。卡西尔曾说："在印度，我们也发现口说的语词（Vac）甚至高于神本身的力量。众神皆凭附口说的语词，万兽和人也无一例外：世间造物皆存于语词之中，……语词乃不灭之物，天道之长子，《吠陀》之母，神界之脐。语词（逻格斯）在起源上居于首，因而在力量上也位于尊。与其说它是神本身，倒不如说它是神的名称，因为神名似乎才是效能的真正源泉。一个知道神的名称的人，甚至会被赋予支配该神的存在和意志的力量。一个大家熟悉的埃及传说讲述了伟大的女巫师伊希丝。如何巧妙地劝使太阳神赫亚（Ra）说出他的名称，又如何由掌握他的名称进而控制了他及其他诸神。"② 希腊人在神的时代对语词崇拜，突出地表现在对神谕敬畏。走进英雄时代、人的时代后，希腊人继续将这一"语音中心"的传统传承了下来（在中国则被早产的甲骨文崇拜所改向）。

希腊在"黑暗时代"之后所选择的拼音文字，使该民族的语音中心主义得到继续的传承。希腊文字是一种外借文字，希腊文字不是希腊人的亲生子，是文明途中的收养之子——从腓尼基人那里收养过来。相对于原生的汉字，希腊人对这个养子缺乏一种血缘的亲情，缺乏一种亲母对亲子的亲情。文字只被希腊人简单地当作语音的代码。苏格拉底指出，写在纸上的文字，是静态的东西，它唯一的功用在于告诉读者已知的事情，它是一种娱乐，是帮助记忆减退的老人回忆往事的工具。在苏格拉底的眼中，文字只是一根辅

---

① 冯崇义：《罗素与中国——西方思想在中国的一次经历》，北京三联书店1994年版，第154页。

② 卡西尔：《语言与神话》，于晓等译，生活·读书·新知三联书店1988年版，第72~73页。

助老人走路的拐杖。柏拉图曾借苏格拉底之口表达了他对文字的蔑视："所以自以为留下文字就留下专门知识的人，以及接受了这文字便以为它是确凿可靠的人，都太傻了，他们实在没有懂得阿蒙的预测，以为文字还不只是一种工具，使人再认他所已经知道的。"① 亚里士多德也说："口语是心灵的经验的符号，书面语是口语的符号。"② 这是西方对文字进行贬斥的早期记录。

近代西方的语言学大家索绪尔开宗明义就对"文字的威望"进行了批判。他认为文字的这种威望是一种专横和僭越，他说："语言和文字是两种不同的符号系统，后者唯一的存在理由是在于表现前者。语言学的对象不是书写的词和口说的词的结合，而是后者单独构成的。但是书写的词常跟它所表现的口说的词紧密地混在一起，结果篡夺了主要的作用；人们终于要把声音符号的代表看得和这符号本身一样重要或比它更加重要。"③ 他进一步说："文字遮掩住了语言的面貌，文字不是一件衣服，而是一件假装。"④ 他引用了德里达（Derrida）这样一句话，"（真理是）声音和意义在语音中的清澈统一。相对于这种统一，书写文字始终是衍生的、偶然的、特异的、外在的、是对能指（语音）的复制。如亚里士多德、卢梭、黑格尔所说，是'符号的符号'"⑤。

从这些论断中可见，口头传统在西方人的心目中的重要位置。德里达把这一现象称为"语音中心主义"（phonocentrism）。与语音崇拜相关的学科，例如演讲学、诡辩学、修辞学等成为西方的重要学科。卡西尔说："为了这个目的，智者们创立了一个新的知识分枝：不是语法学也不是词源学，而是修辞学成为他们的主要关切对象。在他们关于智慧 sophia 的定义中，修辞学占据了中心的位置。"⑥

在"文字—语音—意义"三者的关系中，文字是语音的影子，文字与意义隔着一堵墙，语音与意义的关系才是紧密的。希腊的语音中心主义，使其对文字的修辞采取冷漠的态度。伊迪丝·汉密尔说："在没有任何思想准备的情况下，阅读一篇希腊文章，一定会有几分冷意之感，甚至于不知如何是好了。希腊人的文章都不尚雕琢，辞藻贫瘠，文风朴实，直截了当。若把他们的文章逐字逐句地翻译过来，就显得瘦骨嶙峋……凡是从事希腊语翻译

---

① 柏拉图：《文艺对话集》，朱光潜译，人民文学出版社1963年版，第170页。
② 亚里士多德：《工具论》，李匡武译，广东人民出版社1984年版，第55页。
③ 索绪尔：《普通语言学教程》，商务印书馆1980年版，第47页。
④ 索绪尔：《普通语言学教程》，商务印书馆1980年版，第56页。
⑤ 索绪尔：《普通语言学教程》，商务印书馆1980年版，第47～48页。
⑥ 卡西尔：《人论》，甘阳译，西苑出版社2003年版，第156页。

的学者，都感到这一困窘。"① 作家博尔赫斯要求人们关注未能被希腊文字记录下来的东西。他说，"毕达哥拉斯故意不留下书面的东西，那是因为他不愿意被任何书写的词语束缚住。他是想在逝世后，他的思想还能继续留在他的弟子们的脑海中。苏格拉底、高尔吉亚都是一代口授的宗师，他们死后也没有留下任何书面的东西"②。他们与古代中国先圣们的"立言"情结相距甚远。《圣经》中出现了"文字能致人死命，精神使人新生"的训句。对耶稣基督，我们知道他只写过几句话，却早已被历史的风尘覆盖了。之后，他再没有写过我们知道的东西，但他的说教至今仍萦回于人们的耳际。耶稣的说教使我们联想起荷马史诗的滔滔不绝。

语言（语音）：另一种逻格斯　　语音（口语）在西方被提到最高的地位——作为逻格斯的外壳。逻格斯的最初含义即是"讲话""话语"，后来才逐步指向智性和理性。西方人怎样将"语言"与"理性"联系在一起呢？

斐洛在阐释宗教与哲学的同根性时，把语言（这里指口头语）与理性合一了。在希伯来圣经塔纳赫中说，上帝有无上的智慧，以言辞创造世界。这里的"上帝智慧"与"言辞创造"暗示了理性与语言的关系。斐洛认为，犹太教的思想与希腊哲学是同根异枝。旧约箴言和诗篇等多处赞美了上帝的智慧，而创世纪也记载了上帝以言辞创造的伟业。因而，他这样认为，逻辑可分为内在与外在两部分，上帝的智慧就是内在的逻格斯，上帝的言辞就是外在的逻格斯。斐洛把这一思想移位到哲学，那么，哲学是内在的逻格斯，语言是外在的逻格斯，语言是逻格斯的显化、外现。这样一来，西方人有阐释世界真理的两个系统，一个穿着神学的衣裳，一个穿着科学（哲学）的衣裳。

虽然柏拉图和亚里士多德并未使用逻格斯这个概念，但是希腊哲学中潜藏着宇宙万物混乱的外表下有一个理性的秩序、有个必然的规则和本质的观念，这一个观念与逻格斯是相通的。到了希腊哲学的斯多亚学派时，该派就把逻格斯分内在和外在的逻格斯，内在逻格斯就是理性和本质，外在逻格斯是传达这种理性和本质的语言，简言之，内在即是智慧或心智，外在即是语言或舌头。另外一方面，从犹太—基督教角度上看，上帝是以言辞创造世界的。旧约里说，上帝说有光，于是就有了光。约翰福音开头就说："太初有道，道与神同在，道就是神。"而"道"在希腊语圣经中，就是 logos，逻格

---

① 伊迪丝·汉密尔：《希腊方式——通往西方文明的流源》，徐齐平译，浙江人民出版社1988年版，第51页。

② 博尔赫斯：《书》，见（《博尔赫斯文集·文论卷》），陈凯先译，海南国际新闻出版中心1996年版，第179页。

斯即是语言，是上帝创造世界的工具。这样，道与语言即二合为一了。

卡西尔曾总结了思想与言语在滥觞处的浑然一体。他说："思维着的心智与说话的舌头本质上是连在一起的。因而，在一份埃及神学的最早记载里，'心与舌'这首要的力量就被归结为创世神普塔（Ptah）的属性，普塔凭借这一力量创造并辖治所有的神和人，所有的动物，以至所有的有生命的东西。万物皆通过他的心之思想和他的舌之命令而得以存在：所有肉体的和精神的存在，护卫灵'Ka'的存在和事物的属性，无一不是起源于这两样东西。"①

维柯这样解释："logic（逻辑）这个词来自逻葛斯（logos），它的最初的本义是寓言故事（fabula），派生出意大利文 favella，就是说唱文。"② 海德格尔认为 logos 之基本含义是"言谈"（rede），"理性、根据、关系等等，都只是'逻格斯'的派生含义，它们的根源在于作为'言谈'的'逻格斯'本身中"③。我国学者钱钟书指出，"古希腊文'道'（logos）兼'理'（ratio）与'言'（oratio）两义，可以相参。近世且有谓相传'人乃具理性之动物'本意为'人乃能言语之动物'"④。张隆溪对逻格斯中思想与语言同一性同样有着精彩的解释："'逻格斯'在古希腊哲学中既为'思想'（denken），又表示'说话'（sprechen），在这一范畴中，'思维与言说'，道理之'道'与开口之'道'合二为一，话的声音可以直接表达明确的意义，甚至种种真谛；与此同时，书写的文字则只是人为的外加标记，且往往词不达意，导致种种误会。"⑤ 据汪裕雄先生考证，"赫氏的'逻格斯'和老子的'道'之间的差别突出表现在两者对语言功能的不同估计上"⑥。这种不同估计即表现在"可道"与"不可道"上：如果说，老子认为"道可道，非常道"，那么，赫氏则认为，道可道，道是道。

希腊语音中心的原因　为什么希腊人对语言有如此信任？为什么希腊确信人能"出口成章（理）"？到目前还未见到学界的解释。

笔者斗胆地提出一个观点，认为希腊人的方言、官言与文字三者同一，是一个重要的原因。中国是一个多民族国家，目前有129种方言，大多数中国人，除了自身的方言外，还要花若干年的时间去学习官言（普通话），学

---

① 卡西尔：《语言与神话》，于晓等译，生活·读书·新知三联书店1988年版，第71页。
② 维柯：《新科学》，朱光潜译，商务印书馆1997年版，第197页。
③ 孙周兴：《说不可说之神秘》，上海三联书店1994年版，第51页。
④ 钱钟书：《管锥编》，中华书局1995年版，第408页。
⑤ 张隆溪：《二十世纪西方文论述评》，生活·读书·新知三联书店1986年版，第153～154页。
⑥ 汪裕雄：《道与逻格斯——论中西文化符号的不同取向》，载《学术月刊》1995年第1期。

习汉字,每一位中国人都被语文耗去了大量的时间,如果加上学习古文,则需要花上十几年的工夫。在这个极为艰难的语言习得环境中,多少人曾经这样奢想:希望自己的方言成为官言(普通话),同时希望自己的文字是一种"照写口语"文字系统。这样的语言该多么自如,表达力该多么强大。中国人的这些奢想、幻想,在古希腊人中都轻而易举地实现了。大多学者都清楚,虽然希腊不是一个统一的国家,但其文化的一致性却十分明显。所有希腊人都说同一种语言。这种语言属于印欧语系的一种。

方言也即是母语,是与生俱来的最具表达力的一套语言符号,这一语言符号的表达如此自如,以至卡西尔这样说:"在某种意义上,言语活动决定了我们所有其他的活动。我们的知觉、直观和概念都是和我们母语的语词和言语形式结合在一起的。"① 海德格尔从希腊语的原始经验中去分析 Logos。发现在希腊人的原始经验中,语言事实上与存在是一回事。② 笔者认为,希腊人的这一语言观,应该与希腊人方言与官言的合一有密切关联。

不仅官言就是方言,而且在某种意义上,希腊的文字也是一种变相的方言。聪明的希腊人,通过借用腓尼基的一套辅音字母,再加上元音字母而形成了一套可以拼写他们语言的文字符号系统。凭着这套符号,希腊人不管老少妇幼都可"照写口语",表达他们的内心思想。丹纳这样说:"他们的形象的语言和纯粹思考的语言,平民的语言和学者的语言,并无距离,后者只是前者的继续;一篇柏拉图的对话录没有一个字不能为刚从练身场上修业完毕的青年人理解;提摩斯西尼斯的演说没有一句不能和雅典的铁匠或农民的头脑一拍即合。"③ 这与中国的早期文字走不出庙宇,只逗留在贵族圈内有着天壤之别!中国人在口语与文字的通约中,成本非常高昂,需要在长期的艰难中履步。难怪丹纳这样说:"固然我们的思想在我们的语言中能够存活,因为已经习惯了,可是希腊人的思想在他们的语言中活动起来不知要方便多少!"④ 贺拉斯说:"诗神把天才,把完美的表述能力,赐给希腊人。"⑤

这样,希腊方言、官言、文字三者完整合一了,这可能是西方崇拜语音、贬低文字的一个重要因原。

希腊对韵律愉悦的留恋是语音中心的另一个助因。所谓韵律,是指用相同的韵母配以不同的声母所构成的谐音,使人产生听觉上的愉悦的一种说唱

---

① 卡西尔:《人论》,甘阳译,西苑出版社 2003 年版,第 166～167 页。
② 张苗第:《言、象、意关系新论——从海德格尔与维特根斯坦语言哲学思想解读》,载《西北农林科技大学学报》(社会科学版) 2009 年第 1 期。
③ 丹纳:《艺术哲学》,傅雷译,人民文学出版社 1994 年版,第 287～288 页。
④ 丹纳:《艺术哲学》,傅雷译,人民文学出版社 1994 年版,第 286 页。
⑤ 贺拉斯:《诗艺》,杨周翰译,人民文学出版社 1988 年版,第 154 页。

方式，这种方式能使人对所朗诵的材料因韵律的愉悦而获得轻松的记忆。各原始民族就是不自觉地用这方式来说唱和记忆的。"这里我们也应赞赏天意安排，在共同的书写文字还未发明以前，就安排好各族人民用诗律来说话，使他们的记忆借音步和节奏的帮助能较容易地把他们的家族和城市的历史保存下来。"① 韵律记忆是一切民族必须经历的时代，但希腊这一时代发展得极为充分。希腊虽然历经一个300多年的"黑暗时代"，但这个时代给了希腊人尽情地享受音律的愉悦的集体体验。丹纳说："希腊人的诗不但高声宣读，并且在乐器的伴奏声中朗诵和歌唱，并且用手势和舞蹈来表演。那时整个的人，心灵与肉体，都一下子沉浸在载歌载舞的表演里面；至于留存到今日的一些诗句，只是从他们歌剧脚本中散出来的几页唱词而已。"②

丹纳还说："我们的散文是干巴巴的符号，给纯粹的理智作为互相沟通的工具；和纯粹出于模仿而与肉体相结合的初期语言相比，我们的散文等于一种代数，一种沉淀的渣滓。法国语言的腔调缺少变化，没有旋律，长短音不够分明，区别极微。你非要听过一种富于音乐性的语言，例如声音优美的意大利人朗诵一节塔索的诗，才能知道听觉的感受对情感所起的作用，才会知道声音与节奏怎样影响我们全身，使我们所有的神经受到感染。当时的希腊语言就是这样，现在只剩下一副骨骼了。"③ 对韵律在希腊人表达思想的重要作用，丹纳这样说："声音与韵律在古希腊语中占的地位，跟观念与形象同样重要。诗人发明一种新的音步等于创造一种新的感觉。长短音的某种配合必然予人轻快的感觉，另一种配合必然予人壮阔的感觉，另外一种又予人活泼诙谐之感；不仅在思想上，并且在姿势与音乐上也显出每种配合的特性和抑扬顿挫的变化。因此，产生丰富的抒情诗的时代连带产生了同样丰富的舞蹈。现在还留下两百种希腊舞蹈的名称。雅典的青年人到十六岁为止的全部教育就是舞蹈。"④

希腊这一历史悠久的韵律集体体验，是希腊语音中心主义形成的另一深层原因。

---

① 维柯：《新科学》，朱光潜译，商务印书馆1997年版，第460～461页。
② 丹纳：《艺术哲学》，傅雷译，人民文学出版社1994年版，第299页。
③ 丹纳：《艺术哲学》，傅雷译，人民文学出版社1994年版，第300～301页。
④ 丹纳：《艺术哲学》，傅雷译，人民文学出版社1994年版，第300～301页。

三、"观/悟"（文字）与"对话"（语音）：抵达道与真理的各别途径

观/悟（文字）：到达道的方式 5000年来，中国人使用的汉字，不需要有约定的语法链条、不需要通过词态的屈折，而是靠字的准天然画貌，靠字与字之间的配合、互映去表达意义。古汉语也不需要标点符号，靠读者自己去断句、去审视。这样一来，方块汉字理所当然地训练中国人一种"观"的能力，通过对字形的"观"，去理解它的意义，而不像希腊人一样，通过对字母文字的"说"或"听"去间接地联想意义。

汉字是一种准天然象形文字，它主要是靠自身形貌去表义的符号系统，人工因素对它的干预是微弱的。正是这一天然性，才造成它的多义性。由汉字排列而成的各种文类，如哲学、文学、史学都承载着汉字的这一品性。金岳霖说："中国哲学非常简洁，很不分明，观念彼此联结，因此它的暗示性几乎无边无涯，结果是千百年来人们不断地加以注解，加以诠释。"① 中国汉字与中国文化的暗示性特征，同时培养了中国人"悟"的思维方式。所谓"悟"，即通过对图像、图像与图像组合的直观、内省，从而获取这些图象显在或潜在意义的方法。户晓辉认为，"对汉字的阅读，既可以领会其'意'，也可以感受其潜在的'象'，这种'意'与'象'的双重流动决定了中国人传统思维方式的一些根本特征。首先，汉字的多'象'性造成多义性，易于促成联想，使思维变得活跃；其二，'象'的暗示性和喻指特点使思维具有不确定性、模糊性或灵活性"②。可见，汉字是中国人"悟"形成的一个重要原因。

由汉字养成的"观"与"悟"，成了中国人求道、求知、求真的重要方式。作为中国人的最高范畴"道"，在老子看来是在事物的发展变化中体现出来的。它不是靠嘴说出来的，而是靠人的性灵去体会、体验和直觉，这就需要对大千世界"静观"。蒙培元说："老子关于'道'的学说，是'观'的哲学，不是'说'与'听'的哲学。'说'与'听'的哲学一向留心于语言，'观'的哲学则关注于形象。这从中西语言文字的区别也能看得出

---

① 金岳霖：《中国哲学》，载《哲学研究》1985年第9期。
② 户晓辉：《中国人审美心理的发生学研究》，中国社会科学出版社2003年版，第105～106页。

来。"① 蒙培元一针见血地点出了中国人"观"的认知方式的差异。老子对"道"描述，与西方的概念分析方式不同，大宇宙中的万物规律，是通过人这个小宇宙的悟感而认识的。因此，他说："万物并作，吾以观复。"（《老子》十六章），"观复"就是从大宇宙的万物变化中"观"其"本根""始根"。

在老子学说中，通过语言去认识"道"的方法是不足取的。"道"不是西方的主客二分中的认识对象、认识客体，人也不是"孤立主体"，被认识对象不是认识主体之外的对象，"道"与认识主体是合一的，"道"就在主体之中，即"道"可以被"映射"在人这小宇宙的"心灵"之镜中。怎样从这个小宇宙去获取"道"的规律？这就需要"观"与"悟"。"道"是永恒的，而人的生命是短暂的，但人能在天地之间获取"道"的秘密、规律。怎样获取？老子说："故从事于道者，同于道"。这里的"从事"即亲身体验。通过亲身体验，去体"道"、悟"道"、得"道"，即"同于道"。就如宗白华所说，"中国哲学是就'生命本身'体悟'道'的节奏。"② 可见，"外观"／"内悟"是到达"道"的途径和方式。

中国人的得道的"观/悟"方式衍生了相应的文化取向。例如在禅宗上，发展了一系列"断指""棒喝""顿悟""拈花微笑""一悟即至佛地"等的方法，在艺术上，演化为"不落言筌""不著一字，尽得风流""登岸舍筏，得鱼忘筌""象外之象"的审美倾向。

对话（语音）：到达真理的方式　语言通常并不是指一个人的话语，而是众人之间交流、对话的话语，"话语，是联结我和别人之间的桥梁。如果它一头系在我这里，那么另一头就系在对话者那里。话语是说话者与对话者之间共同的领地"③。因而，"语言"本身就包含着一个潜在的形式——对话。在以语言（口语）为本位的希腊、西方语境中，求知的方式主要不是"观"／"悟"，而是"对话"。

巴赫金认为，狭义的对话"指的是说话者与对话者之间言语相互作用的形式"④，广义的"对话"是指追求真理而进行的平等辩论。希腊人"通过对话可最终到达真理"的观点是深刻的。"对话"可从三个方面去理解。

其一，对话意味着真理产生于复数的人们的对话。它告诉人们，知识、

---

① 蒙培元：《"道"的境界——老子哲学的深层意蕴》，中国社会科学出版社1996年版，第1页。
② 宗白华：《美学与意境》，人民出版社1987年版，第219页。
③ 巴赫金：《周边集》，李辉凡译，河北教育出版社1998年版，第136页。
④ 张俊萍：《巴赫金"对话"术语的内涵及现代意义》，载《文艺研究》2006年第5期。

真理并不是来源于单个人（英雄）的"独白"，而是产生于众人之间对话而成的智慧。正如巴赫金所说："真理不是产生和存在于某个人的头脑里的，它是在共同寻求真理的人们之间诞生的，是在他们的对话交际过程中诞生的。"① 对话的过程是一个异中求同、同中求异的双向运动过程，通过这个运动而达成一个平衡点、制高点。巴赫金说，"'对话'是'把灵魂向对方敞开，使之在裸露之下加以凝视'的行为"② "单一的声音，什么也结束不了，什么也解决不了。两个声音才是生命的最低条件，生存的最低条件"③。苏格拉底认为寻求真理的方法就是通过对话问答，揭露对方论证中的矛盾，以求得普遍的定义的方法。卡西尔说："只有靠着对话式的亦即辩证的思想活动，我们才能达到对人类本性的认识……真理就其本性而言就是辩证的思想产物。因此，如果不通过人们在相互的提问题与回答问题中不断合作，真理就不可能获得。"④

第二，与用文字交流相比，口头对话充满活力，能随时更换字眼，附加注脚、注释，在一问一答中较量观念，随时扑向真理。"对话"是一种"超值"交际活动，各种非语言符号，如手势、表情、情境都参与到交际中去。

第三，"对话"潜存着一种民主意识。"对话"首先区别于独白（独语）。独语是一种独裁的话语，一个人的表白或自述只是回荡着单一的声音，体现着单一的观念。而对话则呈现出一种自由、民主、平等的特点。正因为对话具有这一潜在含义，"对话"还成为一个民主的代称。

希腊文化与西方文化的大厦，离不开"对话"基石的建构。苏格拉底可谓是西方"对话"的鼻祖。卡西尔谈到苏格拉底的对话观念时说：

> 只有靠着对话式的亦即辩证的思想活动，我们才能达到对人类本性的认识。以往，真理总是被看成应当是某种现成的东西，它可以靠思考者的独自努力而被把握，并且能轻易地传递和传达给其他人。但是苏格拉底不再满足于这种见解。在《理想国》中柏拉图说道，往一个人的灵魂中灌输真理，就像给一个天生的瞎子以视力一样是不可能的。真理就其本性而言就是辩证的思想的产物。因此，如果不通过人们在相互的提问与回答中不断地合作，真理就不可能获得。因此，真理不像一种经

---

① 巴赫金：《诗学与访谈——陀思妥耶夫斯基诗学问题》，白春仁、顾亚玲译，河北教育出版社1998年版，第144页。
② 池田大作：《我的大学》，北京大学出版社1992年版，第155页。
③ 巴赫金：《诗学与访谈——陀思妥耶夫斯基诗学问题》，白春仁、顾亚玲译，河北教育出版社1998年版，第340页。
④ 卡西尔：《人论》，甘阳译，西苑出版社2003年版，第10页。

验的对象，它必须被理解为是一种社会活动的产物。①

到了柏拉图时代，希腊的文字书写系统已日臻完善，可是，希腊人仍然依恋他们的口传形式、对话形式。柏拉图曾叹说，书虽如肖像，人们把它看成是有生命的，但向它们提问时，它们却不会作答。我们从今天被字化的柏拉图"对话"书体，可以想象当年希腊哲学家通过唇枪舌剑、针锋相对的"对话"而追寻真理的动人情景。

近代以来，西方一直把"对话"当成是获得真理的重要方法，这个方法几乎与真理（观念）融化为一，以至他们在不自觉中将知识本身与知识的获取方式（"对话"）统一了。比如，"逻格斯"（logos）、逻辑（logic）均与"对话"（dialogue）有一种内在的关系。"辩证法"（dialectics）（在相互对话中揭露对方的矛盾）一词，来源于苏格拉底的"对话"（dialogue）。

当我们沿着文字选择之径，去寻找神话文本"厚薄"的成因时，走着走着，不觉就走进了中西文化的"大文本"。实质上，中西文化"大文本"就是中希神话"小文本"的一种同根性延伸，两者就如"种子的大树"与"大树的种子"的关系。

---

① 卡西尔：《人论》，甘阳译，西苑出版社2003年版，第10页。

参考文献

中文部分

[1] [俄] B. A. 依斯特林. 文字的产生和发展 [M]. 北京：北京大学出版社，2002.

[2] H. A. 库恩. 古希腊的传说与神话 [M]. 北京：生活·读书·新知三联书店，2002.

[3] 阿尔伯特·甘霖（Albert Greene）. 基督教与西方文化 [M]. 北京：北京大学出版社，2005.

[4] 爱华德·泰勒. 人类学——人及其文化研究 [M]. 连树声，译. 上海：上海文艺出版社，1993.

[5] 安乐哲. 和而不同：比较哲学与中西会通 [M]. 北京：北京大学出版社，2002.

[6] 陈鼓应. 老子注译及评价 [M]. 北京：商务印书馆，2003.

[7] 陈建宪. 神祇与英雄——中国古代神话的母题 [M]. 北京：生活·读书·新知三联书店，1994.

[8] 陈来. 古代思想文化的世界——春秋时代的宗教、伦理与社会思想 [M]. 北京：生活·读书·新知三联书店，2002.

[9] 陈跃红. 比较诗学导论 [M]. 北京：北京大学出版社，2005.

[10] 陈中梅，译. 奥德赛 [M]. 南京：译林出版社，2003.

[11] 成中英. 世纪之交的抉择——论东西方哲学的会通与融合 [M]. 上海：上海知识出版社，1981.

[12] 成中英. 论中西哲学精神 [M]. 北京：东方出版社，1991.

[13] 程文超. 意义的诱惑 [M]. 北京：时代文艺出版社，1993.

[14] 达尔文. 人类的由来（上、下册）[M]. 北京：商务印书馆，1983.

[15] 丹纳. 艺术哲学 [M]. 傅雷，译. 北京：人民文学出版社，1994.

[16] 邓迪斯. 西方神话学论文选 [M]. 上海：上海文艺出版社，1994.

[17] 邓富星. 艺术前的艺术 [M]. 济南：山东文艺出版社，1986.

[18] 邓启耀. 中国神话思维结构 [M]. 重庆：重庆出版社，1995.

[19] 董小川. 儒家文化与美国基督教文化［M］. 北京：商务印书馆，1999.

[20] 厄尔·迈纳. 比较诗学［M］. 北京：中央编译出版社，1998.

[21] 冯崇义. 罗素与中国——西方思想在中国的一次经历［M］. 北京：生活·读书·新知三联书店，1994.

[22] 冯天瑜. 上古神话纵横谈［M］. 上海：上海文艺出版社，1983.

[23] 弗雷泽，著. 刘魁立，编. 金枝精要［M］. 上海：上海文艺出版社，2001.

[24] 弗洛伊德. 图腾与禁忌［M］. 北京：中国民间艺术出版社，1986.

[25] 高福进. 太阳崇拜与太阳神话［M］. 上海：上海人民出版社，2002.

[26] ［德］格罗塞. 艺术的起源［M］. 北京：商务印书馆，1984.

[27] 葛斯塔·舒维普. 古希腊罗马神话与传奇［M］. 桂林：广西师范大学出版社，2003.

[28] 葛兆光. 禅宗与中国文化［M］. 上海：上海人民出版社，1998.

[29] 辜正坤. 中西诗比较鉴赏与翻译理论［M］. 北京：清华大学出版社，2003.

[30] 辜正坤. 中西文化比较导论［M］. 北京：北京大学出版社，2007.

[31] 汉斯·弗兰克尔. 诗歌与绘画：中西诗画艺术转换观［M］. 北京：人民文学出版社，1978.

[32] 何辉斌. 西方悲剧的中国式批判［M］. 北京：中国社会科学出版社，2007.

[33] 何辉斌. 戏剧性戏剧与抒情性戏剧：中西戏剧比较研究［M］. 北京：中国社会科学出版社，2004.

[34] 何新. 诸神的起源——中国远古太阳神崇拜［M］. 北京：光明日报出版社，1996.

[35] 胡经之，王岳川. 文艺学美学方法论［M］. 北京：北京大学出版社，1990.

[36] 黄药眠. 中西比较诗学体系［M］. 北京：人民文学出版社，1991.

[37] 金丹元. 比较文化与艺术哲学［M］. 上海：上海文艺出版社，2002.

[38] 卡西尔. 国家的神话［M］. 北京：华夏出版社，1999.

[39] 卡西尔. 语言与神话［M］. 北京：生活·读书·新知三联书店，1988.

[40] 卡西尔. 神话思维［M］. 黄龙保，等，译. 北京：中国社会科学出版社，1992.

[41] 卡西尔. 人论［M］. 甘阳, 译. 北京: 西苑出版社, 2003.

[42] 乐黛云, 陈跃红. 比较文学原理新编［M］. 北京: 北京大学出版社, 1998.

[43] 乐黛云, 勒·比松. 独角兽与龙——寻找中西文化普遍性中的误读［M］. 北京: 北京大学出版社, 1995.

[44] ［奥地利］雷立柏. 古希腊罗马与基督宗教［M］. 北京: 社会科学文献出版社, 2002.

[45] 冷德熙. 超越神话——纬书政治神话研究［M］. 北京: 东方出版社, 1996.

[46] 李咏吟. 原初智慧形态——希腊神学的两大话语系统及其历史转换［M］. 北京: 上海人民出版社, 1999.

[47] 李泽厚. 实践理性与乐感文化［M］. 北京: 生活·读书·新知三联书店, 2005.

[48] 李泽厚. 美学三书（美的历程、华夏美学、美学四讲）［M］. 天津: 天津社会科学出版社, 2003.

[49] 李泽厚. 实用理性与乐感文化［M］. 北京: 生活·读书·新知三联书店, 2005.

[50] 列维·布留尔. 原始思维［M］. 北京: 商务印书馆, 1981.

[51] ［法］列维·斯特劳斯. 结构人类学［M］. 上海: 上海译文出版社, 1999.

[52] ［法］列维·斯特劳斯. 野性的思维［M］. 北京: 商务印书馆, 1987.

[53] 林惠祥. 文化人类学［M］. 北京: 商务印书馆, 1991.

[54] 刘承华. 文化与人格——对中西方文化差异的一次比较［M］. 北京: 中国科技大学出版社, 2002.

[55] 刘魁立. 神话新论［M］. 上海: 上海文艺出版社, 1987.

[56] 刘骁纯. 从动物快感到人的美感［M］. 济南: 山东文艺出版社, 1986.

[57] 刘小枫. 现代性中的审美精神［M］. 上海: 学林出版社, 1997.

[58] 刘小枫. 拯救与逍遥［M］. 上海: 上海人民出版社, 1988.

[59] 卢晓辉. 中国人审美心理的发生学研究［M］. 北京: 中国社会科学出版社, 2003.

[60] 吕新雨. 神话·悲剧·《诗学》: 对古希腊诗学传统的重新认识［M］. 上海: 复旦大学出版社, 1995.

[61] 栾栋. 人文学概论［M］. 广州: 暨南大学出版社, 2012.

[62] 罗素. 西方哲学史（上册）[M]. 北京：商务印书馆，1963.
[63] 马·法·基亚. 比较文学 [M]. 颜保，译. 北京：北京大学出版社，1983.
[64] 马昌仪. 中国神话学文论选萃 [M]. 北京：中国广播电视出版社，1994.
[65] 马小朝. 宙斯的霹雳与基督的十字架：希腊神话和《圣经》对西方文学的发生学意义 [M]. 上海：学林出版社，1999.
[66] 马新国. 西方文论史 [M]. 北京：高等教育出版社，1994.
[67] 茅盾. 神话研究 [M]. 天津：百花文艺出版社，1981.
[68] 蒙培元. 中国传统哲学思维方式 [M]. 杭州：浙江人民出版社，1993.
[69] 缪勒. 比较神话学 [M]. 上海：上海文艺出版社，1994.
[70] 摩尔根. 古代社会 [M]. 北京：商务印书馆，1977.
[71] 牟博. 中西哲学比较研究 [M]. 北京：商务印书馆，2002.
[72] 尼采. 悲剧的诞生 [M]. 桂林：广西师范大学出版社，2002.
[73] 潘知常. 中西比较美学论稿 [M]. 天津：百花文艺出版社，2000.
[74] 彭兆荣. 文学与仪式：文学人类学的一个文化视野 [M]. 北京：北京大学出版社，2004.
[75] [瑞士] 皮亚杰. 结构主义 [M]. 北京：商务印书馆，1984.
[76] [瑞士] 皮亚杰. 发生认识论原理 [M]. 北京：商务印书馆，1981.
[77] 蒲振元. 中国艺术意境论 [M]. 北京：北京大学出版社，1999.
[78] 钱念孙. 朱光潜与中西文化 [M]. 合肥：安徽教育出版社，1995.
[79] 饶芃子. 艺术的心镜 [M]. 广州：暨南大学出版社，1993.
[80] 饶芃子. 中西比较文艺学 [M]. 北京：中国社会科学出版社，1999.
[81] 荣格. 东洋冥想的心理学——从易经到禅 [M]. 北京：社会科学文献出版社，2001.
[82] 申小龙. 汉语与中国文化 [M]. 上海：复旦大学出版社，2003.
[83] 施舟人. 中国文化基因库 [M]. 北京：北京大学出版社，2002.
[84] 斯宾格勒. 西方的没落 [M]. 上海：生活·读书·新知三联书店上海分店，2006.
[85] 斯宾格勒. 西方的没落 [M]. 北京：商务印书馆，1995.
[86] 孙津. 众神飞飏：希腊诸神的起源 [M]. 北京：中国社会科学出版社，1989.
[87] 泰特罗. 本文人类学 [M]. 北京：北京大学出版社，1996.

[88] 汤因比. 历史的研究——文明的起源及生长 [M]. 上海: 上海人民出版社, 1997.

[89] 汤因比. 人类与大地母亲 [M]. 上海: 上海人民出版社, 2001.

[90] 王晓明. 希腊宗教概论 [M]. 上海: 上海人民出版社, 1997.

[91] 王孝廉. 中国的神话世界 [M]. 北京: 作家出版社, 1991.

[92] 王岳川. 二十世纪西方哲性诗学 [M]. 北京: 北京大学出版社, 2000.

[93] 威尔逊. 新的综合: 社会生物学 [M]. 李昆峰, 译. 成都: 四川人民出版社, 1985.

[94] [德] 威廉·冯洪堡特. 论人类语言结构的差异及其对人类精神的发展的影响 [M]. 北京: 商务印书馆, 2002.

[95] 韦尔南. 希腊思想的起源 [M]. 北京: 生活·读书·新知三联书店, 1996.

[96] 韦尔南. 众神飞飏 希腊诸神的起源 [M]. 北京: 中信出版社, 2003.

[97] 维柯. 新科学 [M]. 北京: 商务印书馆, 1989.

[98] 吴晓辉. 古代希腊仪式文化研究 [M]. 上海: 上海社会科学出版社, 2000.

[99] 吾淳. 中国思维形态 [M]. 上海: 上海人民出版社, 1998.

[100] 萧兵. 中国文化的精英——太阳英雄神话的比较 [M]. 上海: 上海文艺出版社, 1989.

[101] 谢龙, 汤一介, 等. 中西哲学与文化比较新论 [M]. 北京: 人民出版社, 1995.

[102] 谢选骏. 神话与民族精神 [M]. 济南: 山东文艺出版社, 1988.

[103] 许启贤. 世界文明论研究 [M]. 济南: 山东人民出版社, 2001.

[104] 杨适. 中西人论的冲突 [M]. 北京: 中国人民大学出版社, 1991.

[105] 杨适. 人伦与自由: 中西人论的冲突和前途 [M]. 香港: 商务印书馆 (香港) 有限公司, 1991.

[106] 杨适. 中西人论及其比较 [M]. 北京: 东方出版社, 1992.

[107] 杨亦军. 老庄学说与古希腊神话 [M]. 成都: 巴蜀书社, 2001 年

[108] 姚介厚. 西欧文明 (上、下册) [M]. 北京: 中国社会科学出版社, 2002.

[109] [苏联] 叶·英·梅列金斯基. 神话的诗学 [M]. 北京: 商务印书馆, 1990.

[110] 叶舒宪. 高唐神女与维纳斯 [M]. 北京: 中国社会科学出版社,

1997.

[111] 叶舒宪. 神话——原型批评的理论与实践［M］. 西安：陕西师范大学出版社，1998.

[112] 叶舒宪. 探索非理性的世界——原型批评的理论与方法［M］. 成都：四川人民出版社，1988.

[113] 叶舒宪. 文学与人类学——知识全球化时代的文学研究［M］. 北京：社会科学文献出版社，2003.

[114] 叶舒宪. 英雄与太阳——中国上古史诗的原型重构［M］. 上海：上海社会科学院出版社，1991.

[115] 叶舒宪. 中国神话哲学［M］. 北京：中国社会科学出版社，1992.

[116] 叶舒宪，俞建章. 符号：语言与艺术［M］. 上海：上海三联书店，1998.

[117] 叶舒宪. 探索非理性的世界［M］. 成都：四川人民出版社，1988.

[118] 叶维廉. 道家美学与西方文化［M］. 北京：北京大学出版社，2002.

[119] 叶维廉. 叶维廉文集（1，2，3，4，5）［M］. 合肥：安徽教育出版社，2002.

[120] 伊迪丝·汉密尔. 希腊方式——通往西方文明的源流［M］. 徐齐平，译. 杭州：浙江人民出版社，1988.

[121] 尹立. 精神分析与佛学的比较研究［M］. 成都：巴蜀书社，2003.

[122] 余虹. 中国文论与西方诗学［M］. 北京：生活·读书·新知三联书店，1999.

[123] 袁珂. 中国古代神话［M］. 北京：华夏出版社，2004.

[124] 约翰·迈尔斯·弗里. 口头诗学：帕里－洛德理论［M］. 朝戈金，译. 北京：中国社会科学出版社，2000.

[125] 张岱年，等. 中国思维偏向［M］. 北京：中国社会科学出版社，1998.

[126] 张法. 中西美学与文化精神［M］. 北京：北京大学出版社，1994.

[127] 张光直. 美术·神话与祭祀：通往古代中国政治权威的途径［M］. 沈阳：辽宁教育出版社，1991.

[128] 张光直. 中国青铜时代［M］. 北京：生活·读书·新知三联书店，1983.

[129] 张光直. 中国青铜时代·二集［M］. 北京：生活·读书·新知三联书店，1990.

[130] 张隆溪. 道与逻格斯[M]. 南京：江苏教育出版社，2006.

[131] 张隆溪. 走出文化的封闭圈[M]. 北京：生活·读书·新知三联书店，2004.

[132] 张世英. 天人之际：中西哲学的困惑与选择[M]. 北京：人民出版社，1995.

[133] 张世英. 进入澄明之境——哲学的新方向[M]. 北京：商务印书馆，1999.

[134] 赵林. 告别洪荒：人类文明的演进[M]. 北京：东方出版社，1998.

[135] 赵林. 神旨的感召：西方文化的传统与演进[M]. 武汉：武汉大学出版社，1993.

[136] 赵林. 中西文化分野的历史反思[M]. 武汉：武汉大学出版社，2004.

[137] 赵林. 协调与超越——中国思维方式批判[M]. 西安：陕西人民出版社，1992.

[138] 郑凡. 震撼心灵的古旋律[M]. 成都：四川人民出版社，1987.

[139] [日本] 中村元. 东方民族的思维方法[M]. 杭州：浙江人民出版社，1989.

[140] 中国文化书院演讲录编委会. 中外文化比较研究[M]. 北京：生活·读书·新知三联书店，1988.

[141] 周春生. 直觉与东西方文化[M]. 上海：世纪出版集团、上海人民出版社，2001.

[142] 朱狄. 信仰时代的文明[M]. 北京：中国青年出版社，1999.

[143] 朱狄. 原始文化研究——对审美发生问题的研究[M]. 北京：生活·读书·新知三联书店，1988.

[144] 朱光潜. 西方美学史（上、下册）[M]. 北京：人民文学出版社，1982.

[145] 朱光潜. 悲剧心理学[M]. 合肥：安徽教育出版社，1996.

[146] 朱徽. 中英比较诗艺[M]. 成都：四川大学出版社，1996.

[147] 朱立元. 天人合一：中华审美文化之魂[M]. 上海：上海文艺出版社，1998.

[148] 朱滢. 文化与自我[M]. 北京：北京师范大学出版社，2007.

[149] 卓新平. 宗教比较与对话[M]. 北京：宗教文化出版社，2001.

[150] 宗白华. 美学散步[M]. 上海：上海人民出版社，1981.

[151] 宗白华. 艺境 [M]. 北京：北京大学出版社，1999.

英文部分

[1] Bruce S. Thornton. *The Myth of Ancient Greek Sexuality* [M]. Boulder, Colo.: Westview Press, 1997.

[2] Cassirer E. *Language and Myth* [M]. New York and London: New York Press, 1946.

[3] Erwin F. Cook. *The Odyssey in Athens: Myths of Cultural Origins* [M]. Ithaca: Cornell University Press, 1995.

[4] Friedrich Wilhelm Joseph von Schelling. *Historical-critical Introduction to the Philosophy of Mythology* [M]. Albany: State University of New York Press, 2007.

[5] G. S. Kirk Myth. *Its Meaning and Functions in Ancient and Other Cultures* [M]. London: Cambridge University Press; Berkeley: University of California Press, 1970.

[6] G. S. Kirk. *The Nature of Greek Myth* [M]. Hainondswork, 1974.

[7] G. S. Kirk. *Homer and the Oral Tradition* [M]. New York: Cambridge University Press, 1976.

[8] G. S. Kirk. *The Homeric Poems as History* [M]. London: Cambridge University Press, 1964.

[9] G. S. Kirk. *The Iliad: a Commentary* [M]. London: Cambridge University Press, 1990.

[10] G. S. Kirk. *The Songs of Homer* [M]. London, New York, Nigeria: Cambridge University Press, 2005, 1962.

[11] G. S. Kirk. *Homer and the Epic: a Shortened Version of the Songs of Homer* [M]. New York: Cambridge University Press, 1985.

[12] Hankiss, Elemér. *Fears and Symbols: An Introduction to the Study of Western Civilization* [M]. Budapest: New York Central European University Press, 2001.

[13] Jan N. Bremmer. *Interpretation of Greek Mythology* [M]. London: Taylor & Francis Ltd, 2015.

[14] Palmer, Leonard Robert. *The Greek Language* [M]. Oklahoma: University of Oklahoma Press, 1996.

[15] Quispel, Gilles. *From Mythos to Logos* [M]. Leiden: E. J. Brill, 1973.

[16] Steven Shankman, Stephen W. Durrant. *The Siren and the Sage: Knowledge and Wisdom in Ancient Greece and China* [M]. London; New York: Cassell, 2000.

[17] Vernant, Jean Pierre, Vidal-Naquet, Pierre. *Myth and Tragedy in Ancient Greece* [M]. New York: Zone Books; Cambridge: MIT Press, 1988.

[18] Vernant, Jean-Pierre. *Myth and Society in Ancient Greece* [M]. New York: Zone Books, 1988.

[19] Wilson, Donna F. *Ransom, Revenge, and Heroic Identity in the Iliad* [M]. UK, New York: Cambridge University Press, 2002.

后 记

没有青春的人生

林玮生

一、十三春秋磨一剑

人类文明的进程就如一场场竞猜自然之谜的过程。所谓"谜",即"神秘性""非透明性"。事实上,我们永远生活在一个介乎透明与混浊,明晰与迷糊之间的中间地带。假如人类生活在一个"神秘性"缺席的世界中,生活在一个光亮透明的世界中,那么,生活的意义将因通明透亮而变得苍白,也许"隐晦""神秘"是人类生存过程中永远相随的伴侣。

的确,人就如生活在一个谜语世界之中。生活的意义不仅在于猜中谜语的结果,更在于猜测谜语的过程。谜语猜中了,意义也随之结束了。正如神祇不允许人洞悉神界,人自己也不希冀世界变得完全透明。凯伦·阿姆斯特朗在《神话简史》中认为,神话"是一种游戏,能够让我们破碎的、悲惨的世界得以改观"。她所说的游戏,正如一场谜语的猜测活动,能使破碎的世界得以改观、得以意义。

现代人生活在一个代数符号的骷髅世界里,而原始人则生活在一个戏剧、游戏的世界中,生活在对"神秘"的追逐与嬉闹之中。13个春秋以来,在神话研究的过程中,我常常"设身退化"为原始人中的一员,在快乐与痛苦中追寻一个个苦涩的"神秘"之谜。当猜中神话之谜时,往往手舞足蹈、天地一亮。

密尔顿说,"神话是一个深不可测的海洋,无边无际,苍苍茫茫,在这里长度、宽度、高度和时间、空间都消逝不见"。是的,有时神话看起来就如一堆堆千姿百态的岩石,一片片变化莫测的浮云。但事实上,神话并非一堆无序的岩石或一群无状的浮云,而是无序中潜藏着秩序,无形中包含着有形。

我认为,揭开迷雾的第一把钥匙是"重演律"。重演律是德国学者海克尔(Ernst Haeckel)提出来的"生物发生律",即"个体发育的历史是种系发育历史的简单而迅速的重演"。通过把原始人拟想为人类儿童,用"仿童心理"或"拟童心理"去想象原始人的心理,这种"土方法"时常能有意外的收获。例如,神话的真实问题类同于小孩不会说谎,希腊诸神的裸体现象类同于儿童的"未萌发的羞耻意识"等等。

本书是对中希"神话形态"的比较研究。当我深入走进这个领域时,才发现可利用理论资源的缺乏。因而,我在研究过程中不得不采用"三管齐下"的方法:一是博取神话学所有相关学科的已成理论成果。从人类学、心理学、考古学、生物学等学科搬来一切可以利用的理论,从达尔文、维柯、卡西尔、罗素、尼采、缪勒、丹纳等世界大家中汲取关于神话及与之相关的精辟论说。二是清理和重释前人的神话学理论遗产。神话学还不是一个完善的学科,还有大片土地等待着后来者的拓荒。本书对诸多术语进行梳理和重释。例如,重新厘定了"历史""神话历史化"等定义,重释了"英雄""史诗"等一系列概念。三是自创理论工具。由于这个领域的理论资源不丰富,迫使我在艰难攀登之时,不得不自搭理论支架,作为攀登的台阶。例如,"神象""神象的生成机制""同构项""同功项"等均是原创的一系列理论与术语。

"三管齐下"的方法在一定程度上影响了行文的逻辑性。比如在论述时,既要一边清理前人的术语,又要一边自建急用的理论,就如在挖掘隧道时,因为工具的短缺,时而不得不回头立即制造紧缺的工具。尽管如此,本书在整体的逻辑推进方面,还是较为有"运气"的。全书从四条逻辑线路挺进,即从中希神话的四个"形态"推进至两族神话与文化之间的根果关系,结果是条条线路通罗马,四"路"均以不同的角度而通达中西文化的核心本质。这四"路"的意外"会师",就如在山腹中凿隧相遇,让人惊喜万分。

古希腊哲学家赫拉克利特说,人不能两次踏进同一条河流。但我却两度"踏进"同一条河流。本书是在博士论文框架的基础上,经十年的后续孕育扩展而成的。这两度地踏进,提供给我一个以中年的成熟、稳重去重审青年的豪情、粗犷的良机。它使我获得了一个重要的启示:汹涌的河水需要经过沉淀才能清澈见底,学术同样需要时间积淀,才能得到反思、反省,才能真正去谬存精,走向稳重、成熟。

本书相关材料的收集先后历经了 13 载,当完成了古今中外名著中的精华语片的收集后,在电脑上轻轻地按下了"字数统计",竟然超过了 100 万字。常言说,十年磨一剑,对我来说是"十年重新磨一剑"。本书的主要研究对象不是"神话故事",而是"神话形态"。所谓"形态",即是事物的某种共性结构、共性形式的东西。因此,全书涉及较多"形上"的理论问题。本书的一个特点是,化集世界大家的睿智为一炉、为己用,在行文上尽量追求"一个小段落一道智慧风景线",让读者在观审"神话形态"的同时,能够欣赏到古今中外大家们对相关内容的精辟言说。本书还有较为浓厚的"根性"意识,即发生学意识。因为事物的本质往往蕴藏在它滋生的土壤里。在涉及的所有学理问题上,都尽量从源头处入手,探寻"从无到有"的生成轨迹。

大概有所"重收获"总要有所"大付出"。本书的完成从博士论文到扩充完善经历了13年,大约分为三大阶段,第一阶段是博士研究阶段(神话比较研究),第二阶段是博士后研究阶段(将神话比较实践提升为比较理论体系的研究,即"个体论"),第三阶段是国家社科项目研究阶段(神话比较的扩展与完善研究)。

在第一阶段即博士研究阶段后期,我因为钻研过于投入且持续时间过长,胃部出现了问题,经胃镜检查,发现溃烂了一个大窟窿,经医生的及时修补,才避免了出现更大的问题。在第二阶段即博士后研究阶段后期,右耳开始出现异音,接着失去听觉,医生束手无策,博士后出站半年后才逐步恢复。

在第三阶段的初期则出现了致命的可怕问题。因为用眼过度,有时一看就是几个小时,眼睛疼痛,我自行采取双眼轮使用的方法。一次,因眼睛不舒服,在校医室开了一支金霉素眼膏,晚上睡觉前涂上时出现一阵剧痛,第二天早上起床时,发现失去了正常的视力,我的周围变成了一个雾状的世界。我无法看到电脑屏幕上的文字,无法看到手机的短信。眼科医院的医生说,我的视力可能治好也可能治不好。我每天能做的事只是躺在床上不停地滴眼药水,以一部老式收音机为伴,用笔在一个本子上乱记着自己看得不太清楚的文字。每天都在希望与绝望中度日,就这样躺在床上整整35天。第36天,医生采用了一种抗炎症的新药水,才逐渐见效。当天下午5点,我从黑暗的死亡线上走了回来,重见光明。在重见光明那一刻,我做的第一事情就是大哭一场。能再次见到这个美丽的世界,见到女儿天使般的面孔,见到妻子漂亮的脸庞,见到书本上世界大师们的智慧,能让人做学问的人生是那么的美好!

接着,我在与古今中外大师们对话的快乐日子中,连续用了两年多时间完成了国家社科项目(也即本书)。然而,当我长长松了一口气,正想辍笔休耕时,可怕的死神再次光临。因免疫力严重下降,可怕的湿疹向我袭来,广东省里几大医院的几大名医都无法治好,省人民医院、省中医院的四位教授专家都说,我的这种湿疹无法治好。我因剧痒而难以入睡,即使入睡也是在痛苦中入睡。每天只能撑着看书半个小时左右。我深感这种病魔是上帝对人类最严酷的刑罚。这个酷刑持续近一年,我又一次被推到崩溃与绝望的边缘。后来在众亲友的关心下，经朋友的介绍，在广州一家社区医院和家乡私人医院两位医生（越秀中医杂病医院黄品良医生和揭阳德溪医院林煜瑜医生）一年多的精心治疗，病情才得到控制，并逐渐转愈。

在这13个春秋的每个阶段，我每次都在学业的凯旋中不幸地遇上死神，每次又都侥幸从死神的双手中挣脱开来，重新回到学问的身旁。本书不仅凝聚着13载苦心经营的智慧与血汗，同时也印记了死神数次光临的足迹。

二、廿七载忘我自学

在学业的历程上，我堪称同龄人甚至是同年代人中最为曲折的。20世纪80年代初，我就读于广东揭阳的一所农村初中（磐东初级中学）。中考后，在还未知分数的情况下，我突然收到并没有填写该校志愿的"广东外语师范学校"（简称"外师"，当时不知有这所学校）的面试通知书。我当场哭闹起来，本能大声叫喊不读中师。

为什么会出现这一幕呢？这是因为当年揭阳县（现揭阳市）为了保护地方高考优质生源，在中考录取中实行"平行志愿"的土方法：即高中与中师属平行志愿，重点中学（揭阳第一中学）与地方中师（揭阳师范学校）录取控制同一最低分数线，但考生无权决定选择一中或揭师，教育局将高分录到一中，低分录到揭师。但在填志愿时，初中各校都要求考生填满中学与中师两栏志愿，以防录取惯例发生新变。所以当上了该最低分数线后，考生无法选择就读一中或师范。于是每年都会出现一些考生到教育局要生要死闹着从师范换到一中或相反的事例。我原先刻意在中师栏上空缺第一志愿，将揭师填在第二志愿，以表示我想读一中而不愿读揭师，但该填法被老师发现后，立即叫我将揭师移上中师栏的第一志愿。

但"外师"的录取不同于地方中师（当时多数考生并不知道有此间学校），它是位于广州的省教育厅直属重点外语师范学校，且全县每年只录取两名，所以揭阳教育局所挑的面试人选都是全县成绩名列前茅的考生，面试落选者再被录回揭阳一中。

在该校"全县两名""地处广州""英语专业"三大亮点的征服下，我参加了面试并被该校录取。被录取后，中考的成绩才开始放榜，这时我才知道自己的总分超出第一中学（揭师）最低录取分数线近90分，在全县名列前茅。虽然我手里已拿着"外师"的录取通知书，但对"外师"的情况一无所知。因当时该校还没有毕业生（我是第三届），且学校没有印发招生简章介绍该校的培养目标、定向分配、开设课程等，所以一般考生家长无从知晓它的真实情况。

到广州入学后，我才逐步了解到"外师"的实情：这是一所改革开放初期由教育厅设立的地处省城的学校，主要开设英语各门课程以及作为辅科的中师文科类课程，不开数理化。该校每年在全省各县招收优秀的初中毕业生（每县限招两名），毕业后一律定向回原籍地当小学英语教师。

走进这样一所学校，让我这个特别钟爱数理化、心抱大学梦、刚刚庆幸走出贫困农村的孩子来说，一下子掉进了死胡同。一个喜爱做未来梦的少年，被无情地抛进一个不给做梦的地方。16岁的我开始夜以继日地苦思如何逃脱这天降的三大枷锁——"定向分配"枷锁（分配回到我那曾是"黑五类"后代、家中只有十几平方米破房、时刻想方设法逃离它的家乡）、"终身职业"枷锁（几乎是那个年代国家工种地位最低的农村小学教员职业，且国家规定终身不允许转行）和"外语专业"枷锁——也是最严重的枷锁（该校不开设数理化，过早专业化使人缺失一个基本的知识结构，作为专业的英语实际只是一门工具，且是我最不喜欢的科目）。

怎样解脱这三大沉重的枷锁呢？我左思右想，整整两个学期都无法定下心来念书。摆在眼前的唯一出路是中师毕业后继续参加全国高考，争取再次逃离家乡。按当时的政策规定，要等到中师毕业回乡教书两年后，经当地教育局批准才可获得高考资格（且只限报考师范类院校）。经过整整360多天的日夜苦思，我决定尽快在中师二、三年级期间，利用课余、周末、假期自学高中数学（高考科目之一），以对付毕业后的高考。从此"自学"便成为我人生的主题。

但中师毕业之际，一个机遇出现了，我意外地留在学校图书馆工作。于是，"死胡同之路"出现了转机，三大枷锁之首的"定向分配"之锁被万幸地打开了。原来打算两年后参加高考的计划也随之调整。

在参加工作的第二个年头，经教务科同意我参加了广州教育学院英语业余本科班的考试，总分名列全市第四，但临近录取时政策突然改变，我因没有大专学历而被拒录取之门外。二十刚出头的我又迎来了一个沉重的打击。那个假期我回家时，身高1.70米的我体重消瘦到不足90斤。父母被吓了一大跳，说我只剩下一个鼻子。事后，新上任不久的学校主管领导知道我参加考试，且知道我被拒录后，在我极度痛苦的情况下，把我严厉地痛批了一顿（因为教务科直接为我的报考申请书加盖了公章），克扣了我因考试缺工一天的工资，还逼我写下"偷考"检讨书（20多年后，也即是2011年，我在一次到学校档案室查找论文资料时，无意中发现了这张检讨书，才知道那位领导特意留下我的"材料"。那张检讨书至今还保存在广东外语艺术职业学院的档案室里)。

那位领导不同意我报读英语专业,只允许我报考图书资料专业,然而,当年广东还没有本科段的图书馆专业成人教育。为了继续中师的英语专业,为了能够进修到本科水平,我只能选择参加全国英语专科自考与本科自考的"长征"之路了。因为只有这种考试,单位才无权阻拦,而成人考试则需要经过单位盖章同意。

就这样,我用上所有业余、节假日时间参加全国自学考试,从大专、本科,到学士学位(1995—1996年两年英语自考本科全省共有十多位取得申请学位资格,最后取得广外学士学位的只有三位,我是其中之一)。继而,以同等学力获取中山大学硕士学位,以在职形式获取中山大学博士学位,并继续以在职形式完成了暨南大学博士后研究。虽然博士在形式上是学历教育,但对我个人来说,实际上都是以自学为主的在职学习,包括博士后阶段也一样,都是在职的、非脱产的学习。可以说,在我的生命中,没有周末、没有假期、没有节日,甚至没有春节。为了弥补"外师"(中师)毕业的低学历起点,为了使自己有一学之长,为了获取一个可以自由做学问的平台,从1985年"外师"毕业到2012年博士后出站,我不知不觉地在自学生涯中坚持了27个春秋!这在我的同龄人乃至同代人中创下了一个记录。27年来,我没有闲暇去品尝一下漫长学业的甘苦,没有时间去感受一下青春流逝的惆怅,当此次写下后记,回首这27年的自学生涯时,才蓦然发现自己已不见了青春,人生从少年直接走入了中年的行列。

虽然走进了非我所愿的"外师",但我却在这里幸运地遇上了改变我人生命运的三位优秀校长。

第一位是我"外师"学生时期的文非副校长(原广东外语师范学校副校长)。在中师二年级时,为了准备中师毕业两年后的高考,我特意寒假(春节)不回家,利用寒假留校时间自学高中数学。大年除夕,空荡荡的学校只有四位学生,这四位学生被当年的文非副校长(也是我中师二年级的语文老师)邀请到她家吃团圆饭。谈话间,我的自学计划被她发现,她不仅没有批评我自学数学,还大力表扬了我的刻苦自学精神。我从此结识了一位最为可亲可敬的老师(后来才知道文校长来自一个书香门第,父亲朱启明是清华大学国学大师吴宓和美国教育家杜威 John Dewey 的高徒)。从中师到博士后20多年的自学生涯中,在我学业与人生道路上,文校长给予了我最感人肺腑的关爱与鼓励。没有这位最伟大的恩师和母亲的关爱与指导,就没有我今天的一切。我为今生今世能有这样一位慈祥高尚、胸怀博大的老师而骄傲终身。

第二位是我"外师"工作时期的李曲生校长（原广东外语师范学校校长、广东外语艺术职业学院党委书记，24岁就当上中学校长的广东省名校长）。最感人至深的是李校长对我自学精神的高度肯定与支持。在我25岁那年，心血来潮编成了个人译作小集子《翻译家之梦》，调来"外师"不久的李校长欣然为我作序。年方30多岁才华四溢的李校长在我的小集子上写下了振奋人心的美美一文，给了我无穷的鼓舞力量。李校长还排除原来学校领导因我每周只上四节课而不让我参评职称的阻力（我因坐班每周只限上四节课），使我在1992年评上了助讲职称。我从此有了职称，成为教师队伍中合法的一员。李校长对我自学的鼓励、对我的厚爱与教诲以及李校长的人格魅力，已成了我人生一笔巨大的精神财富。我庆幸此生能遇上这样一位心若怀谷、深受师生爱戴的优秀校长。

第三位是我的"外师"同班同学冯兴雷，今为汕头大学副校长（原广东省教育厅国际交流合作处处长）。我为能有这样德才兼备、百里挑一的同学而感到无比自豪。在自学进取的道路上，兴雷兄与我一起走过了一大段相同的路程，一同品尝了自考自学这杯苦茶。虽然兴雷兄日理万机、极为忙碌，但他对我总不忘鼓励和鞭策。在每每完成一段学业之后，他都鼓励我继续攀登更高台阶。在我出版译作小集子《翻译家之梦》之际，时任教育厅外事科科长的兴雷兄邀请了教育厅副厅长林受之为小集子题写书名，给了我莫大的鼓舞力量。当我博士后出站后，学业前进面临瓶颈，兴雷兄又再次主动热心相助，在兴雷兄的引荐下，我能够如愿地在更高平台上实现学业新的跨越。

27年来，从职员到双教授，从中师到博士后，虽然路途曲折，时常遇到诸多困难与阻力，但在重要关头，总有好领导、好同事、好同学、好朋友向我伸出援助之手。我的学业离不开他们的热心帮助。在这里我要向他们一一表示深深的感谢。我的学业与人生印有他们的奉献、分有他们的厚爱。

作为沧海中的一个生命，能够对大千世界作一次有意义的"立说"，我首先感谢父母的养育之恩，感谢在落难中（父亲在"四清"中被免职，1979年年底复职）挣扎着养育我的父母——父亲林心明、母亲吴绿庄，是他们用勤朴的双手，在仅有十来平方米的破房中，把我们三兄弟（长兄林瑶生和小弟林勇生）拉养成80年代的大学生和中专生（但愿父母的在天之灵能看到儿子的自学人生已圈上圆满的句号）。我家5口人能够度过那段浩劫的艰难岁月，要特别恩谢我的大母舅吴上如、三母舅吴乙城等众亲戚的解囊相济。要衷心感谢好邻居林德伟叔一家让我们三兄弟从小在他们家借住。我们三兄弟都是在他们家学习而考进大学和中专的。

我的学业能够不断地登上新的台阶,要感谢三位指导恩师。硕士生导师黄伟宗教授是点燃我学业信心的第一人,我是在他的勉励下才鼓起了读博的勇气。博士生导师叶春生教授对我博士论文的选题给予充分肯定,使我在撰写过程中迎难而上,从而奠定了我今天的中西知识结构与研究方向。博士后合作导师饶芃子教授对我出站论文的创新观点给予高度评价。她说我是她 50 多位博士和博士后中逻辑能力最强的一位。这一肯定使我受到极大的鼓舞,在饶老师指导下,出站论文获得了优秀等级。三位恩师对我学业的教导与引领,让我终身受益良多。

最后也是最重要的,历经 13 载本书能够如愿完成,要特别感谢我的妻子胡柳姬。爱妻胡柳姬在我读博、读后期间,主动承担起了超负荷的繁重家务,使论文的撰写赢得了最大限度的时间。女儿林梦婕天性乖巧,从小聪慧听话,深懂人心,从不打扰爸爸"做功课"。妻女俩成为我学业最重要的支持者。

2015 年 1 月 1 日初稿
2017 年 2 月 22 日修改

照片人物:左一 爱女林梦婕、左二作者、左三文非先生、左四爱妻胡柳姬

注:本人于 1985 年毕业于广东外语师范学校(现为"广东外语艺术职业学院")并留校工作。2013 年调进广东外语外贸大学中国语言文化学院至今。

题献一

谨以此书敬献我的父亲林心明先生、母亲吴绿庄女士

——作者

题献二

　　谨以此书敬献最伟大的老师和母亲、我的中师语文老师文非先生（原广东外语师范学校副校长）

——作者

题献三

谨以此书献给爱妻胡柳姬、爱女林梦婕

——作者